KB266962

아시아가
말하는

K컬처
한류학

일러두기

1. 맞춤법과 띄어쓰기는 ‘한글 맞춤법’에 따랐다.
2. 외국 인명이나 지명, 작품명 등은 원칙적으로 국립국어원의 ‘외래어 표기법’을 따랐으나
   현지 외국인의 발음에 충실하도록 표기했다.
3. 필요에 따라 외국 인명, 지명, 작품명 등의 원어를 병기했다.
4. 옮긴이가 주를 단 경우, 이를 괄호 ( )를 사용하여 표기했다.
5. 본문에 사용한 기호의 쓰임새는 다음과 같다.
   《 》: 문집·잡지, 〈 〉: 작품, 『 』: 단행본·학술지, 「 」: 법령, 기사/논문 제목 등

아시아가 말하는

K 컬처 한류학

당 티에우 응언 · 응우엔 티 하 · 베 돌마 · 하티제 쾨르올루 튀르쾨쥬 ·
빠릿 인센 · 모리 도모오미 · 최원재 지음

아시아의 언어로 다시 쓰는 한류

한류라는 거대한 바람이 발원지인 한국을 떠나 세계라는 도래지에 닿은 지 어느덧 한 세대를 훌쩍 넘겼습니다. 그동안 우리의 시선은 주로 '우리가 무엇을 보냈는가發信?'라는 발원지 중심의 계량적 성과에 머물러 있었습니다. K팝, K드라마 등 콘텐츠 수출액의 숫자와 차트의 순위, 그리고 미디어의 화제성이 한류의 성공을 가늠하는 주된 척도가 되곤 했습니다.

그러나 정작 그 바람이 머문 자리, 즉 지구촌 해외의 토양에서 어떤 꽃이 피어났고 현지인들의 삶이 어떻게 변화했는지受容를 살피는 관찰과 연구에는 다소 소홀했던 것이 사실입니다. 이 책은 바로 그 바람이 불어 도착한 곳에서 들려오는 현지의 응답이자 회향回響을 집대성하는 기록이며, 도래지의 시선으로 다시 쓴 한류의 인문학적 보고서를 지향하고 있습니다.

한류는 '해외에서 한국의 대중문화를 인기리에 수용하는 현상'으로 정의되고 있지만 한류 연구는 지난 30년 동안 다분히 국내 학계 중심으로 진행되어 왔습니다. 그런데 한류 문화가 확산하면서 이제 해외 학계에서도 한류학 논의에 적극적으로 참여하고 있습니다. 해외에서 발생하는 한류에 관한 연구는 일차적으로 해외의 몫이라고 말해도 될 것입니다. 우리는 이를 잠정적으로 '외방한류'라 명명하고자 합니다.

여기서 '외방'은 사전적으로 '어떤 곳의 바깥 부분外方'이라기보다는 '다른 나라外邦'를 뜻한다고 하겠습니다. 외방한류는 한국이라는 발신지를 떠나 각국의 고유한 역사와 정서, 그리고 사회적 층위 속에서 재맥락화되는 한류에 대한 치열한 담론장이 전개되고 있음을 의미합니다. 한류는 이제 현지인들의 일상 속으로 스며들어 그들의 '피와 살'이 되었으며, 각국의 고유한 문화 지형 속에서 독자적인 생태계를 구축하고 있습니다.

이번에 소개하는 베트남의 사례는 이러한 외방한류의 자생적 생명력을 극명하게 보여줍니다. 베트남에서 한류 팬덤은 단순한 소비의 장을 넘어 하나의 '우주space'가 되었습니다. 그 안에서 베트남 청년들은 스스로 자막을 번역하고 영상을 재생산하는 '창조자'로 거듭나고 있습니다. 식탁 위의 떡볶이가 일상이 되고 쏭홍Sông Hồng(홍강)에서 한강까지 서사가 이어지며, 열성팬을 뜻하는 '판쿠엉Fan cuồng'은 국가 주권 문제에도 목소리를 내는 능동적인 사회적 행위자로 성장했습니다.

태국에서 한류는 '띵Ting'이라는 이름을 얻었습니다. 과거 철부지 어린 팬을 뜻하며 다소 비하적으로 쓰이던 이 단어는 자신의 열망을 주저 없이 드러내고 공동체의 연대를 이끄는 당당한 주체들의 대명사로 탈바꿈했습니다. 이들은 SNS를 통해 사회적 연대를 이끌어내며, 때로는 공익을 위한 모금과 캠페인을 주도하는 능동적인 집단이 되고 있습니다. 이는 한류라는 외부의 자극이 현지의 청소년 문화와 결합하여 어떻게 새로운 형태의 주체적 팬덤 권력으로 진화할 수 있는지를 보여줍니다.

몽골의 사례 역시 한류가 청년 세대에게 '미래를 상상하게 하는 심리적 공간'이자 '세계와 연결되는 통로'로 기능했음을 증명합니다. 몽골에서 한류는 청년들의 감성을 섬세하게 다듬고, 교육적 지향과 미래의 꿈을 다시 정의하게 만든 사회적 변화의 구체적인 얼굴이었습니다. 몽골의 '솔롱고스 마니아(한류 팬덤 청소년)'들은 세계를 보는 눈을 넓혔고, 그들의 이상은 한국이라는 거울을 통해 더욱 선명한 형상을 갖추게 되었습니다.

　동서양의 교차로인 튀르키예에서 팬들은 스스로를 '코레잔Korecan(한국의 영혼)'이라 부르며 깊은 정서적 유대를 형성합니다. 이들은 한국 콘텐츠 속의 가족애와 예절, 그리고 특유의 한恨의 정서에서 자신들의 모습을 발견하며 한류를 '인연' 정서의 거울로 삼고 있습니다. 튀르키예인들에게 한류는 단순한 유행이 아니라, 자신들의 영혼can을 투영하고 위로받는 정서적 고향으로서 외방한류의 또 다른 지평을 보여줍니다.

　가장 가깝고도 먼 이웃인 일본에서는 '오시推し'라는 단어가 그 핵심에 자리합니다. 자신이 가장 아끼고 지지하는 대상을 향한 '오시카츠推し活(덕질)'는 이제 일본 사회의 보편적인 문화 현상이 되었습니다. 한·일 관계의 여러 부침 속에서도 흔들림 없는 이 '오시'들의 연대가 과연 정치적 갈등을 치유할 '구세주'가 될 수 있을 것인가라는 질문은 외방한류가 가진 민간 외교관으로서의 가능성과 문화적 연대의 힘을 타진하게 합니다.

물론 외방한류의 풍경이 언제나 화사한 장밋빛만은 아닙니다. 현지에서는 일방적인 문화 유입에 대한 피로감과 자국 문화 잠식에 대한 경계심이 존재하며, 때로는 상업주의적 접근이 현지의 전통 가치와 충돌하며 소모적인 논쟁을 낳기도 합니다. 한류의 지속가능성은 이러한 문화적 민감성과 갈등의 지점들을 외면하지 않고, 얼마나 세심하게 존중하고 조정하느냐에 달려 있을 것입니다.

이 책은 베트남, 몽골, 튀르키예, 태국, 일본에서 활동하는 현지 전문가 6인이 자신들의 현장에서 길어 올린 생생한 언어들을 담고 있습니다. '영혼의 유목'과 '우연의 거울'이라는 은유 뒤에 숨겨진 현지인들의 진솔한 고백은, 우리가 그동안 미처 몰랐던 한류의 진짜 얼굴을 마주하게 합니다. 이들은 단순한 연구자를 넘어, 현지 팬덤의 '미성微聲'이 어떻게 '아우성'으로 진화했는지를 가장 가까이서 목격한 증인들이기도 합니다.

한류는 이제 어느 한 나라가 일방적으로 주도하는 문화가 아니라, 국경을 넘어 서로 공명하고 조정해 나가는 상호적인 문화입니다. 발원지

를 떠난 바람이 도래지에서 뜨거운 팬덤의 목소리로 되돌아올 때, 우리
는 한류가 왜 단순한 대중문화의 유행을 넘어 인문학적인 '앎과 깨달음
의 장'이 되었는지를 비로소 깨닫게 됩니다. 무릇 교류와 충돌에서 새
로운 문화의 동력과 자장이 발생하는 것입니다.

2026년 오늘, 이 기록이 한국과 세계가 서로를 더 깊이 이해하고 존
중하며 나아가는 진정한 문화적 연대의 지도地圖가 되기를 소망합니다.
바람이 불어간 곳, 그 외방의 도래지에서 피어난 이 소중한 이름들이 우
리에게 새로운 시대의 문명적 대화법을 가르쳐 줄 것이라 믿어 의심치
않습니다. 한류학hallyuology의 정립을 위해 노력하는 동국대 한류융합학
술원은 이렇게 총서 제2권을 발간해 강호제현의 질정을 기다립니다.

2026년 2월,

— 정길화(동국대 한류융합학술원 원장)

PART I

베트남
팬심의 미성微聲에서
아우성의 팬덤으로

당 티에우 응언
Dang Thieu Ngan
—
베트남하노이국립대학교 융합과학·예술대학

당 티에우 응언은 베트남하노이국립대학교 융합과학·예술대학(SIS, VNU) 영화전공 전임교수입니다. 국립하노이 인문사회과학대학교 문학과를 졸업하고, 연세대학교에서 MBA를 수료, 이후 베트남 사회과학원 문화연구소(VASS)에서 문화학 석·박사 학위를 취득했습니다. 한국어와 한국문화 교육에 힘써온 한국학 연구자로서, 1996~1997년 하노이 인문사회과학대학교(USSH) 동방학부에서 한국어 강사로 재직했습니다. 대표적인 베트남 문화연구자·저널리스트·작가·강연자로 1999~2011년 영화 매거진《짭 찌 디엔 아잉Tạp chí Điện ảnh》의 기자 및 편집부 부국장이자 전자 편집장으로 활동했고, 2011년부터 베트남 한국학술연구회(KRAV) 부회장 및 학회지 부편집장으로 활동하며 한·베 문화 교류 증진에 크게 이바지했습니다. 그리고 2010년 이후 드라마·예능·영화 분야에서 각본 작가로 활동 중입니다. 참여작으로는 〈쏭 쭝 버이 메 쫑 Sống chung với mẹ chồng (시가의 삶)〉, 〈찌 뎁 답 지오 레 송Chị Đẹp Đạp Gió Rẽ Sóng (베트남판 승풍파랑적저저)〉, 〈메 라 시에우 년Mẹ là siêu nhân (슈퍼우먼이 돌아왔다)〉 등이 있습니다. 2015~2025년 (주)네이버의 베트남 법인에서 PR&Marketing 이사로 재직하며 글로벌 문화·콘텐츠 사업을 총괄했습니다.

"한류 팬덤은 '우주space'와도 같다. 각자는 그 안에서 참여자이자 창조자로 존재한다. 어쩌면 바로 그렇기 때문에 한류는 지난 30년 동안 베트남에서 단 한 번도 식지 않았는지도 모른다. 세대마다 팬들은 그 안에서 저마다의 조각난 자아를 발견하였다. 그것이 감탄이든, 공감이든, 혹은 단지 더 아름다운 무언가에 속하고자 하는 열망이든 간에."

2019년 어느 오후, 베트남 호치민의 호아 빈Hoa Binh 극장 앞에서 수백 명의 젊은이들이 위너WINNER 팬으로서 '브이 하트비트 V Heartbeat'[1] 현장에 질서정연하게 줄을 서 있었다. 브이 하트비트는 브이라이브 VLIVE[2]에서 베트남 관객만을 위해 무료로 기획·운영한 것이었다. 좋아하는 가수를 애타게 기다리며 콘서트 현장에 입장하는 것이 영화 속 장

---

1   (주)네이버가 운영한 'The Gateway to Asia(아시아로 가는 관문)'를 표방한 베트남 유일의 공신력 있는 음악 차트이자, 이를 기반으로 한 주간·월간 라이브 프로젝트이다.

2   2015년 네이버가 출시한 글로벌 실시간 영상 스트리밍 플랫폼으로, K-팝 아티스트를 비롯한 한국 연예인들이 전 세계 팬들과 실시간으로 소통하고 공연·예능 콘텐츠를 공유할 수 있도록 한 서비스이다.

면처럼 느껴졌던 그 광경이 이제는 베트남 젊은이들에게 매달 한 번씩 익숙해진 일상이 되었다. 한류가 베트남에 처음 닿은 지 약 30년이 지난 지금, 한국문화에 대한 사랑은 더 이상 단순히 '영화를 보고, 음악을 듣는 것'에서 멈추지 않는다. 그것은 감정과 기술과 공동체가 맞물려 돌아가는 완성된 팬덤 문화로 자리 잡았다. 이로써 베트남 젊은이들의 심리 변화까지도 거울처럼 비춰진다.

팬심의 속삭임 시기(1994~2000년)에서 '공통의 집' 시기까지

1991년 베트남은 중앙방송국(VTV) 채널 VTV1을 위성으로 전국에 송출하기 시작하였다.[3] 1994년, 윤석호 감독의 〈느낌〉이 한국 기업들의 지원으로 베트남에 소개되면서, 이른바 '한국'이라는 나라의 이미지를 베트남 전역에 전파하였다. 잇따라 베트남 사람들은 〈첫사랑〉, 〈가을동화〉, 〈태왕사신기〉를 보고 안재욱의 〈Forever〉를 들으며, 30년을 이어갈 문화 물결의 시작이 될 것이라곤 전혀 생각지 못하였다. 당시 배우나 드라마 속 인물에 대한 사랑은 작은 TV 화면과 시청자 사이에서

---

3 Hanoi Online. (2024년 10월 9일). 라디오 방송에서 라디오-TV 방송국으로: 하노이방송사의 변천. https://hanoionline.vn/tu-truyen-thanh-den-dai-phat-thanh-va-truyen-hinh-271316.htm

만 존재하는, 공유되지 않는 단독적이고 비밀스러운 감정이었다. SNS도, 마땅한 소통 수단도 없던 시절, 팬들은 잡지에서 사진을 오려 수집하고, 노래 가사를 노트에 베껴 적으며, 영화 OST를 카세트테이프로 몰래 녹음하였다. '팬클럽'은 거의 존재하지 않았고, 간혹 같은 반 친구, 같은 학교 친구끼리 같은 배우를 좋아해 함께 보거나 이야기 나누는 것만으로 팬덤의 전부였다. 이때, 한류에 대한 사랑은 철저히 개인적이고 정적인 형태로 존재했다. 그 감정은 오롯이 순수함으로 길러졌으며, 아직 공동체적 연대나 응원의 구조가 형성되지 않은 시기였다.

2001년, 베트남 정부가 인터넷 서비스 제공 및 이용을 관리하는 「제55/2001/NĐ-CP호 법령」을 공포하며 일종의 '해방기'를 맞았다.[4] 이는 단순한 규제가 아닌, '글로벌 발전의 흐름에 발맞추기 위한 관리로의 전환'[5]이라는 새로운 시대의 신호탄이었다. 2003년 5월, 베트남에 ADSL 인터넷 서비스가 도입되면서 인터넷 발전의 새로운 이정표가 이어졌다. 같은 해는 동시에 수많은 온라인 커뮤니티가 등장한 해이기도 했다. 한국 대중문화를 사랑하는 젊은 베트남인들이 모인 대표적인 포럼으로는 이우 엄 냑Yêu Âm Nhạc, 디엔 아잉Điện Ảnh(DAN), Kites, 360Kpop

---

4   Nghị định của chính phủ số 55/2001/NĐ-CP ngày 23 tháng 8 năm 2001 về quản lý, cung cấp và sử dụng dịch vụ intenet (「제55/2001/NĐ-CP호-인터넷 서비스의 관리·제공 및 이용에 관한 정부령」)

5   VnEconomy. (2012, 12월 1일). 15년 베트남 인터넷, 수치로 본 여정. https://vneconomy. vn/15-nam-internet-viet-nam-qua-nhung-con-so.htm

등이 있었다. 그중 이우 엄 냑Yêu Âm Nhạc은 한때 회원 수가 60만 명을 넘어서며 수많은 젊은이가 활발히 활동한 온라인 공간이 되었고, 그 안에서도 K-팝과 K-드라마 게시판이 가장 활발하게 움직였다. 이는 초기 팬 페이지의 형태로 실제 운영자가 존재했고, 회원 등급 체계가 마련되어 있었으며, 번역팀·디자인팀·오프라인 이벤트 기획팀 등 다양한 소그룹이 활발히 활동하였다. 이러한 공동체적 공간 안에서 사용자들은 점차 '소속감sense of belonging'을 경험하기 시작하였다. 이는 매슬로Maslow의 욕구 위계이론에서 기본적 인간 욕구로 언급되는 감정이기도 하다. 베트남의 젊은이들은 이 포럼들에서 단지 아이돌을 향한 사랑을 나누는 데 그치지 않았다. 그들은 새로운 친구를 만나고, 기획·디자인·홍보 등 학교 교육에서는 배울 수 없었던 사회적 역량과 협업 능력을 쌓아 갔다. 바로 이 공간들에서 베트남의 최초 한류 팬덤이 탄생하였다. 그것은 감정과 공동체, 그리고 기술이 어우러진 하나의 문화적·사회적 현상이었다.

베트남 한류 팬덤, 용감한 '전사들'

한국의 영화와 음악은 본질적으로 동아시아적 정서를 담았다. 가족애, 역경을 넘는 사랑, 충성심 등이 그것이다. 베트남인들은 그 속에서 자신을 발견했고, 자신의 꿈을 투영하였다. 한국이라는 꿈이 몽환적이면서 반짝이는 것 같기도 하였다. 이러한 흐름은 자연스럽게 '집단적 공감'의 무대를 만들어냈다. 아이돌이 눈물을 흘리면 팬들도 함께 마음 아파했고, 그들이 성공의 자리에 설 때면 팬들 역시 마치 자신의 일처럼 진심으로 기뻐하였다. 그리고 한국의 아이돌 양성 시스템은 베트남 관객에겐 완전히 새로운 개념이었다. 엄격하고 규율 있는 수년간의 훈련은 '이상적인 스타상'을 만들어냈다. 재능, 근면, 겸손, 분명한 노력 이야기를 갖춘 것이 매력 포인트였다. 또 다른 매력은 그들이 가진 독특한 유머 감각이었다. 베트남은 그 유머에 깊이 빠져들었고, 그것이 삶의 어려움을 넘어서는 연대의 끈이 되었다.

한류는 단지 '본다watch'에서 '함께 만든다create'로 발전하였다. 아이돌이 팬들을 애칭으로 부르고 팬들로 하여금 '우리와 여러분이 같은 여정을 걷고 있는' 것으로 느끼게 만든다. 단순히 콘텐츠를 소비하는 것을 넘어 팬들은 실시간으로 스트리밍을 하고, 자막을 번역하며, 영상을 편집하고, 컴백을 앞두고는 모금과 홍보까지 직접 나섰다. 그들은 단체로 시간과 정성을 쏟아 자신들의 손으로 만들어낸 결과물로 아이돌을 더욱 빛나게 하였다. 그 노력이 아이돌에게 직접 인정받는 순간을 경험하며 그 감정의 연결은 더욱 단단해졌다. 이 일련의 과정이야말로 베트남 팬덤이 한층 견고해지고, 함께 성장하는 공동체로 발전할 수 있었던 든든한 토대였다.

빛이 있는 곳에 언제나 그림자가 함께하듯 겉보기엔 사소해 보이지만 전혀 가볍지 않은 측면이 있었다. 그것은 바로 '경쟁심'이었다. 이

는 얼핏 부정적으로 보일 수 있지만, 조사에 따르면 응답자의 약 60%
가 '팬덤 싸움fan-war' 이후 더 큰 소속감과 결속을 느꼈다. 이런 현상은
베트남 K-팝 팬덤 문화의 '공동체성'을 강화하는 메커니즘으로 작용하
였다. 80~90년대생 팬들에게 팬덤 싸움fan-war은 잊을 수 없는 기억이었
다. 그 시기의 K-팝 팬덤 문화를 상징하는 특징 중 하나였다고 해도 과
언이 아니다. 2007년부터 2013년 사이에 각종 포럼·블로그·팬 페이지
곳곳에서는 '라이벌'이라 여겨지는 그룹 간의 작은 '전쟁'이 잇따라 일어
났다. Wonder Girls vs SNSD vs 2NE1, TVXQ vs BIGBANG, 그리고 나
중에는 EXO vs BTS까지. 그 대립의 불씨는 차트 순위부터 연말 시상
식과 관련된 에피소드 또는 예능 프로그램에서의 뉘앙스 있는 발언 등
으로부터 시작됐다. 그러나 그 일련의 '연쇄 반응'들은 팬덤 내부 사람
들에게 역설적으로 강한 연대감을 심어주었다. 그들은 '우리는 같은 전
선에 서 있다'는 감각 속에서 자신들이 지켜야 할 무언가가 있고, 함께
믿고 감정을 나눌 수 있는 공동체가 존재한다는 사실을 실감하였다. 서
구 문화에서는 팬들이 개성을 중시하고, 아티스트와 팬 사이의 거리 또
한 명확히 구분되는 반면, K-팝에서는 집단성collectiveness과 '함께함'이
매우 긴밀하게 유지된다. 각 아티스트나 그룹은 고유한 팬덤명, 대표
색상, 상징, 심지어 '팬덤 기념일'까지 갖추고 있으며, 이러한 모든 요소
는 기획사를 통해 체계적으로 관리된다. 이 모델이 베트남에 들어오면
서 베트남 팬들은 단순히 아이돌을 '좋아하는 존재'에서 나아가, 자신이
속할 수 있는 사회적 공간을 얻게 되었다.

SNS 폭발 시대,
실시간으로 연결되는 베트남 팬덤

YAN[6]이나 DienAnh.net[7] 시절, 팬덤은 오직 포럼 안에서 활동하는 데 그쳤는가 하면, 페이스북, 틱톡, 엑스(트위터의 전신), 스레드 등 SNS가 폭발적으로 확산된 시대에 들어서면서 베트남 팬들은 몇 시간 안에 '신속 대응'이 가능해졌고, 무엇이든 실시간으로 전파할 수 있게 되었다. 단순히 사진이나 뉴스를 공유하는 수준을 넘어, 베트남의 K-팝 팬덤은 비록 규모는 크진 않을지라도 하나의 조직처럼 정교하게 움직였다. 기획에서 홍보까지 투명한 모금 절차와 그 이후의 실행까지 포함한 이들의 활동은 일종의 '홍보 에이전시'와도 같았다.

그 대표적인 예가 2025년 6월, 베트남에서 열린 한류 행사였다. 지드래곤G-Dragon 팬덤은 1억 1,800만 동(한화 약 650만 원)을 손쉽게 모금하고, 목표액을 1억 8,800만 동(약 1,000만 원)으로 상향 조정하며 화제를 모았다. 그들은 이 후원금으로 높이 3.2미터의 거대한 국화 조형물, 지드래곤을 상징하는 마스코트, 쇼핑몰 내 포토존, 공항 내 40개의 LED 광고

---

6   YAN(Yeuamnhac.com의 전신)은 음악과 엔터테인먼트에 대한 정보를 교류하고, 사용자가 서로 연결하며 팬클럽을 운영할 수 있도록 한 베트남 온라인 커뮤니티였다. 이는 다양한 소셜미디어 플랫폼을 포함한 베트남 대형 미디어 그룹 YAN Digital의 생태계의 일부로 운영된 바가 있다.

7   영화와 관련된 최신 뉴스와 정보를 다루는 전문 웹사이트로 아시아 영화(특히 한국 영화)와 할리우드의 소식을 함께 다룬 커뮤니티 포럼이었다.

판, 그리고 버스와 컨버터블 차량을 이용한 로드쇼 등 다채롭고 인상적인 프로젝트를 성공적으로 펼쳐냈다.[8]

사회학적 관점에서 볼 때 이 행사는 특정 팬덤의 재정력이나 조직력을 드러내는 데 그치지 않고, 베트남 한류 문화가 지닌 독자적이고도 깊이 있는 '공동체적 결속성'을 보여준다. 팬들은 단지 아이돌을 '좋아하는 대상'으로 소비하는 데 머무르지 않고, 직접 참여하며, 함께 이벤트를 만들어가고, 그 속에서 자신들이 바로 그 이야기의 일부임을 스스로 입증하는 주체로 서 있었다.

MZ세대가 재정의하는 '베트남 팬덤'

80~90년대생이 포럼이나 카페에서 오프라인 모임을 통해 아이돌을 사랑했다면, MZ세대, 이른바 '디지털 네이티브' 세대는 아이돌을 향한 사랑의 방식 자체가 완전히 다르다. 그들은 팬덤을 통해 자신의 역량, 개성, 미적 취향을 표현하고자 한다. 아이돌 영상 편집 하나가 틱톡에서 수십만 조회 수를 기록하고, 작은 팬페이지가 몇 시간 만에 수천만

---

8 Kenh14. (2025년 6월 20일). 베트남 팬덤의 힘: '용 오빠' G-Dragon 맞이 프로젝트의 규모. https://kenh14.vn/suc-manh-fandom-viet-don-anh-long-bang-loat-project-thom-mui-tien-cl-va-loat-sao-han-cung-khong-kem-canh-215250620134735901.chn

동의 기부금을 모으기도 한다. 이제 그들은 단순히 응원하는 데서 멈추지 않는다. 공동 창작자, 즉 '팬덤'을 자신을 표현하는 무대로 삼고 있다. 하지만 이러한 폭발적인 확산과 함께 눈에 띄는 변화도 나타났다. 팬과 아이돌 사이의 감정적 경계가 점점 더 희미해지고 있다는 것이다. 모든 일이 '실시간'으로 벌어지는 시대 속에서 팬들은 더욱 빠르게 애착을 형성하지만, 동시에 훨씬 쉽게 상처받는다. 사실무근인 루머, '악마 편집'된 숏츠, 혹은 무심코 나온 행동 하나하나가 팬 커뮤니티 전체에 다층적인 파장을 불러일으킬 수 있다.

결국 이런 환경이 MZ세대 팬덤을 더 다양하고, 자각적reflective으로 만들어왔다. 그들은 미디어 리터러시media literacy를 자연스레 익히고, 비판적인 사고를 그리며, 때로는 자신의 감정을 지키기 위해 잠시 팬으로서의 활동을 쉴 줄 아는 세대로 성장하고 있다. 대표적인 사례로 마마무의 화사의 공연 장면을 들 수 있다.

2024년 11월 23일, 호치민 공연에서 그녀는 무대 중 베트남 전통 모자인 논라nón lá를 착용했다가 곧바로 벗어 아래로 던지는 퍼포먼스를 선보였다. 이 장면은 찰나에 불과했으나, 이후 SNS를 중심으로 급속히 확산되었고, 베트남 관객들 사이에서는 "좋아하던 가수였지만 이 행동 이후엔 호감이 사라졌다.", "왜 타국의 무대에서 그런 행동을 하나?", "노래는 듣겠지만 더 이상 응원하지 않겠다." 등 비판적 반응과 감정적 거리두기 현상이 나타났다.[9]

물론 모든 팬이 부정적으로 반응한 것은 아니었다. 일부 팬들은 "단순한 무대 착오였다.”라고 하거나 “그녀의 강렬한 퍼포먼스 스타일이 오해를 불러일으켰다.”라고 해명하며 응원의 말을 보냈다. 그러나 바로 이러한 다층적 반응은 한 가지 중요한 사실을 드러낸다. 베트남의 한류 팬덤은 더 이상 ‘가만히 있는 관객’이 아니라, 감정적 참여를 적극적으로 요구하고 실천하는 공동체라는 점이다. 사랑할 때도, 실망할 때도. 이전 세대가 팬덤을 ‘공통의 집’으로 여겼다면, MZ세대에게 팬덤은 ‘우주’와도 같다. 각자는 그 안에서 참여자이자 창조자로 존재한다. 어쩌면 바로 그렇기 때문에 한류가 지난 30년 동안 베트남에서 단 한 번도 식지 않았는지도 모른다. 세대마다 팬들은 그 안에서 저마다의 조각난 자아를 발견하였다. 그것이 감탄이든, 공감이든, 혹은 단지 더 아름다운 무언가에 속하고자 하는 열망이든 간에.

팬덤 명암이 빚어낸 다채로운 명화, 베트남 한류

물론 한류가 언제나 장밋빛으로만 비치는 것은 아니다. 팬덤의 어두운 단면은 화려한 겉모습과 그림자처럼 공존한다. 특히 과도한 열광심

9　ZNews. (2024년 11월 24일). 화사, 베트남 공연 중 논라(nón lá) 투척 논란.
　　https://znews.vn/hwasa-gay-tranh-cai-khi-nem-non-la-tai-viet-nam-post1513417.html

은 때때로 사회적 혼란이나 외부의 비판으로 이어지곤 하였다. 예컨대 2010년 하노이의 미딩Mỹ Đình 경기장에서 약 5만 명이 모인 슈퍼주니어 Super Junior 공연 도중 20명 이상이 실신한 사건[10]이 있었으며, 가수 비의 팬이 그가 앉았던 의자에 입맞춤하는 일도 있었다. 이러한 사례들은 부모 세대가 K-팝을 떠올릴 때 여전히 부정적 인상을 갖게 만드는 대표적인 일화로 남아 있다. 심리적 압박 또한 절대 가볍지 않다. 전국 곳곳의 젊은 팬들이 내게 문자를 보내 이렇게 말하였다, "선생님, 제가 ○○○을 좋아한다고 친구들이 괴롭혀요. 스트레스 때문에 학교를 그만두고 싶어요.", "언니 반에서 우리 아이돌 욕했다고 언니가 제 책을 찢고 학교에 오지 말라고 협박했어요."

모자 던지기, 콘서트장에서의 과밀한 군중, 팬덤 싸움 속 투쟁, 무단 복제 등. 어쩌면 이 모든 것은 열정의 또 다른 얼굴일지도 모른다. 혼란도 있고 부정적 측면도 존재하지만, 바로 그 경험들이 베트남 팬덤을 더 성숙하고 자각적인 공동체로 만들어왔다. 그들은 사랑하는 법을 배우고, 자신의 정체성을 지키며, 진정한 연결만이 공동체의 생명력임을 깨닫게 되었다.

오늘날 베트남의 젊은이들은 단지 '팬'이 아니다. 그들은 아이돌과 함께 살아가며, 함께 성장하고, 팬덤 속에서 자신만의 정체성을 만들

---

10 VnExpress. (2010년 3월 28일). 하노이 'MTV Exit' 공연 중 20여 명 실신.
    https://vnexpress.net/hon-20-khan-gia-bi-ngat-trong-dem-mtv-exit-1907166.html

어 가는 세대다. 한류의 힘은 한국 아이돌이 얼마나 완벽하냐에 있지 않다.

그보다는 베트남 팬들도 물론, 전 세계의 팬들이 한류 속에서 자신을 발견했다는 것이 사실이다. 익숙하면서도 낯설고, 다르면서도 이어질 수 있는 하나의 꿈으로서 말이다. 실제로 〈아잉 트라이 브엇 응안 쫑 가이Anh Trai Vượt Ngàn Chông Gai(Call Me by Fire)〉[11]나 〈탄 빈 또안 낭Tân Binh Toàn Năng〉[12]과 같은 'K-팝형' 음악 프로그램을 보면, 베트남 관객들이 팬덤 문화를 얼마나 정교하고 전문화해 왔는지를 알 수 있다. 〈Anh Trai Vượt Ngàn Chông Gai〉는 기성 아티스트들이 참여한 프로그램이었음에도, 팬들의 전투적 팬심을 강하게 자극하였다. 팬들은 페이스북에서 채널을 개설하고, 팬미팅을 직접 주최하였으며, 음악 시상식에서 자신이 지지하는 아티스트를 위해 대규모 온라인 투표에 몰표하였다. 또한 콘서트 티켓 구매에도 주저하지 않았다. 수만 명의 관객이 공연장에 운집해 '티켓 열풍'을 일으키며, 참가자 수 기록을 경신했고, 이러한 적극적 행동이 곧 아이돌에 대한 지지의 실천으로 이어졌다.

한편 〈Tân Binh Toàn Năng〉은 아이돌 오디션 프로그램으로 팬 커뮤니티가 직접 투표에 참여해 누가 데뷔할지에 대한 결정권을 다시 대중

---

[11] 베트남의 대형 음악 경연 프로그램으로, 이미 활동 중인 남성 가수들이 새로운 무대에서 경쟁하며 성장하는 과정을 담았다.

[12] 베트남의 아이돌 오디션 음악 프로그램으로, 대중 투표를 통해 데뷔 멤버를 직접 선정하는 참여형 서바이벌 형식이다.

에게 돌렸다. 흥미로운 점은 한국과 달리 오디션 프로그램 참가자들이 '신인 아닌 신인', 즉 데뷔 전임에도 불구하고 상당한 규모의 팬층을 보유하고 있었다는 것이다. 이들은 여러 차례 대규모 밋앤그릿Meet&Greet 행사를 성공적으로 개최하며 베트남 팬 커뮤니티의 조직력과 자발적 네트워크 형성 능력을 분명히 보여주었다.

지난 30년 동안 베트남에서 한류는 단순한 방송 콘텐츠의 유입을 넘어, 감정·공동체·정체성이 교차하는 팬덤 문화로 진화해 왔다. 2022년 주베트남 동아시아연구소(ISEAN)가 수행한 「베트남 내 한국문화에 관한 연구」 조사 결과에 따르면, 베트남인은 여전히 한류 문화에 대해 65%의 높은 호감도를 보였으며, 젊은 세대의 78%가 한류의 영향을 통해 한국어 학습 동기가 높아졌다고 응답하였다. 오늘날 한류는 더 이상 일시적인 유행으로 머물지 않는다. 이미 베트남 사회의 일상 깊숙이 살과 피와 같은 일상으로 자리 잡았다. 가족의 식탁 위에 오르는 떡볶이, 거리마다 반짝이는 방탄소년단의 보라색 응원봉, 그리고 쏭홍Sông Hồng(홍강)에서 한강까지 이어지는 서사 속에서 한류는 생활과 정체성의 일부로 재맥락화되고 있다. 물론 한류의 확산은 단순한 콘텐츠 소비에 그치지 않는다.

드라마의 열풍이기도 하고, 팬덤의 열정과 혼란이 교차하기도 하지만, 이러한 변화는 베트남 팬덤이 더 조화롭고, 더 창의적인 방향으로 성장해 나가고 있음을 보여준다. 머지않은 미래, 베트남-한국 합작 뮤직비디오가 하장Hà Giang에서 촬영되고, 아이돌이 논라nón lá를 쓰고 불타는 대나무 다리를 밟으며 춤추는 장면이 등장하더라도 이상하지 않을 것이다.

이처럼 한류는 이제 한국의 경계를 넘어 다양한 문화권 속에서 재해석되고 재창조되는 글로벌 문화 현상으로 발전하였다. 베트남에게 한류는 그저 '스쳐 간 인연'이 아니라, 이 땅에 와서 고유한 팬덤 문화를 형성하고, 지속적으로 머물며, 이제는 베트남 문화의 한 축을 이루는 존재로 정착하였다고 볼 수 있다.

 베트남 팬심의 미성(微聲)에서 아우성의 팬덤으로

PART II

베트남의 틈 속으로 파고든 한류

응우엔 티 하
Nguyen Thi Ha

—

베트남국립하노이대학교 외국어대학

응우옌 티 하는 하노이국립대학교 경제대학에서 국제경제학, 하노이 국립대학교 외국어대학에서 한국어를 전공하고, 숙명여자대학교에서 국제학 석사, 동아시아지역학 박사를 취득했습니다. 추계예술대학교 영상비즈니스과 조교수, 인하대학교 국제관계연구소 전임연구원, 숙명 여자대학교 글로벌거버넌스 연구소 연구원을 거쳐 지금은 하노이국립 대학교 외국어대학 한국어 및 한국문화 학부에서 가르치고 있습니다.

한국 정치경제를 비롯한 한국학 관련 과목과 한국어 통번역 과목 을 주로 담당하고 있습니다. 정치경제학과 지역연구의 관점에서 베트 남과 한국의 경제발전, 지역 불균형, 한국학과 다문화 교육을 주제로 한 다수의 학술 논문을 국내·외 학술지에 발표했습니다.『유엔과 한국 1945~1973: 건국, 평화, 경제 성장의 파트너십』집필에 참여했습니다.

"심리·사회적 측면에서 한류 팬덤은 베트남 청년들의 중요한 사회적 공간 역할을 한다. 팬덤은 단순한 문화 소비의 장을 넘어, 청년들이 감정을 표현하고, 개인 정체성을 형성하며, 공동체를 구축하고, 자신의 문화적 선택권을 확인하는 환경으로 기능한다. 동시에 이러한 과정은 세대 간 가치 충돌을 드러내기도 한다. '우상화' 행위, 팬덤 소비, 유명인 숭배의 의미를 둘러싼 사회적 논쟁은 희생, 절제, 집단적 책임을 강조하는 전통적 가치 체계와 개인, 감정, 경험적 소비를 중시하는 현대적 가치 체계 간의 충돌을 반영한다. 이러한 의미에서 한류 팬덤은 베트남 사회의 가치 체계 재구조화 과정을 보여주는 중요한 지표가 된다. 기존의 규범이 대체되는 것이 아니라, 새로운 맥락 속에서 상호작용하며 서로를 더 이해하고 조정해 나가는 과정임을 시사한다."

2024년 7월 1일, 한국 서울에서 개최된 '한국−베트남 관광 활성화 및 문화 협력 포럼' 연설에서 베트남의 팜 민 찐Phạm Minh Chính 총리는 '한류'를 베트남의 모범 사례로 삼아야 한다고 언급하였다. 그는 영화, 음악, 패션 등을 포함한 한국 문화산업의 성공을 베트남이 문화산업을 발전시키는 데 있어 '소중한 교훈'이라고 평가하였다. 또한 그는 "베트남의 중앙 및 지방 방송사에서 한국 드라마가 방영되지 않는 날이 거의 없다."라고 언급하기도 했다.[13] 과거 베트남의 문화산업 발전 전략(예를 들면 문화산업 2020년까지의 전략 및 2030년 비전)에서는 한국으로부터의 학습을 공식적 방향으로 언급되는 경우가 드물었으며, 대신 베트남의 문화 정체성, 유산, 전통예술, 민족문화를 강화하는 데 초점을 두었다. 이러한 점을 고려할 때 베트남의 고위 지도자가 공식 석상에서 '한류'를 베트남의 발전 모델로 규정한 것은 이례적이라고 평가할 수 있다.[14]

이와 더불어, 2025년 11월 14일 베트남 정부 총리는 「결정 제2486/QĐ-TTg호」를 공포하여 2030년까지를 목표로 하고 2045년을 전망한 '베트남 문화산업 발전 전략'을 공식 승인하였다. 본 전략은 문화산업을 국가의 중요한 경제 부문으로 육성하여 2030년 GDP의 7%, 2045년에는 9%를 기여하는 산업으로 발전시키는 것을 목표로 하며, 디지털 전환과 민족문화 가치의 활용을 핵심 방향으로 제시하고 있다. 또한 본 전략은 영화, 공연예술, 소프트웨어−게임 산업, 광고, 공예·수공예, 문화관광 등 파급력이 큰 6대 분야를 우선적으로 발전시키고 창의 생태

---

13 VnExpress, Thủ tướng: 'Làn sóng Hàn Quốc' là bài học phát triển văn hóa cho Việt Nam, https://vnexpress.net/thu-tuong-lan-song-han-quoc-la-bai-hoc-phat-trien-van-hoa-cho-viet-nam-4764949.html

14 Có nhiều tài liệu nghiên cứu học thuật trước đó đã phân tích và đề xuất đến việc cần tiếp nhận mô hình của "Hallyu" vào áp dụng ở Việt Nam nhưng không phải từ một lãnh đạo nhà nước cấp cao.

  베트남의 틈 속으로 파고든 한류

계 조성, 문화 허브 구축, 문화상품 수출 확대 등을 중점 과제로 제시하고 있다.

한류가 베트남에 처음 유입되던 시기를 회상해 보면 이 물결은 매우 빠르고 폭발적으로 확산했다. 1997년 드라마 〈모이 띵 따우Mối tình đầu(첫사랑)〉가 베트남 방송사에서 방영되면서 한국 드라마의 베트남 상륙을 알렸다. 이어 1998년부터 2002년까지 베트남 중앙 및 지방 방송사에서 총 18편의 한국 드라마가 방영되었다(Kim, 2013).[15] 베트남에서 한류가 본격적으로 확산하기 시작한 것은 단순한 대중문화의 인기가 아니라 정치·경제·문화적 요인이 복합적으로 작용한 결과이다. 1992년 한-베 수교를 계기로 양국 교류가 급속히 확대되었고, 이 과정에서 한국 드라마를 중심으로 한류가 베트남 사회에 깊숙이 침투하기 시작했다. 한류는 초기의 드라마 중심 소비를 넘어 K-팝과 다양한 K-컬처로 확장하며, 오늘날 베트남 청년층 문화의 중요한 구성 요소가 되었다. 그런데 "왜 베트남인들은 한류를 좋아할까?"

베트남에서 한류가 지속적으로 확산하는 현상은 단순한 문화적 유행을 넘어, 역사적·사회문화적·경제적 맥락이 복합적으로 작용한 결과로 이해될 수 있다. 첫째, 문화적 근접성cultural proximity은 베트남 한류 수용의 핵심 요인으로 지속적으로 언급된다. 한국 드라마·음악이 보여

---

15 Kim, Y. (2013). Introduction: Korean media in a digital cosmopolitan world. In Y. Kim (Ed.). The Korean wave: Korean Media Go Global (pp. 1-27). London: Routledge.

주는 가족 중심 가치관, 정서적 표현 방식, 세대 간 관계는 베트남 사회의 전통적 규범과 높은 친화성을 지니며, 이는 문화적 낯설음을 최소화하여 몰입적 소비를 강화한다(이동연, 2015; Choi & Nguyen, 2021). 둘째, 한국의 현대성과 아시아적 정체성이 결합한 '하이브리드 이미지'는 베트남의 젊은 세대에게 강한 매력을 제공한다. 한국은 급속한 경제발전과 첨단 기술 이미지, 세련된 도시 문화 등을 통해 '동아시아의 성공 모델'로 인식되며, 이는 베트남 청년층의 주체적 욕망(가령 사회적 이동, 자기 계발, 현대적 라이프스타일 추구)과 결합하여 한류를 일종의 문화적 'aspirational model'로 자리매김하게 한다(Shim, 2006; Nguyen & Le, 2020). 셋째, 디지털 플랫폼과 소셜미디어 환경의 확산 또한 한류의 폭발적 수용을 가능하게 한 구조적 요인이다.

베트남은 동남아시아에서 SNS 사용률이 가장 높은 국가 중 하나이며, K-팝 팬덤은 온라인 커뮤니티, 팬페이지, TikTok, YouTube 기반의 콘텐츠 리믹싱 등을 통해 자생적인 확산 구조를 만들어왔다. 이는 소비자-생산자 경계를 허물고, 베트남 팬들이 직접 정보를 유통·재가공하는 참여형 문화를 형성하였다(Leaver, Cunningham & Hjorth, 2020). 넷째, 한국 기업·정부의 적극적인 문화·경제 연계 전략 역시 한류의 안정적 정착을 뒷받침하였다. 화장품, 패션, 식품, 교육 등 산업 전반에서 한국의 브랜드가 베트남 시장에서 높은 신뢰도를 구축하였으며, 이는 문화 소비와 상품 소비가 상호 강화되는 미디어-소비 연계 구조를 만들어냈다(정경은, 2018).

한류의 베트남 유입과 정착: 한국발 요인

한국 문화산업의 초기 기반 형성은 1990년대, 특히 김영삼 대통령과 김대중 대통령 시기 정책적 사고의 전환과 밀접하게 연결되어 있다. 여러 연구(Shim, 2006; Jin, 2016)에 따르면, 김영삼 대통령이 〈쥐라기 공원(Jurassic Park, 1993)〉의 전 세계 흥행 수익이 현대차 150만 대 수출로 얻는 이익과 맞먹는다는 보고를 접하고 받은 충격이 중요한 전환점이 되었다.

그 이전까지 비경제적 영역으로 간주되던 문화가 이제는 높은 경제적 가치를 창출하고 국가 경쟁력을 강화할 수 있는 '전략 산업'으로 인식되기 시작한 것이다. 이후 김대중 정부는 이러한 관점을 제도화하기 위해 일련의 핵심 개혁을 추진하였다. 여기에는 창작 자율성을 보장하기 위한 '팔길이 원칙'을 바탕으로 문화 및 영화 분야 예산 확대, 문화콘텐츠진흥원Korea Culture Content Agency 등 전문 기관 설립이 포함된다(Choi, 2010). 문화산업에 배정된 예산은 이전 시기 대비 500배 증가하였다. 이러한 몇 가지 기초적 기반만으로도 1990년대 말~2000년대 초 베트남 및 동아시아 국가에서 한류의 폭발적 확산이 단순한 우연이 아님을 어느 정도 설명해 준다.

한류 초기 확산에는 한국 기업의 전략적 문화 지원이 중요한 역할을 했다. 삼성, LG 등 한국 대기업이 베트남 시장에 진출하던 시기, 브랜드 인지도를 높이기 위한 문화 마케팅으로 한국 드라마를 베트남 방송 국에 무료 또는 저가로 제공한 사례가 학술 연구를 통해 소개된다(Arthur Nguyen, Nil Ozcaglar-Toulouse, 2021; 박미숙, 2019). 이 시기 한국 드라마는 중국, 홍콩 콘텐츠에 익숙하던 베트남 시청자들에게 새로운 감성 코드와 영 상미를 제시했다.

특히 〈첫사랑(1996)〉, 〈의가형제(1997)〉 등이 베트남 국영 방송 VTV를 통해 방영되며 한국 드라마는 전 연령층의 공감을 얻었다. 이는 단순한 콘텐츠 수입이 아니라 '브랜드-문화 패키지 전략'이자, 초기 한류의 중 요한 촉진 요인이었다. 다른 예를 들면, LG는 여러 편 한국 드라마의 저작권을 구매해 베트남 방송사에 제공했고 베트남에서 한국 영화 상 영도 제공했다. 베트남 국가 방송국 VTV3에서 1999년부터 매주 방송 되어 온 베트남의 장수 인기 교육 프로그램 〈뜨엉 렌 띤 올림피아Đường lên đỉnh Olympia, Path Toward Olympia〉을 지원하며 우승자에게 LG 전자제품 과 장학금 등을 (지금까지) 제공했다. 그뿐만 아니라 LG는 2000년대 무료 음악 콘서트, 미인 대회, 유명 한국 배우의 팬 미팅, 패션쇼 등까지 지원 하여 LG의 고급 화장품 이미지를 비롯한 한국에 대한 긍정적인 이미지 를 베트남인에게 심어주었다(박미숙, 2019 재인용). 당시 베트남의 TV 광고 규제·비용 부담 등을 고려할 때, 드라마 제공은 자연스럽게 기업 이미 지 및 한국문화 전반을 노출하는 효과적인 방식이었다. 이는 단순한 콘 텐츠 수입이 아니라 '브랜드-문화 패키지 전략'이자, 초기 한류의 중요 한 촉진 요인이었다.

베트남 측 한류에 대한
(긍정적) 수용 과정

역사적 과정에서 베트남은 복잡한 문화 수용 과정을 거쳤으며, 이 과정에서 동남아 벼농사 문명에 속하는 토착적 요소들이 중국, 인도, 그리고 서양(특히 프랑스)으로부터 유입된 외래적 가치들과 결합·융합되었다(Nguyễn, 2010; Taylor, 2013). 이 과정은 다층적 문화 정체성을 형성했을 뿐만 아니라, 새로운 가치를 수용할 때 유연한 인식 틀을 만들어 외래적 요소가 토착성을 잃지 않고도 흡수될 수 있도록 하였다. 이러한 맥락에서 베트남의 한류 수용은 문화 수용의 연속적 과정에서 다음 단계로 볼 수 있다. K-드라마, K-팝, K-컬처를 통해 전달되는 문화적 가치는 가족, 우정, 미적 기준 등에서 베트남 사회와 유사성을 보이며, 이는 유교적 문화적 뿌리를 공유하는 한국과의 공통점 덕분에 베트남인의 생활양식, 소비 취향, 미적 취향에 자연스럽게 조정·융합될 수 있었다(Choi & Nguyen, 2021; Le, 2020). 따라서 문화 수용의 역사적 과정은 베트남 사회에 '외래문화 수용 능력'을 형성하였고, 이는 한류가 단순히 널리 수용되는 것을 넘어 지속적·심층적으로 발전하며, 다양한 사회집단의 정신생활, 생활양식, 소비 행태에까지 영향을 미치는 토대를 제공하였다.

1990년대 베트남 문화산업 환경의 특징을 살펴보면 개방, 상품 부족, 혁신 수요 등이 있으며, 이는 초기 한류 등장과 확산에도 기반 역할을 했다고 볼 수 있다. 당시 문화·엔터테인먼트 시장은 아직 초기 단계였으며, 국내 엔터테인먼트 상품의 부족, 생산 역량의 한계, 상업화 수준의 미발달이 특징이었다(Nguyễn & Trần, 2005). 방송 시스템은 여전히 주도적인 역할을 수행했으며, 대중음악, 상업 영화, 패션 등 문화산업의 다양한 영역은 이제 막 형성되기 시작한 상태였다(Pham, 2013). 또한, 이 시기 문화 관리 정책은 여전히 통제적 성격을 지니고 있었지만, 이전보다 점차 완화되어 외국 문화상품의 선택적 수입을 허용하였다. 이는 '문화적 공백'을 형성하였으며, 베트남 시청자들은 국내 상품보다 새롭고 매력적이며 현대적인 형태의 엔터테인먼트에 대한 높은 수요를 나타냈다(Drummond, 2004). 이러한 배경 속에서 한국 드라마는 낮은 가격으로 방송사에 판권이 판매되면서 1990년대 후반부터 베트남에서 빠르게 방영되기 시작하였다. 국내 콘텐츠 부족, 문화 개방, 그리고 증가하는 대중 수요가 결합하여 한류가 쉽게 침투하고 새로운 취향을 형성할 수 있는 유리한 환경을 조성하였다. 많은 연구가 지적하듯 베트남에서 한류의 초기 수용은 단순한 미적 현상이 아니라 아직 초기 단계이고 확장 중인 문화시장 구조와 밀접하게 연관되어 있었다(Choi & Le, 2019).

또한, 일부 연구에 따르면, 사회주의 제도적 배경과 베트남 공산당의 지도적 역할이 한류를 포함한 외래문화 수용 환경을 형성하는 데 기여하였다. 우선, 베트남의 개방개혁 정책인 도이머이Đổi Mới 시기에 베트남 국가의 문화 정책은 '인류 문화의 정수 수용'과 '민족 정체성 보존'이라는 원칙에 의해 방향이 설정되었다(베트남 공산당, 1991). 이러한 접근은 외국 문화상품의 통제된 수입으로 이어졌으며, 건강하고 교육적이며 사회주의적 가치 체계와 상충하지 않는 콘텐츠가 우선하여 수용되었다. 이러한 관점에서, 특히 한국 드라마를 중심으로 한 당시 한류 콘텐츠는 가족애, 도덕성, 역경 극복 정신, 인본주의적 가치를 강조하여 공식 문화 지향과 비교적 부합하였으며 검열을 비교적 용이하게 통과할 수 있었다(Pham, 2013; Nguyen-Phuong, 2020). 또한, 도이머이 이후 베트남의 미디어 환경은 여전히 국가에 의해 강력하게 관리되었으며, 공영방송이 중심적 역할을 수행하였다. 외래 콘텐츠의 선택과 보급은 정치·문화적 지향의 직접적 영향을 받았으며, 우선 수용된 콘텐츠는 사회 현대화 목표를 지원하면서 이념적 갈등을 일으키지 않는 작품들이었다(Heng, 2017). 한류는 한국의 현대적 이미지, 규율, 경제발전, 그리고 친숙한 동아시아적 가치들을 지니고 있어, 1990~2000년대 베트남의 발전 지향과 부합하는 '아시아식 현대화'의 모델로 간주되었다(Choi & Le, 2019).

또 다른 측면에서, 1990년대 후반과 2000년대 초반 베트남 방송사들이 단순히 한국 기업이 제공하는 저가 판권이나 후원 콘텐츠를 수용한 것인지, 아니면 보다 전략적인 고려를 했는지에 관한 질문을 던질 수 있을 것이다. 여러 연구에 따르면, 삼성이나 LG와 같은 한국 대기업의 저비용 콘텐츠 제공과 후원이 유리한 요인이었지만, 방송사들의 방영 결정에 있어 유일한 결정 요인은 아니었다(Jung, 2011; KOTRA, 2003). 특히 VTV와 HTV와 같은 베트남 방송사들은 전략적 기준을 충족하는 한국 드라마를 적극적으로 선택하였다. 이러한 기준에는 홍콩·일본 드라마보다 낮은 판권 비용, 황금 시간대에 적합한 장편 포맷, 그리고 경쟁이 심화하기 시작한 방송 환경에서 높은 시청률 확보 가능성이 포함된다(Jin & Yoon, 2017). 또한, 가족애, 도덕성, 역경 극복 정신을 강조하는 한국 드라마의 내용은 전통적 가치와 안정성을 중시하는 베트남의 문화·사회적 지향과 비교적 부합하는 것으로 평가되었다(Nguyen Thu Giang, 2010). 이는 베트남 방송사들이 한국 드라마를 수동적으로 수용한 것이 아니라 경제적 동기, 편성 수요, 그리고 공식 문화 지향을 결합하여 선택했음을 보여준다. 일부 연구와 언론 인터뷰에 따르면, 많은 방송사가 한국 드라마를 '전략적 상품'으로 간주하여 내부 제작 비용을 절감하는 동시에 텔레비전 상업화 시기에 안정적인 시청자층을 유지할 수 있었다(Pham, 2013). 따라서 베트남에서 한류의 초기 확산은 '쌍방적 결정'의 결과로 이해될 수 있다. 즉, 한국 측은 문화산업 정책의 틀 안에서 문화 수출을 추진하였고, 베트남 측은 적합하고 저비용이며 대중에게 매력적인 콘텐츠에 대한 실질적 수요를 가지고 있었다. 이러한 관점에서 베트남 방송사는 단순히 국가 간 문화 공급을 수동적으로 수용하는 채널이 아니라 능동적 행위자로서 중요한 역할을 수행하였다.

종합해 보면 국가 간 문화 흐름 속에서 베트남으로의 한류 유입은 단순한 엔터테인먼트 콘텐츠의 확산 현상이 아니라 자본의 강력한 영향을 받는 문화 유통 구조의 결과로 이해될 수 있다. 아파두라이 Appadurai(1996)가 지적했듯 세계적 문화 흐름은 자본 흐름과 상호작용하며 운용되는데, 한류의 경우 한국 민간 부문(방송사, 엔터테인먼트 기업, 미디어 기업 등)이 문화상품의 확산 가능성을 상당히 형성하였다. 저가 판권을 통한 지역별 배급 전략(Shin, 2009)과 동아시아 시장의 지역화(Shim, 2006)는 개방 경제 시기 베트남 방송사에게 한국 드라마와 음악을 비용 대비 효율이 높은 선택지로 만들었다. 스타 시스템과 연관 소비 상품의 상업화(Iwabuchi, 2002; Choi & MaliangKay, 2014)는 자본화된 소비 생태계를 형성하여 팬덤 형성 및 한류의 베트남 내 영향력 확대를 촉진하였다. 이는 경제적 요소와 분리할 수 없으며, 한국 자본(FDI)과 삼성, LG, CJ, 롯데 등 대기업의 존재는 한류 문화 유통을 지원하는 강력한 미디어 인프라와 기업 네트워크를 제공하였다. 따라서 베트남에서의 한류 수용 과정은 문화 콘텐츠, 국가 간 자본 구조, 그리고 베트남의 정치·경제·사회·미디어 조건이 상호 공명한 결과로 이해될 필요가 있다.

베트남 한류 팬덤

한국 대중문화의 인기가 30년 가까이 지속되었다. 동시에 한류 팬덤이 동아시아 문화 지형을 재편하는 핵심 사회문화적 행위자로 성장했다. 특히 베트남을 포함한 아시아 지역에서 한류 팬들은 소비 집단, 문화 생산·유통·정체성 형성·사회적 실천에 영향을 미치며 사회적 담론을 촉발하는 기능을 하고 있다. 먼저 디지털 미디어 환경이 고도화된 현재, 베트남의 한류 팬덤은 더 이상 한국 대중문화를 수동적으로 소비하는 집단에 머물지 않고, 문화의 재생산과 재구성 과정에 능동적으로 참여하는 주체로 자리매김하였다. 대표적인 사례로 베트남의 팬자막fansub 팀을 들 수 있는데, 이들은 한국 드라마, K-팝 뮤직비디오, 예능 프로그램 등의 자막을 원본 공개 후 불과 몇 시간 내에 자발적으로 제작·배포한다. 이러한 과정에서 팬들은 단순한 번역을 넘어 언어적 선택, 문화적 뉘앙스 조절, 주석 추가 등을 통해 콘텐츠를 베트남적 맥락에 맞게 재해석하고 지역화하는 역할을 수행한다. 또한 K-팝 팬덤은 팬아트, 팬 픽션, 영상 편집물, 팬 캠, 틱톡 리믹스 등 다양한 2차 창작물을 제작하여 원본 콘텐츠 이상의 파급력을 만들어내기도 한다. 이러한 활동은 팬덤이 문화의 공동 생산자co-creator로 기능하며, 한류가 지역사회에서 어떻게 수용되고 변형되는지를 결정하는 중요한 동력임을 보여준다. 결국 한류 팬덤은 오늘날 문화의 2차 생산자로서 한류 콘텐츠의 의미 형성·확산 과정 전반에 적극적으로 개입하고 있다고 평가할 수 있다. 더불어 베트남의 한류 팬덤은 동남아시아의 다른 팬덤들과 긴밀히 연결되면서 트랜스내셔널(초국가적) 네트워크로 기능하고 있다. 예를 들어, BTS의 글로벌 기부 캠페인이나 환경 프로젝트가 진행될 때 베트남 팬들은 태국·인도네시아 팬들과 공동 해시태그, 통일된 홍보 자료, 동일한 일정 등을 활용하여 협력 활동을 펼쳤다. 이러한 사례는 한류 팬덤이 국경을 초월한 소통과 조정 능력을 기반으로 문화적 실천을 공유하고 확산시키는 초국적 문화 행위자로 자리 잡았음을 보여준다.

팬덤의 경제적 영향력 측면에서 볼 때 하나의 사례로 2023년 베트남에서 열린 블랙핑크의 월드 투어 콘서트는 단순한 공연을 넘어 문화 소비와 연계된 거대한 경제 효과를 창출했다. 해당 콘서트가 열리는 동안 베트남 수도 하노이는 수십만 명의 방문객을 유치하였고, 현지 숙박업·외식·교통·기념품 시장 등 관련 산업 전반에 걸친 소비가 폭발적으로 증가했다는 보고가 있다(The Business Times, 2023).[16] 그뿐만 아니라 팬덤이 K-팝, K-드라마 등 한국문화 콘텐츠를 소비하면서 동시에 한국 화장품, 뷰티 제품에 대한 수요를 지속적으로 견인하고 있다는 분석이 있다(Nguyen, 2024).[17] 이처럼 베트남의 한류 팬덤은 단순 수요층을 넘어 기업과 브랜드가 마케팅 전략을 설계할 때 핵심 타깃이자 지렛대 역할을 하는 '경제적 소비 공동체'로 자리매김했다. 팬덤의 충성도 팬심과 소비 의지는 브랜드가 K-뷰티, 패션, 콘서트·굿즈 산업 등 다양한 영역에서 전략을 구축하도록 유도하며, 이는 곧 산업 생태계 전반에 영향을 미치는 구조적 힘이 된다. 그 외에도 팬덤은 청년 세대의 정체성과 감정 경험을 구조화하는 문화적 공간으로써 팬덤은 단순한 취향을 넘

---

16   The Business Times. (2023.08.15) "Mad about K-pop, Vietnam courts top global acts to boost tourism appeal".
https://www.businesstimes.com.sg/international/asean/mad-about-K-pop-vietnam-courts-top-global-acts-boost-tourism-appeal (접속일: 2025.11.16).

17   Nguyen Thao Ngoc. (2024). Opportunities and solutions for cross-border E-commerce development between Vietnam and South Korea. Industry and Trade Research Review. https://vioit.vn/opportunities-and-solutions-for-crossborder-ecommerce-development-between-vietnam-and-south-korea.html

어 사회적 소속감, 정체성 탐색, 감정 공동체 형성의 장으로 기능한다. 즉 한류 팬들은 팬덤을 통해 자기표현, 또래 관계 형성, SNS 정체성 구축 등의 중요한 수단으로 삼는다.

베트남인의 민족성(결속력)과 정치적·문화적 민감성

2023년 7월 29~30일 하노이에서 블랙핑크의 콘서트가 열렸다. 총 6만 7,443장의 티켓을 판매하고 1,366만 달러의 매출을 기록한 베트남 사상 최대 규모의 공연이었다. 그러나 7월 초에는 블랙핑크 하노이 공연을 주최한 iMe 엔터테인먼트의 웹사이트에 '9단선' 관련 내용이 뜨자 많은 베트남 팬이 공연을 보이콧하겠다고 선언했으며, 동시에 SNS를 통해 영토 주권에 대한 강력한 입장을 표명하였다. 베트남 네티즌들은 일제히 반대의 목소리를 내며 베트남 영토 정보를 잘못 게재한 것은 "용납할 수 없는 일"이고 "주권은 어떤 차원에서도 침해될 수 없다"라고 강하게 주장하면서 관계 당국에 이번 공연을 취소할 것을 촉구하였다.[18] 2024년 11월 23일, 베트남과 해외의 유명 아티스트들이 함께한 호치민 GENfest 음악 축제 무대에서 한국 걸그룹 마마무의 가수 화사는 공연 도중 베트남 전통 모자인 논라nón lá를 던지는 장면으로 화제를 일으켰다. 이 한국 스타의 행동은 곧바로 온라인에 퍼지며 논란의 중심이 되었다. 많은 네티즌은 논라를 던지는 행동이 베트남 문화에 대한 무례함일 뿐만 아니라 베트남인을 모욕하는 행위라고 지적했다. 일부 댓글은 가수 보이콧을 촉구했고, 또 다른 댓글은 아이돌 문화 자체와 한국 아이돌 팬들을 비판하기도 했다.[19]

상기 두 사례가 시사하는 바는 무엇인가? 하노이에서 열린 블랙핑크 공연과 호치민시 GENfest 무대에서 벌어진 화사의 논란은 한류가 베트남 사회에서 어떻게 소비되고 있으며, 동시에 어떤 민감한 지점을 건드릴 수 있는지를 잘 보여준다. 먼저 블랙핑크 사례의 경우, 공연 자체는 베트남 사상 최대 규모의 흥행을 기록했지만, 공연 주최 측 웹사이트에 '9단선' 관련 정보가 게재되면서 팬들의 강한 반발을 불러일으켰다. 이는 단순한 운영상의 실수를 넘어 베트남의 영토 주권 문제와 직결된 사안으로 인식되었으며, 여론은 공연 취소를 요구할 만큼 단호한 입장을 보였다. 이 사례는 외국 엔터테인먼트 기업이 베트남에서 활동할 때 정치·역사적 민감 사안을 세심히 고려해야 함을 보여준다. 두 사

---

18 VnExpress, 블랙핑크 공연 주최 측, 홈페이지의 '남중국해 9단선' 이미지 논란에 사과 (2023.06.07.)
   https://vnexpress.net/btc-show-blackpink-xin-loi-vi-hinh-anh-duong-luoi-bo-tren-website-4626075.html(접속일: 2025.09.18)
   Thanh Nien, 베트남 블랙핑크 콘서트 주최 측의 '남중국해 9단선' 논란, 국제 언론의 주목을 받다(2023.07.09.)
   https://thanhnien.vn/vu-btc-concert-blackpink-tai-viet-nam-dinh-den-duong-luoi-bo-thu-hut-truyen-thong-quoc-te-185230709030641338.htm(접속일: 2025.09.21)
19 TVH Xã hội, 베트남 전통 모자 투척으로 논란을 일으킨 한국 가수, 과거 논란까지 재조명 (2024.11.24) https://www.youtube.com/watch?v=lDBzlIqvSCQ(접속일: 2025.09.21)

건 모두에서 주목할 점은 여론이 빠르게 온라인을 통해 형성되고 확산했다는 것이다. 공연 보이콧 요구, 아이돌 문화 비판, 나아가 반한 정서로까지 번지는 과정은 디지털 사회에서 언론과 SNS의 영향력을 보여준다. 한류의 성공이 단순히 콘텐츠의 매력이나 시장성에만 달린 것이 아니다. 지속 가능한 교류를 위해서는 무엇보다 현지의 정치적·문화적 맥락을 존중하는 태도와 철저한 사전 준비가 필요하다. 한류가 글로벌 문화로 확실하게 자리를 잡은 오늘날 이러한 민감성을 간과한다면 오히려 역효과를 초래할 수 있다.

한류에서의 세대 차이, 여전한 사회적 논쟁

2012년, 베트남 대학교 입학시험 국어국문 과목의 시험문제에 다음과 같은 논술 문제가 출제되었다.

"우상(아이돌)을 동경하는 ngưỡng mộ(응엉 모) 것은 아름다운 문화적 현상이지만, 우상에 맹목적으로 빠지는 것은 재앙이다. 위의 견해에 대해 자신의 생각을 약 600자 분량의 글로 작성하시오."

이 논술 문제는 2012년에 출제되었는데, 바로 그 시기에 베트남 사

 베트남의 틈 속으로 파고든 한류

회 전체가 K-팝에 주목하게 된 여러 사건이 발생했기 때문이다. 다만, 이러한 주목은 긍정적인 측면뿐만이 아니었다. 베트남에서 가장 많은 사람들이 이용한다고 평가받는 온라인 언론 VnExpress는 한류의 영향력이 날로 커가는 현상을 연달아 보도하면서 동시에 '한류가 베트남에 너무 강하게 파고들었다.'거나 '2012년, K-팝이 베트남 문화를 강력히 침투했다.'라는 우려도 드러냈다. 그렇다면, 왜 2012년이었을까? 그리고 그 시기에 한류는 베트남에서 어떤 변화를 보였을까?

첫째, 2012년은 베트남-한국 수교 20주년을 맞은 해였다. 이를 축하하기 위해 2월에는 하노이 국립컨벤션센터에서 슈퍼주니어가 출연한 '베트남-한국 우정의 밤' 공연이 열렸다. 이어서 11월 24일에는 호치민에서 Wonder Girls, 허각, ZE:A, SanE 등이 출연한 국제 음악 축제 M LIVE MO.A 2012가 개최되었다. 또 'K-Pop Festival 2012 — Concert in Vietnam'은 당시까지 베트남에서 열린 최대 규모의 K-팝 공연으로, DBSK, 소녀시대, 티아라, 카라, B1A4, 인피니트, 씨스타, Miss A, 에일리 등 유명 가수들이 무대에 올랐다. 약 5만 명이 모인 이 공연은 베트남 역사상 최대 규모의 '슈퍼 쇼'로 불렸다. 일련의 음악 행사를 통해 언론은 한국이 정치와 문화를 어우러지게 하며 2012년을 양국 수교 20주년을 기념하는 동시에 한국 음악을 본격적으로 베트남에 밀어 넣는 전환의 해로 만들었다고 평가했다.

둘째, K-팝이 베트남에서 급속히 성장하면서 소위 '판쿠엉'fan cuồng(극성팬) 집단이 형성되었고, 다른 사람들의 눈에는 그들의 행동이

'미숙하다'고 비쳤다. 예를 들어 슈퍼주니어 콘서트 입장권을 얻기 위해 한 팬은 티켓 거래 포럼에 '원나잇 관계'로 표를 교환하겠다고 글을 올리기도 했다. 같은 콘서트 당일에 다수의 팬이 안전 펜스를 무너뜨리고 공연장에 난입해 부상을 일으켰다. 2012년에는 영국, 미국, 한국, 태국, 베트남 등 다양한 국적의 아티스트 20여 명이 참여한 사운드 페스트SoundFest 콘서트에서 그룹 빅뱅을 보기 위해 모여든 관객들 사이에서는 수십 건의 실신, 발작, 경련 등의 사고가 발생하기도 했다. 또한 하노이 공항에서 걸그룹 티아라를 보기 위해 몰려든 남성 팬들이 서로 부둥켜안고 울부짖는 장면은 '우상 문화'를 둘러싼 거센 논란을 불러일으켰다. 많은 사람들이 남성 팬들의 눈물 어린 모습은 "보기 흉하다."라고 지적했으며, 일부는 "가소롭다. 나약하다. 할 일 없다."라는 비아냥을 퍼부었다. 심지어 "사진만 봐서는 성별을 구분하기 어렵다."라고 하거나 "정말 아줌마 같다."라는 댓글도 달렸다.

베트남 유명 시인 도 쭝 꾸언Đỗ Trung Quân(1955년생)은 그런 장면을 보고 K-팝 팬들에게 일침을 가하는 시詩「유일하게 남은 것을 아껴라」를 인터넷에 올렸다.[20] 그는 전쟁에 나섰던 세대의 한 사람으로서 오늘날 '가치 없는' 일에 눈물을 잘못 쓰는 젊은이들을 비판했다. 시는 다음과 같이 팬들을 직격했다.

---

20 Giao duc Viet Nam, "도 쭝꽌 시인, 시로 K팝 팬덤에 일침" (2012.12.01) https://giaoduc.net.vn/nha-tho-do-trung-quan-canh-tinh-fan-cuong-K-pop-bang-tho-post100593.gd(접속일: 2025.09.21)

"우리 남자들도 전우의 시신을 안고 눈물을 흘린 적 있다.

강철 같은 이들도 목이 메었다.

하지만 얘들아,

우리는 쓸데없는 일로는 눈물을 흘리지 않았다.

한밤중 공항 앞에서 떨며 고함치는 데 시간을 낭비하지 않았다.

부모님조차 어디 가셨는지 모르는 사이

낯선 이방인을 맞이하기 위해…"[21]

시인은 "눈물은 점점 더 귀해지고 있다. 아껴 써라Nước mắt ngày càng quý hiếm lắm các em ạ/ Hãy tiết Kiệm thứ còn lại duy nhất."라는 메시지를 K-팝 팬들에게 남겼다. 이에 맞서 K-팝 팬들은 "누구든 감정을 표현할 권리가 있다. 한류 음악을 좋아한다고 해서 애국심이 없는 것은 아니다."라고 반박했다. 팬들이 쓴 '대응 시'는 다음과 같은 구절을 담고 있었다.[22]

"새 시대, 우리는 평화의 20대를 살고 있다.

---

21 해당 시의 베트남어 원문 발췌: "[…] Bọn tôi đàn ông cũng có khi rơi nước mắt/ Khi nhìn xác đồng bào, ôm trong tay đồng đội./ Sắt đá vẫn nghẹn ngào./ Nhưng các em ạ/ Chúng tôi không bao giờ rơi lệ/ Những chuyện tào lao/ Chúng tôi không mất thì giờ nửa đêm run rẩy, gào thét trước cổng sân bay để đón đứa lạ hươ lạ hoắc/ đến bố mẹ ở nhà cũng chả biết đi đâu […]"

22 Tap chi dien tu Tri thuc, "K팝 팬들, 도 쭝꽌 시인에 맞서 시로 반격" (2012. 11. 30) https://znews. vn/fan-K-pop-lam-tho-phan-phao-do-trung-quan-post288394.html (접속일: 2025. 09. 21)

한류 음악을 듣고, 아이돌을 좋아한다.

[…]

그렇다고 역사를 잊은 것은 아니다.

우리는 여전히 조국을 사랑한다.

[…]

팬이라는 이유로 조국의 수치라 욕하지 말라.

열정을 가진다고 해서 한국에 미쳐 국적을 잊는 것은 아니다.

우리는 전 세대의 희생을 존경한다.

그러나 우리 또한 우리 나름의 청춘을 살고 있다…"[23]

이 시는 팬들 사이에서 큰 호응을 얻었으며, "아이돌을 좋아하는 것이 무슨 잘못인가? 우리는 여전히 열심히 살아간다. 극단적인 사례 몇 개를 모든 팬에게 일반화할 수는 없다."라는 목소리도 많았다. 당시 도쭝 꾸언은 50대 중후반이었고, 만약 한 세대를 20~30년으로 본다면 그는 분명 젊은 K-팝 팬들과는 다른 '이전 세대'였다. 시로 오가는 이 논쟁은 세대 간의 취향, 자기표현 방식, 사고 체계의 차이를 극명하게 보

---

23 해당 시의 베트남어 원문 발췌: "Thời đại mới, chúng tôi cũng đang sống trong cái thời 20 tuổi/ Tuổi trẻ thời bình, thích truyện ngắn, phim tình cảm/Nghe nhạc Hàn, thích các ngôi sao/ […] chúng tôi vẫn yêu sử nước mình/ Không phải cứ Fan Hàn là nỗi nhục của Việt Nam/ Không phải cứ đam mê, là bị nói cuồng Hàn/ Là làm nhục quê hương, đất nước/ Chúng tôi biết ơn những người đi trước/ Nhưng những người 20 tuổi bây giờ …đừng có nghĩ mình đang đi trước chúng tôi!

여주었다.

또한 2012년 11월 열린 한류 관련 좌담회에서 베트남 문화예술연구원 관계자 한 명이 자신의 고등학생 딸 이야기를 꺼냈다. 딸은 어려서부터 잘생긴 한국 배우를 좋아해 그들의 포스터를 열심히 모았다. 아버지가 한국에 출장을 가면 반드시 아이돌 관련 선물을 사 오라고 졸랐다. 한국 아이돌이 베트남에 온다는 소문이 돌면 호텔 앞에서 몇 시간이고 기다렸다. 아버지가 이해하기 어렵다고 하면 딸은 "아빠가 뭘 알아요!"라며 눈을 흘겼다고 한다.[24] 이것은 단지 한 가정의 이야기가 아니라, 수많은 베트남 가정에 존재하는 세대 간의 간극이다. 부모 세대는 아이들의 팬 문화를 이해하지 못하고, 아이들은 또한 부모를 이해하지 못한다. 더 나아가 아이돌을 좋아하지 않는 사람들을 포함해서 사회는 한류 팬들을 곱지 않은 시선으로 바라보며 '아이돌 세대'와 '그들을 낳은 세대' 사이에 보이지 않는 벽을 만든다. 무엇보다 중요한 것은 이것이 단지 12년 전의 이야기만이 아니라 오늘날에도 여전히 이어지고 있는 논쟁거리라는 점이다. 블랙핑크 공연 티켓을 사기 위해 많은 젊은이가 큰돈을 기꺼이 지불한다는 소식에[25] 베트남 언론에서는 뜨거운 논

---

24   VnExpress, '한류가 베트남에 강하게 파고들었다' (2012. 11. 19.).
     https://vnexpress.net/trao-luu-han-quoc-xam-nhap-vao-viet-nam-qua-manh-2389193.html
     (접속일: 2025. 09. 17)

25   블랙핑크 하노이 공연 티켓은 약 200만 동에서 1000만 동(10만-55만원) 사이가 되며, 2023년 베트남의 1인당 평균 연소득은 약 500만 동이었다.

쟁이 벌어졌다.

청년 포럼 성격의 타잉니엔Thanh Niên 신문은 2023년 7월 10일, 「한 달 치 부모 월급으로 '아이돌 덕질', 젊은 세대는 비판받아 마땅한가?」라는 제목의 기사를 게재했다.[26] 많은 이들이 젊은 세대의 아이돌 우상화 행위를 '경솔하고, 생각이 짧으며, 사회에 악영향을 미친다.'라고 비판했다. 보다 중립적인 소수 의견도 있었는데, '열정 자체는 괜찮지만, 재정 상황을 고려해야 하며, 여유가 있을 때만 가는 것이 맞다.'라고 주장했다. 아직 경제적 독립을 하지 못한 학생 팬들이 큰돈을 들여 콘서트를 보러 가는 것에 동의하는 목소리를 찾기는 어려웠다.

반면, VnExpress의 독자 의견 창에서는 정반대의 시각도 등장했다. 2023년 7월 6일 자 기사에는 '블랙핑크 덕질에 자녀에게 천만 동을 기꺼이 쓴다.'라는 부모의 입장이 실렸다. 글쓴이는 사회가 K−팝 팬들에게 편견과 부정적 인식을 강요하고 있으며, 정당한 취향과 아티스트가 주는 정신적 가치를 존중하지 않는다고 비판했다. 이 글은 197개의 댓글과 수천 개의 반응을 얻으며 큰 관심을 끌었다. 전체적으로 보면, 경제적으로 여유 있는 가정에서 자녀에게 콘서트 티켓을 사주는 것은 비난받을 일이 아니지만, 형편이 어려운 가정에서 자녀가 부모에게 돈을

---

26 Thanh Nien, "부모의 한 달 월급을 들여 '아이돌 덕질', 청년들은 비난받아 마땅한가?" (2023. 07. 10.)
  https://thanhnien.vn/du-idol-voi-tam-ve-ca-thang-luong-cha-me-nguoi-tre-co-dang-bi-chi-trich-185230706155615801.htm (접속일: 2025. 09. 17)

요구하거나 무리하게 마련해 콘서트를 가는 것은 비판받아 마땅하다는 의견이 주를 이뤘다. 며칠 뒤, 같은 VnExpress 포럼에서 또 다른 논쟁이 이어졌다. 2023년 7월 9일, 「아이돌 덕질보다 부모를 우상화하라」라는 제목의 글이 게재된 것이다. 글쓴이는 '자녀가 가장 존경해야 할 대상은 부모이며, 부모가 없었다면 오늘의 자신도 없다.'라는 논리로 아이돌 팬 문화를 반대했다. 그러나 이에 반박하는 의견들도 있었다. '그저 콘서트 티켓일 뿐인데, 왜 이렇게 젊은 세대를 비난하는가? 경제적으로 여유 있는 사람들이 아이돌 공연을 보는 것은 단순한 오락에 불과하다.' 또한 "부모만이 자녀의 우상이 될 자격이 있다.'라는 주장은 지나치게 강압적이다.'라고 주장했다.[27]

결국, 자녀의 아이돌 덕질을 지지할 것인지 반대할 것인지에 대한 고민은 여전히 진행 중인 문제이며, 쉽게 끝날 기미가 보이지 않는다. 분명 부모 세대는 점차 관점이 바뀌며 아이돌 문화에 대해 더 긍정적이고 포용적인 태도를 보이고 있다. 그러나 세대 간의 간극이 완전히 사라진 것은 아니며, 단지 조금 좁혀졌을 뿐이다. 이 간극의 축소에는 1980년대생 부모 세대가 일정 부분 영향을 미쳤다. 이들은 과거에 직접 아이돌 문화를 경험했거나, 최소한 한류 초기의 드라마와 K-팝 음악을 접한 세대이기에 자연스럽게 자녀들과 더 '열린' 시각을 공유하며 공감할

---

27 VnExpress, "아이돌 덕질보다 부모를 우상으로 삼도록 아이를 가르치자" (2023.07.09) https://vnexpress.net/day-con-than-tuong-bo-me-thay-vi-du-idol-4626794.html (접속일: 2025.09.17)

수 있었다.

　위에서 살펴본 바와 같이 베트남 사회에서 한류는 단순한 대중문화 현상을 넘어 세대 간 갈등과 사회적 담론을 촉발하는 중요한 매개체로 기능하고 있다. 2012년의 사례에서 드러난 갈등은 기성세대가 청년층의 팬덤 문화를 도덕적·애국적 관점에서 강하게 비판했지만, 청년층은 개별적 취향과 정체성 표현의 권리를 주장하는 대립 구도로 나타났다. 그러나 2023년 블랙핑크 하노이 공연을 둘러싼 이후의 논쟁은 이러한 갈등 구도가 여전히 유지되고 있음을 보여주면서 그 초점이 도덕적·정치적 문제에서 경제적 합리성과 소비문화의 영역으로 이동했음을 확인할 수 있었다. 이와 같은 변화는 베트남 사회에서 세대 간의 인식 차이가 점차 완화되고 있으며, 특히 일부 부모 세대가 자녀들의 문화적 취향을 제한적으로 수용하는 태도로 전환하고 있음을 시사한다. 또한 한류 수용에 대한 사회적 담론 역시 비판 일변도에서 벗어나, 옹호와 중립의 목소리가 함께 공존하는 다층적 양상으로 전개되고 있다. 이는 한류가 더 이상 일시적 유행이 아니라 베트남 사회 전반에 제도화되고 정착된 문화 현상임을 보여준다. 더 나아가, 한류 팬덤과 관련한 논쟁이 단순히 문화 취향의 차원에 그치지 않고, 사회경제적 불평등과 어느 정도 연결되어 나타난다는 점 또한 주목할 만하다. 공연 티켓 가격을 둘러싼 논란은 청년 세대의 문화 소비가 계급적 맥락과 결합할 수 있음을 보여주며, 이는 베트남 사회의 구조적 문제를 반영하고 있다. 즉 베트남에서의 한류는 세대 간 담론의 차이와 사회경제적 맥락을 동시에 내

포한 복합적 현상으로서, 한류 팬덤에 대한 단순한 분석을 넘어 베트남 사회의 문화적·정치적·경제적 주체성의 변화를 이해하는 중요한 단초를 제공한다.

K-팝 팬덤에서 V-팝 팬덤으로

현재 베트남에서 '팬덤'이라고 하면 K-팝을 비롯한 해외 아티스트만을 위한 팬덤 문화를 넘어 국내 아이돌을 향한 팬덤 문화가 점차 확산하고 있다. 2024년 10월 19일은 베트남 대중음악(V-팝) 역사에서 하나의 중요한 전환점으로 평가될 수 있는 날이다. 이날 호치민에서는 두 개의 베트남 음악 콘서트가 동시에 개최되었으며, 수만 명의 관객을 동원하였다. 〈아잉 트라이 브엇 응안 쫑 가이Anh Trai Vượt Ngàn Chông Gai(영문명 Call Me by Fire)〉 콘서트는 티켓 판매 개시 후 단 40분 만에 모든 좌석 2만 석이 매진되었으며, 티켓 가격은 80만 동에서 최대 1,100만 동에 이르렀다. 두 번째 콘서트인 〈아잉 트라이 세이 하이Anh Trai Say Hi(영문명 Brother Say Hi)〉 역시 약 1만 5,000명에서 2만 명에 이르는 관객을 끌어모았다.

티켓을 둘러싼, 이른바 '구매 열풍'은 온라인 커뮤니티 전반으로 확산하였으며, 티켓 교환·매매·양도를 목적으로 한 다수의 페이스북 그룹이 생성되었다. 이들 그룹에는 수만 명의 이용자가 참여하였고, 최대 규모의 그룹은 각각 약 7만 7,000명과 1만 9,000명에 달하였다. 일부 관객들은 공식 판매가의 몇 배에 이르는 '암표' 가격을 감수하면서까지 티켓을 구매하는 현상을 보이기도 하였다. 이처럼 역사상 가장 높은 화제성을 기록한 두 개의 텔레비전 프로그램 〈Anh Trai Vượt Ngàn Chông Gai〉와 〈Anh Trai Say Hi〉에서 출발한 해당 두 콘서트 신드롬은 베트남 음악 시장과 국내 관객의 소비 취향에 실질적인 변화를 초래하였다. 특히 그동안 해외 음악, 그중에서도 K-팝에 대한 선호가 두드러졌던 베트남 대중의 음악 소비 지형이 재편되고 있음을 시사한다.

〈Anh Trai Vượt Ngàn Chông Gai〉는 2024년 6월 첫 방송을 한 중국의 텔레비전 프로그램 〈Call Me By Fire〉를 라이선스 구매 형식으로 도입한 예능 프로그램이다. 본 프로그램에는 총 33명의 참가자가 참여하였으며, 모두 30세 이상의 남성 예술가들로 구성되어 있다. 이들은 음악, 연기, 댄서, 스포츠 등 다양한 분야에서 다년간 활동해 온 경력을 지닌 인물들이다. 본 프로그램은 이미 일정 수준의 명성과 경력을 확보한 30대 이상의 참가자를 주요 대상으로 한 포맷을 채택하고 있으며, 그 결과 베트남 대중음악을 오랫동안 지지해 온 기존 팬층을 포함한 폭넓은 관객 기반을 확보했다. 출연자들은 탄탄한 가창력, 뛰어난 무대 장악력, 그리고 매회 새로운 모습을 시도하는 태도를 통해 관객의 호응을 끌어냈다. 이와 같은 인기에 힘입어 2024년 11월 12일에 진행된 해당 콘서트 시리즈의 두 번째 티켓 판매에서는 판매 개시 직후 몇 초 만에 온라인 티켓 유통 시스템이 마비될 정도로 접속자가 많았다. 당시 접속자 수는 10만 명을 초과하였으며, 시스템 복구 이후에도 15만 명 이

 베트남의 틈 속으로 파고든 한류

상이 온라인 대기열에 접속한 상태에서 약 40분 만에 모든 자리가 매진되었다. 더 나아가, 티켓 판매 개시 후 약 한 시간 동안 해당 웹사이트에는 총 830만 회에 달하는 접속이 이루어진 것으로 집계되었다(Dân trí, 2024). 〈Anh Trai Say Hi〉 프로그램은 30세 미만의 젊은 참가자들을 중심으로 구성되었으며, 아이돌 스타일의 콘셉을 특징으로 한다. 일부 출연자는 본 프로그램을 통해 처음으로 리얼리티 예능에 참여하기도 하였다. 무대는 전반적으로 강렬하고 창의적인 연출을 기반으로 하였으며, 가창력과 퍼포먼스 측면에서도 해외 아티스트와 비교해 크게 뒤처지지 않는 수준을 보여주었다. 이 프로그램의 팬층은 주로 10대와 20대로 구성되어 있으며, 조직적이고 활발한 팬덤 활동을 전개했다. 콘서트 티켓 매진 현상뿐만 아니라 프로그램과 연계된 각종 음원 및 관련 콘텐츠 역시 높은 소비율을 기록하였다.

종합적으로 볼 때 다른 특성을 지닌 두 프로그램은 모두 '베트남스러운 것'을 핵심으로 유지하면서도 현대적 요소를 결합함으로써 관객의 관심을 효과적으로 끌어냈다. 또한, 기존에 주로 해외 아티스트를 중심으로 형성되었던 팬덤 문화를 국내 예술가 중심으로 확장·강화하는 역할을 수행하였다. 더 나아가, 관련 콘서트의 성공은 베트남 내 음악 공연 기획 및 운영의 기준을 한 단계 끌어올리며 국제적 수준에 근접하게 했다. 실제로 많은 관객들은 '현재 베트남은 규모와 완성도 면에서 한국 가수들의 콘서트에 뒤지지 않는 공연을 개최할 수 있는 단계에 이르렀다.'라고 평가하고 있다. 일부 언론은 V-팝과 K-팝 간 위상 변화 가

능성에 주목하며 「국내 콘서트의 부상, K-팝 음악 페스티벌의 외면」,
「두 〈Anh Trai(아잉 트라이, 한국어로 '오빠')〉 콘서트 매진과 웹사이트 마비, 베
트남 음악계에서 벌어지고 있는 이례적 현상」과 같은 제목의 기사를 보
도하였다.

오랫동안 베트남에서 K-팝은 청년층의 문화적 기호를 주도해 왔으
나, 〈Anh Trai Say Hi〉와 〈Anh Trai Vượt Ngàn Chông Gai〉와 같은 프로
그램의 등장은 이러한 흐름에 의미 있는 변화를 보여준다. 즉, 관객들
이 점차 베트남 아티스트를 적극적으로 지지하고, 과거에 비해 더욱더
조직적이고 전문화된 국내 팬덤을 형성하고 있다는 점이 확인된다. 이
들 프로그램은 이른바 '국내 아이돌을 응원하는 문화'를 촉진하였으며,
팬들은 커뮤니티 구축, 포토 카드와 같은 기념품의 교환, 나아가 아티
스트를 위한 기부 활동 등 다양한 방식으로 적극적인 팬 활동을 전개하
고 있다. 이러한 양상은 국내 상호작용의 밀도와 참여도 측면에서 K-
팝 팬덤에 뒤지지 않는, 고도화된 팬덤 문화의 형성을 반영한다.

현시점에서 베트남 대중음악(V-팝)의 형성과 발전 과정을 개괄적으
로 검토하는 것은 베트남 사회에서 K-팝의 유입과 확산을 보다 객관
적으로 이해하는 데 중요한 시사점을 제공한다. V-팝이라는 용어가
정착되기 이전, 1975년 이전 베트남 남북 분단 시기의 남부에서는 서구
및 미국의 팝, 록, 발라드 음악이 유입되며 이른바 '느악 째 사이공nhạc
trẻ Sài Gòn(사이공의 젊은 음악)' 흐름이 형성되었다. 이는 1980~1990년대 베
트남 현대 대중음악 창작 활동의 중요한 토대가 되었다고 평가할 수 있

다. 1986년 베트남 개방개혁 정책인 도이머이Đổi mới의 시행은 국제적 문화 흐름의 수용과 시장 지향적 음악 생산을 가능하게 하는 새로운 환경을 조성하였다. 이 시기를 전후로 대중 시장을 대상으로 하는 대중음악 개념이 등장하였으며, 이는 V-팝 개념의 초기 형성으로 이어졌다(Do Hong Quan, 2016). 1990년대 말에서 2000년대 초에 이르러 V-팝 시장은 본격적으로 확대되었고, 미탐Mỹ Tâm, 단쯔엉Đan Trường 등 V-팝 1세대를 대표하는 가수들이 등장하였다. 이 시기 국제 교류가 확대되는 가운데 '젊은 음악' 가수들의 부상은 새로운 음악적 흐름과 대중적 지지를 끌어냈으나, 동시에 '국내 음악의 정체성'에 대한 논쟁을 촉발하기도 하였다.

2000년대 중반과 2010년대 초반으로 접어들면서 인터넷과 소셜미디어의 급속한 확산은 베트남에서 음악 소비 방식 전반을 근본적으로 변화시켰다. 디지털 음악 플랫폼과 유튜브를 통해 해외 음악이 광범위하게 유통되었으며, 그중에서도 K-팝과 한류는 높은 영향력을 확보하였다. 고도화된 시각적 연출, 정교한 안무, 그리고 국제적 팬덤을 기반으로 한 해외 음악 콘텐츠는 베트남 젊은 세대의 음악적 취향을 강하게 흡인하였다(Le, X. & Zhang, J., 2024). 이에 대해 베트남 사회의 반응은 양가적이었다. 해외 음악에 대한 선호와 소비가 확대되는 동시에 외국 스타일의 과도한 모방이 베트남 고유의 문화적 정체성을 약화한다는 비판 역시 제기되었다. 그러나 이후 발라드, EDMElectronic Dance Music, 인디 음악, 랩 등 다양한 장르가 V-팝 내부에서 공존·확장되면서 음악적 스펙트럼과 청중 기반이 크게 넓어졌다. 이러한 변화는 2010년대 들어 내생적 창작 역량의 성장을 촉진했다는 평가가 있었다(Nguyen & Vu, 2021). 결과적으로 V-팝의 장르적 다양성과 '베트남 음악을 선호하는 청중 집단'의 형성을 가능하게 하였다. 이와 함께 V-팝 아티스트들은 점차 이미지 생성과 음악 제작에 있어 전문성을 강화하였고, 일부 측면에서는 K-팝 아이돌 시스템과 유사한 생산 방식을 따르기도 했다. 2023년 이후부터 V-팝은 국내 팬덤의 급속한 성장과 국제적 기준에 근접한 텔레비전 프로그램 제작 모델의 확산을 경험하고 있다. 〈Anh Trai Say Hi〉와 〈Anh Trai Vượt Ngàn Chông Gai〉는 이러한 흐름을 대표하는 사례로 광범위한 미디어 담론을 형성하는 데 그치지 않고 팬덤 간의 결속을 강화하며 국내 음악 시장에서 K-팝과의 경쟁력을 제고하고 있다. 최근의 담론에서 V-팝은 단순한 음악 소비 대상이 아니라 높은 공동체성을 지닌 문화·사회적 현상으로 인식되고 있으며, 이는 규모와 조직 측면에서 점차 전문화되고 있는 베트남 내 음악 산업의 발전을 반영하는 것으로 해석할 수 있다.

베트남 RMIT대학교가 발표한 2024년 베트남 디지털 음악 환경 리포트의 자료에 따르면, 베트남 디지털 음악 시장에서 국내 음악 장르는 여전히 지배적인 위치를 유지하고 있는 것으로 나타났다. 보고서에 의하면 V-팝은 63%로 가장 높은 선호도를 기록하였으며, 그 뒤를 이어 볼레로(42%)와 발라드(32%)가 높은 비중을 차지하였다. 해외 음악 장르의 수용 양상은 비교적 고르게 분포되어 있는데, K-팝과 서구권(유럽·

^{미국)} 음악이 각각 21%, C-팝이 20%를 기록한 것으로 집계되었다_(RMIT University Vietnam, 2024). 한편, 베트남 내에서 K-팝의 높은 인지도와 화제성은 부인하기 어렵지만, 이를 베트남 디지털 음악 시장 전반의 장르별 소비 구조 속에서 상대적으로 비교해 볼 경우, 실제 소비 비중 면에서는 두드러진 우위를 점하고 있다고 보기는 어렵다.

이상에서 살펴본 바와 같이, 베트남에서 K-팝의 열풍은 문화적·미디어적 영향력 측면에서 부인할 수 없는 현상이다. 그러나 디지털 음악 시장의 소비 구조를 기준으로 볼 때 K-팝이 여전히 지배적인 위치에 있다고 보기는 어렵다. 이러한 현상은 문화적 가시성cultural visibility과 시장 소비 수준 간의 차이로 설명될 수 있다. 베트남에서 K-팝은 대규모 팬덤, 대형 공연 및 이벤트, 그리고 소셜미디어를 통한 강력한 확산력을 바탕으로 높은 미디어 노출도와 문화적 존재감을 확보하고 있다. 그런데도 대중의 일상적 음악 청취 행태 전반과의 비교에서 시장 자료는 K-팝이 베트남 국내 음악 장르에 비해 소비 측면에서 주류적 위치를 차지하지 않다는 점을 보여준다. 다시 말해 베트남에서의 K-팝은 상징적 영향력과 미적 규범 설정 측면에서는 높은 위상을 지니고 있으나 실제 소비 시장에서의 점유율은 상대적으로 제한적인 범위에 머물러 있는 음악 장르로 해석할 수 있다_(Jin, 2016).

베트남 관객의 음악 소비 성향에서 이른바 '방향 전환'이 이루어졌다고 단정하기에는 아직 이른 시점일 수 있다. 그러나 최근 나타난 대중음악 현상, 특히 〈Anh Trai Say Hi〉와 〈Anh Trai Vượt Ngàn Chông Gai〉

프로그램은 베트남 대중음악 V-팝이 구조적 전환 국면을 경험하고 있음을 시사한다. 수만 명의 관객이 고액의 비용을 지불하며 콘서트에 참여하고자 하는 현상은 문화 소비 행태의 변화를 분명히 보여준다. 즉, 관객들은 더 이상 화면을 매개로 한 수동적 음악 소비에 만족하지 않고, 직접적이며 다감각적이고 공동체적인 경험을 지향하고 있다. 이러한 맥락에서 음악은 '경험화'되고 있으며, 그 가치는 개별 음원이나 곡 자체에 국한되지 않고 공연 공간, 집단적 감정의 형성, 그리고 아티스트와 관객 간의 상호작용 전반에 걸쳐 확장된다. 더불어 성공을 평가하는 지표 역시 재정의되고 있다. 공연 매진 속도, 콘서트 수익, 공연 저작권, 그리고 관련 파생 상품의 성과가 점차 핵심적인 평가 기준으로 부상하고 있으며, 이는 K-팝이나 미·영 음악 산업과 같은 성숙한 음악 산업 모델에 한층 더 근접하고 있음을 보여준다.

종합적으로 살펴보면 현재까지 베트남에서 K-팝이 약화하고 있다는 명확한 증거는 확인되지 않는다. 현시점에서 나타나는 변화는 K-팝에서 V-팝으로의 일방적 이동이라기보다는 두 음악 장르의 '병행적 공존'으로 해석하는 것이 타당하다. 이러한 맥락에서 V-팝은 더 이상 K-팝을 모방하며 학습하는 단계에 머무르지 않고, 자율적으로 정체성을 형성하는 단계에 진입하였다. 변화의 핵심은 관객이 K-팝을 '버리는' 데 있는 것이 아니라 V-팝이 경험, 감정, 그리고 문화적 정체성의 측면에서 충분한 경쟁력을 확보함으로써 자국의 문화 소비 시장에서 주도권을 회복하고 있다는 점에 있다. 현재 베트남 음악 시장은 다중 중심적 병행 구조로 진입하고 있으며, K-팝, V-팝, 그리고 다양한 국제 음악 장르가 공존하는 가운데, V-팝은 처음으로 주변적 존재가 아닌 주체적 행위자로서의 위상을 확보하고 있다고 평가할 수 있다.

한류와 베트남 교육의 새로운 패러다임

K-팝, K-드라마, 영화를 포괄하는 한류는 단순한 대중문화적 현상의 범주를 넘어 강력한 소프트파워 수단으로 부상하였다. 베트남 내 한류 팬덤의 확산은 문화적 소비를 촉진할 뿐만 아니라, 초·중등교육에서 고등교육에 이르는 한국어 교육의 발전을 정립하고 가속하는 핵심적인 동인으로 작용해 왔다.

교육심리학에서 학습 동기motivation는 학습 성공을 결정짓는 핵심 요인으로 간주된다. 베트남의 한국어 학습자들에게 한류 팬덤은 강력한 '통합적 동기integrative motivation'를 형성하는 요인으로 작용하는데, 이는 학습자가 한국문화의 가치에 대해 보다 깊이 이해하고, 나아가 자신이 좋아하는 아이돌과 직접적으로 소통하고자 하는 욕구와 밀접하게 연결되어 있다. 응우옌Nguyễn 외(2024)의 연구에 따르면, 베트남 내 한국어 학습자의 70% 이상이 한국어에 대한 초기 관심이 한류 문화 콘텐츠의 소비에서 비롯되었다고 응답하였다. 가사의 의미나 드라마 대사를 번역 매개 없이 직접 이해하고자 하는 욕구는 팬덤 내에서 자발적이고 지속적인 학습 수요를 형성하는 주요 요인으로 작용한다(Nguyễn & Le, 2024).
다시 말해, 한국 대중문화에 대한 선호는 베트남 청년층이 제도권 한국
어 교육 과정에 진입하도록 유도하는 최초이자 가장 중요한 동기라고
할 수 있다.

이와 같은 출발점을 지닌 학습자들은 새로운 외국어 학습에 수반되
는 심리적 장벽을 비교적 용이하게 극복하는 경향을 보인다. 외국어 학
습을 부담스러운 의무로 인식하기보다는 아이돌을 이해하기 위한 도
구로 받아들이기 때문이다. 노랫말을 듣고 이해하기, 자막 없이 방송을
시청하기, 혹은 팬레터를 직접 작성하는 것과 같은 구체적 목표는 학습
동기를 더욱 명확하게 강화한다. 아울러 팬덤은 음악과 드라마를 통해
일상적으로 한국어에 노출되기 때문에 전통적인 학습자에 비해 발음
인식이나 생활 어휘, 속어, 경어 표현 등에 있어 상대적인 이점을 지닌
다. 이러한 지속적 노출 환경은 한국어 학습의 효율성과 친숙성을 제고
하는 중요한 배경 요인으로 작용한다고 평가할 수 있다.

팬덤의 전환:
단순한 '팬심'에서 '직업·진로 지향'

주목할 만한 점은 한류의 영향은 일시적인 취향 차원에 머무르지 않
고, 베트남 청년층의 진로 선택과 직업 인식에까지 영향을 미친다. 이

러한 전환은 학습자들이 노동시장에서 한국어가 지니는 경제적 가치를 인식하는 과정에서 본격화된다. 한국은 베트남의 최대 외국인 직접 투자국이며, 양국은 2022년 포괄적 전략적 동반자 관계를 수립하였다. 현재 약 1만 개에 달하는 한국 기업이 베트남에서 활동하고 있으며, 이를 통해 90만 개 이상의 일자리가 창출되고 있는 것으로 집계된다(Báo Chính phủ, 2025). 이와 같은 구조적 맥락 속에서 한국어는 단순한 문화적 관심의 대상이 아니라 실질적인 경제 자본이자 직업 경쟁력을 강화하는 핵심 자원으로 인식되고 있다.

응우옌Nguyễn(2019)에 따르면, 한류 콘텐츠에 대한 흥미를 통해 일정 기간 한국어에 노출된 이후, 학습자들은 한국어 구사 여부에 따라 임금 수준과 승진 기회에서 상당한 격차가 존재함을 인식하기 시작한다. 이 단계에서 취업, 장학금 획득, 사회적 지위 확보와 같은 실용적 목표 달성을 목적으로 하는 도구적 동기instrumental motivation가 점차 우세해지거나, 초기의 통합적 동기와 병행하여 작동하게 된다. 이러한 과정은 흔히 '취향의 전문화'로 설명되며, 여기서 개인이 축적한 '문화 자본'은 노동시장 내 경쟁력을 통해 '경제 자본'으로 전환된다. 이는 외국어 학습이 단순한 개인적 선호를 넘어 구조적 사회·경제적 가치로 확장되는 메커니즘을 보여주는 사례로 해석할 수 있다.

베트남에서는 앞서 언급한 전환이 여러 측면에서 구체적으로 나타나고 있다. 첫째, 한국어 학습 인구의 지속적인 증가이다. 베트남은 현재 동남아시아 지역에서 한국어 교육 규모가 가장 큰 국가로 평가된다.

2025년 기준, 베트남 전역에는 약 50개 대학이 한국어 학과 또한 한국학 관련 학과를 설립하였으며, 재학생 수는 2만 7,000명을 넘어선 것으로 집계된다. 여기에 비정규 한국어 교육 체계(세종학당, 사설 어학원 등)를 포함할 경우, 전체 한국어 학습자 수는 5만 명 이상에 이르는 것으로 추정된다. 또한 한국어능력시험TOPIK의 응시자 수 역시 급격한 증가 추세를 보이고 있다. 2025년 5월에 시행된 제100회 TOPIK 시험의 경우, 응시자 수는 약 6만 3,000명으로 집계되었는데, 이는 5년 전 약 1만 6,000명 수준과 비교할 때 약 4배 증가한 수치이다(Chinh sach & Cuoc song, 2025). 이러한 통계는 베트남 사회에서 한국어 학습이 일시적 유행을 넘어 구조적·제도적 수요로 전환되고 있음을 단적으로 보여준다.

정책적 전환과 교육의 정규화

한류 팬덤의 영향력은 교육정책 결정자와 베트남 정부에 이르기까지 이른바 '긍정적 압력'을 형성하며, 국가 교육 정책 차원의 중대한 변화를 끌어냈다. 베트남 교육훈련부가 2021년에 공포한 「결정 제712/QĐ-BGDĐT」는 한국어를 초·중등 교육 체계에서 제1외국어로 공식 편입시키는 내용을 담았다. 이 결정에 따라 베트남은 한국어를 제1외국어로 채택하고, 초등학교 3학년부터 교육이 가능하도록 제도화한 세계 유일의 국가가 되었다. 이에 앞서 베트남은 이미 2017년부터 한국어를 제2외국어로 지정하여 중등교육 단계에서의 교육을 허용해 왔다. 이러한 단계적 제도화 과정은 한류 팬덤이 단순한 문화적 취향을 넘어, 구체적인 진로 및 직업 선택으로 전환되고 있음을 반영한 정부 차원의 정책적 대응으로 해석할 수 있다.

가장 최근인 2025년 12월 16일 베트남 정부 총리는 「2025-2035년 외국어 교육 강화 사업 승인 및 2045년까지의 비전에 관한 결정 제2732/QĐ-TTg」를 공식 발표하였다. 본 결정에 따르면, 한국어(중국어, 일본어와 함께)에 대한 초기 교육이 수요와 실행 역량을 갖춘 교육 기관을 대상으로 유치원 단계(만 3~5세 아동)에서 시범적으로 도입될 예정이다. 이와 같은 정책 방향은 외국어 교육의 시작 시점을 조기화함으로써 언어 습득의 효율성을 제고하고, 동시에 장기적인 국가 인적 자원 전략 속에서 한국어를 포함한 주요 외국어의 위상을 제도적으로 강화하려는 정부의 의지를 반영하는 것으로 해석할 수 있다.

베트남은 한국어를 유아교육 단계에 도입한 유일한 국가는 아니다. 그러나 미국이나 캐나다와 같이 유아 대상 한국어 교육이 주로 현지에 거주하는 한인 공동체를 중심으로, 이중언어 학교나 특정 교육 기관에서 제한적으로 운영되는 국가들과 비교할 때 베트남의 사례는 성격상 뚜렷한 차이를 보인다. 베트남에서 한국어는 특정 민족 공동체의 언어 유지 차원을 넘어, '국가 발전을 위한 전략적 외국어'로서의 위상을 부여받고 있다. 즉, 대규모 한국인 이주 공동체가 교육 체계를 구조적으로 견인하고 있지 않음에도 불구하고, 베트남 정부는 국가 차원의 정책

사업을 통해 한국어를 유아교육 단계부터 선제적으로 도입하고 있다. 이러한 접근은 한국어를 문화적 선택지나 소수 언어 교육의 범주에 한정하지 않고, 장기적인 인적 자원 개발 및 국제 협력 전략과 연계된 핵심 외국어로 제도화하려는 베트남 정부의 적극적이고 주도적인 언어 정책 방향을 잘 보여주는 것으로 평가할 수 있다.

베트남에서 한국어를 초·중등 교육 단계에 실제로 도입·운영하는 과정에서 2023~2024학년도에 하이퐁Hải Phòng시는 교육훈련부가 제정한 교육과정에 따라 제1외국어로서의 한국어를 최초로 시범 시행한 곳이다. 이어 2024~2025학년도에는 하이퐁시 전역에서 총 40개 교육 기관이 한국어 교육을 운영하게 되었으며, 수천 명의 학생들이 제1외국어, 제2외국어 및 방과후 수업의 형태로 한국어를 학습하고 한국문화 관련 활동에 참여하고 있다. 이는 한국어 교육이 제도권 학교 교육 속에서 단계적으로 확산·정착되고 있음을 보여주는 구체적인 사례라 할 수 있다.

2025년 8월 13일, 하이퐁시의 공식 사회관계망서비스(SNS)인 페이스북 페이지에는 하이퐁이 베트남에서 최초로 한국어를 초중등 교육과정에 도입한 지역이라는 내용의 게시물이 게재되었다. 해당 게시물은 온라인 커뮤니티로부터 비교적 긍정적인 반응을 끌어냈으며, 9,600건 이상의 '좋아요'와 약 800건에 달하는 댓글이 달리는 등 높은 관심을 확인할 수 있었다. 한국 기업의 투자 유입이 활발한 도시라는 지역적 특성과 맞물려, 하이퐁시의 한국어 교육 확대 정책에 대해 긍정적으로 평가하는 의견이 다수 제시되었다. 그러나 동시에 예상과는 다른 비판적 시각 역시 나타났는데, 일부 네티즌들은 한국어보다는 중국어가 더욱 합리적인 선택이라는 주장을 제기하였다. 이들 의견은 주로 "중국은 베트남의 이웃 국가이자 세계 2위의 경제 대국이므로, 중국인과의 소통은 막대한 경제적 이익을 가져올 수 있다", "중국어가 한국어보다 더 보편적으로 사용된다", "한국어는 상대적으로 소수 언어에 해당한다", "왜 중국어가 아니냐?" 등의 내용을 담고 있다.

앞서 언급한 반응들은 특정 외국어를 선택하여 학습하는 것에 대한 단순한 호불호를 넘어서는 의미를 지닌다. 이는 베트남의 국민 교육 체계 내에서 한국어의 위상이 실제로 상승하고 있으며 공고화되고 있는지, 혹은 베트남의 외국어 교육 전반 속에서 한국어를 위치시킬 때 여전히 주의 깊게 살펴볼 필요가 있는 함의들이 존재할 수 있다. 2020년 10월, 베트남 하노이국립대학교 인문사회과학대학이 해당 연도의 대학 입학 합격 기준 점수를 발표했는데 이에 대해 베트남 사회 전반은 큰 놀라움을 경험했다. 사상 처음으로 한 전공의 합격 기준 점수가 30점 만점에 30점이었는데 그 전공이 바로 한국학이었다. 하노이국립인사대(하노이국립대학 사회과학인문대학교(USSH))는 베트남 하노이국립대학교 산하 대학으로 오랫동안 베트남에서 가장 권위 있는 사회과학·인문학 교육 및 연구 중심 기관으로 평가받아 온 학교이다. 한국학 전공은 과거 동방학부에 소속되어 있었으나, 발전 수요에 따라 독립적인 학과로 성장했다. 이 전공의 인기에 대해 하노이국립인사대 부총장 호앙 아인 뚜언

Hoang Anh Tuan은 본교의 31개 교육과정 가운데 한국학 전공이 취업 측면에서 가장 높은 매력을 지닌 전공 중 하나라고 밝혔다. 그 이유는 우수한 교육과정, 주베트남 대한민국 대사관의 지원, 질 높은 전문 교수 인력, 많은 한국인 교원을 보유하고 있기 때문이라고 설명했다.

또 다른 학교에서 보면, 2023년 하노이대학교는 사회과학·인문학 분야에서 신뢰받는 국립대학이자 한국어 교육의 주요 거점 가운데 하나로서 25개 전공 가운데 한국어 전공이 최고 합격 기준 점수인 36.15점(40점 만점 기준)을 기록한 바가 있었다. 이와 더불어, 베트남의 외국어 교육을 논할 때 하노이국립대학교 외국어대학(ULIS)를 언급하지 않을 수 없다. 이 기관에서 한국어의 위상을 살펴보는 것은 다른 외국어들과의 비교 속에서 베트남 한국어 교육의 또 다른 측면을 조명하는 데 의미를 갖는다. 2018년, ULIS에서 한국어 전공의 합격 기준 점수는 전교 최고 수준을 기록하였으며(40점 만점 기준 33.00점), 이는 일본어 전공(32.50점), 중국어 전공(32.00점), 영어 전공(31.85점) 등보다도 높은 점수였다. 이 해는 한국어 전공이 해당 대학에서 가장 '인기 있는' 전공으로 부상한 시기로 평가할 수 있다.

2014년 이후 삼성과 LG 등 한국 대기업의 이른바 '초대형 프로젝트'를 계기로 한국은 프로젝트 수와 등록 투자 총액 양 측면에서 베트남 최대 외국인 직접 투자국으로 공식 부상하였다. 특히 2017~2018년 시기에는 한국의 대기업들이 베트남에 대한 투자를 대폭 확대하였으며, 그중 삼성은 베트남에 대한 대규모 투자 10주년을 맞아 최대 외국인 투자자로서의 위상을 확고히 하였다. 한국 기업에서의 취업 기회가 지닌 높은 잠재력은 한국어 전공에 매우 강력한 매력 요인으로 작용하였다. 아울러 2018년은 한류의 확산과 함께 성장한 2000년생 세대가 대학에 진학한 해이기도 하다. 이러한 점에서 ULIS 한국어 전공의 2018년 높은 합격 기준 점수는 취업 기회를 비롯한 경제적 현실과 한류가 지닌 문화적 흡인력이 상호작용한 결과로 해석할 수 있다.

<표> 하노이국립외대 중국어, 한국어, 일본어 전공의 최근 5년간 입학 점수

연도	언어 전공	입학 정원	합격 점수	만점 기준
2025	중국어	300	27.03	30
	한국어	280	24.69	30
	일본어	300	23.93	30
2024	중국어	270	37.00	40
	한국어	250	36.38	40
	일본어	270	35.40	40
2023	중국어	200	35.55	40
	한국어	200	35.40	40
	일본어	200	34.65	40
2022	중국어	200	35.32	40
	한국어	200	34.92	40
	일본어	200	34.23	40
2021	중국어	200	37.13	40
	한국어	200	36.83	40
	일본어	200	36.53	40
2020	중국어	175	34.65	40
	한국어	175	34.68	40
	일본어	175	34.37	40

출처: 하노이국립외대 홈페이지에서 취합 및 정리

최근 몇 년간 한국어 전공은 지속적으로 매우 높은 합격선을 유지해 왔으며(대체로 40점 만점 기준 36~37점 이상), 이는 해당 전공의 경쟁률이 상당히 높음을 보여주는 동시에 한국어의 안정적인 수요와 매력을 반영한다. 앞서 언급한 세 가지 외국어 가운데 일본어 전공은 나머지 두 언어에 비해 대체로 상대적으로 낮은 합격선을 보이는 경향이 있다. 그리고 2021년 이후 중국어 전공은 한국어를 넘어 지속적으로 가장 높은 합격선을 기록해 왔다.

단면적으로 이는 노동시장 수요와 중국어의 큰 매력도를 반영하는 결과로 해석할 수 있다. 2025년 합격선 기준으로 볼 때 중국어 전공에 지원한 수험생은 평균적으로 과목당 9점 이상을 획득해야 합격이 가능하다. 중국은 여전히 베트남의 인접국이자 최대 교역 파트너이며, 중국(대만, 홍콩 포함)으로부터 유입되는 대규모 외국인직접투자(FDI)는 제조업, 물류, 전자상거래, 기술 산업에 이르기까지 다양한 분야에서 중국어 인력에 대한 수요를 창출하고 있다.

또 하나 주목할 만한 점은 모집 정원이 증가했음에도 불구하고 합격선이 하락하지 않았다는 사실이다. 일반적으로 모집 인원이 확대되면 합격선은 다소 낮아지는 경향을 보인다. 그러나 ULIS의 경우, 모집 정원이 크게 증가했음에도 불구하고(2023년 200명에서 2025년 300명으로 확대) 합격선은 전혀 하락하지 않았다. 이는 학생들 사이에서 외국어 전공에 대한 선호도가 여전히 매우 높으며, 졸업 이후 해당 분야의 취업 전망 또한 긍정적임을 보여주는 지표라 할 수 있다. 여기서 베트남 학습자의 한국어 학습 동기와 중국어 학습 동기를 비교해 보면 몇 가지 시사점을 도출할 수 있다.

첫째, 한국어의 경우 학습자들은 한류의 영향을 받아 한국에 대한 관심을 형성하고 한국어를 선택하게 된 것으로 나타났다(응우엔 외 2025). 비록 한류(K-팝, 영화·드라마 등)가 학습을 시작하게 하는 초기의 '촉발 요인'으로 작용하지만, 베트남 대학생들이 한국어 학습을 장기적으로 지속하게 하는 핵심 동기는 진로 개발과 높은 소득에 대한 기대에 있다(Han Yeji, 2021). 이것은 베트남 학습자가 한국어 능력을 단순한 문화 교류의 수단으로만 인식하는 것이 아니라 특히 한국과 관련된 분야에서의 취업을 중심으로 한 경제적 경쟁력으로 인식하고 있음을 의미한다(Oanh & Tri, 2025). 한편, 베트남 학습자의 중국어 학습 동기를 규명하고 분석한 기존 연구를 살펴보면, 거의 모든 연구에서 직업적 전망이 중국어 학습 동기를 촉진하는 핵심 요인 중 하나로 지적되고 있음을 확인할 수 있다(Vu, 2023; Kieu & Wei, 2018). 따라서 한국어의 경우, 한류는 학습 동기의 초기 촉발 요인으로 작용한다고 볼 수 있다. 즉, 학습자들은 우선 K-팝, K-드라마, 패션, 음식, 아이돌 이미지와 대중문화를 계기로 한국어 학습에 접근한다.

이후 이러한 동기는 직업 전망, 소득 수준, 베트남 내 한국 기업의 대규모 진출과 같은 구조적 요인에 의해 전환·강화되며 장기적으로 유지된다. 반면 중국어의 경우, 전공 선택의 동기는 전반적으로 도구적·경제적·지정학적 동기에 더 크게 기울어 있다. 이는 중국 시장의 규모,

무역 관계, 역내 공급망에서 중국의 지정학적 위치, 그리고 경제의 다양한 분야에서 중국어가 지니는 '장기적 유용성'에 대한 인식과 밀접하게 연관되어 있다.

앞서 언급한 내용을 종합해 보면 한류는 베트남 교육정책의 방향 설정에 있어 문화적 요인이 제도적 변화로 전환되는 과정을 촉진한 핵심 변수로 작용하고 있다. K-팝, 드라마, 영화 등 한국 대중문화의 확산은 한국어 학습 수요를 자발적으로 형성하였고, 베트남 정부는 이를 외국어 정책에 제도적으로 수용함으로써 영어 중심의 외국어 교육 체계를 점진적으로 다변화하고 있다. 특히 한국어가 정규 교육과정에 포함되고 조기 교육 단계까지 확장되고 있다는 점은 한류를 일시적 문화 현상이 아니라 장기적 인적 자원 개발과 경제·외교적 협력에 기여할 수 있는 전략적 자산으로 인식하고 있다는 것이다. 이는 외국어 교육이 단순한 학습 과목을 넘어 국가 발전 전략과 연계되는 방향으로 재구조화되고 있음을 시사한다.

베트남 사회 역시 이러한 정책적 변화에 호응하며 새로운 교육 패러다임을 형성하고 있다. 중국어 사례와의 비교에서 확인할 수 있듯이, 특정 외국어가 전략적 외국어로서 안정적으로 자리매김하고 학습자들로부터 지속적인 관심과 선택을 받기 위해서는 한류에 기반한 초기 수요를 넘어, 산업 구조·노동시장·국가 발전 전략과의 구조적 결합을 강화할 필요가 있다.

이러한 맥락에서 볼 때 현재 베트남에서의 한국어 교육은 한류를 매

 베트남의 틈 속으로 파고든 한류

개로 한 문화적 흥미를 출발점으로 하여, 진로 선택과 사회적 이동성을 실현하는 실용적 수단으로 점차 전환되고 있다. 특히 한국 기업의 대규모 진출과 이에 따른 고용 시장 내 한국어 수요의 증가는 문화적 관심에 기반한 학습 동기를 경제적·구조적 동기로 전환하는 핵심 요인으로 작용한다. 결과적으로 베트남의 외국어 교육은 문화-교육-노동시장이 유기적으로 연결되는 하나의 새로운 패러다임으로 이동하고 있다고 평가할 수 있다.

한국에서 출발하여 약 3,000km의 지리적 거리를 거쳐 베트남에 도달한 한류는 단순한 문화적 유행을 넘어, 생활 방식, 라이프스타일, 사고방식 등의 변화와 더불어 심층적인 사회 변화를 동반하고 있다. 베트남에서 한류 팬덤은 다차원적 현상으로, 사회와 개인의 내면에 깊이 침투하며 끊임없이 변화를 만들어낸다.

초기에 한류가 베트남에 유입되었을 당시, 이는 단순히 '열풍fever'으로 인식되었는데, 이는 한류가 일시적이고 단편적인 하나의 문화 현상으로 여겨졌음을 의미한다. 그러나 지난 30여 년 동안 베트남 사회에 뿌리를 내리며, 한·베 간 긴밀한 협력과 교류의 발전과 함께, 한류는 여러 세대와 사회 전반에 깊은 영향을 미치는 안정적 위치를 확보하게 되었다.

베트남 내 한류 팬덤을 둘러싼 담론, 사례 연구, 사회적 논쟁을 검토해 보면 이 현상을 단순히 수동적 문화 수용이나 외래문화 숭배로 축소하여 이해할 수 없음을 확인할 수 있다. 오히려 베트남의 한류 팬덤은 조건적 수용 과정으로 팬들은 지속적으로 상호작용하고 재해석하며 외래 가치에 명확한 한계를 설정한다.

영토 주권 문제나 전통문화 상징과 관련해 팬 커뮤니티가 강하게 반응하는 사례는 팬덤이 민족 의식을 약화하는 것이 아니라 오히려 국가 정체성에 대한 감각을 활성화하는 역할을 한다. 이러한 맥락에서 한류 팬덤은 높은 주체성을 지닌 문화 실천으로 이해될 수 있으며, 한국문화에 대한 애정이 곧 수용자의 정치·문화적 입장을 상실함을 의미하지 않는다.

심리·사회적 측면에서 한류 팬덤은 베트남 청년들의 중요한 사회적 공간 역할을 한다. 팬덤은 단순한 문화 소비의 장을 넘어, 청년들이 감정을 표현하고, 개인 정체성을 형성하며, 공동체를 구축하고, 자신의 문화적 선택권을 확인하는 환경으로 기능한다. 동시에 이러한 과정은 세대 간 가치 충돌을 드러내기도 한다.

'우상화' 행위, 팬덤 소비, 유명인 숭배의 의미를 둘러싼 사회적 논쟁은 희생, 절제, 집단적 책임을 강조하는 전통적 가치 체계와 개인, 감정, 경험적 소비를 중시하는 현대적 가치 체계 간의 충돌을 반영한다. 이러한 의미에서 한류 팬덤은 베트남 사회의 가치 체계 재구조화 과정을 보여주는 중요한 지표가 된다. 기존의 규범이 대체되는 것이 아니라, 새로운 맥락 속에서 상호작용하며 서로를 더 이해하고 조정해 나가는 과정임을 시사한다.

경제·산업적 관점에서 볼 때, 한류 팬덤은 단순한 팬 커뮤니티의 범위를 넘어 문화 산업 생태계에 실질적 영향을 미치는 주체로 발전하였다. 대규모 K-팝 공연과 관련 소비 활동은 팬덤이 상당한 경제적 자원을 동원할 수 있으며, 관광, 서비스, 미디어, 창작 활동 등에 파급 효과를 촉진한다.

베트남에서 한류 팬덤의 또 다른 중요한 기여는 국내 팬덤 형성과 전문화 과정에서의 매개 역할이다. 최근 몇 년간 V-팝 팬덤의 부상은 팬 커뮤니티 조직, 자금 동원, 공연 경험 구축 등 K-팝으로부터 학습한 실천이 베트남 문화적 맥락 속에서 흡수되어 새로운 형태로 표출되었다. 이러한 의미에서 한류 팬덤은 '비공식적 문화 학습 공간'으로 간주될 수 있으며, 베트남 국내 음악 시장과 문화 산업의 성장을 촉진하는 역할을 수행한다.

베트남에서 한류의 영향은 대중문화 분야에만 국한되지 않고, 교육 분야, 특히 외국어 교육과 한국어 교육으로까지 확장됐다. 한류 팬덤은 학습자, 특히 청년들에게 강력한 학습 동기를 제공한다. K팝, K드라마와 기타 한국문화 콘텐츠에 대한 관심은 통합적 동기를 형성하여, 학습자가 언어를 단순한 학문적 도구로서가 아니라, 문화에 대한 심층 이해와 아이돌과의 직접적 소통 수단으로 접근하도록 한다. 더 나아가 학습 동기에서 진로 선택과 사회적 이동성을 실현하는 실용적 수단으로 점차 발전되고 베트남 교육정책의 변화까지도 적지 않은 영향을 미친다. 문화적 동기에서 진로 지향으로의 전환 과정은, 한류가 단순히 '문화적 자본'을 창출하는 데 그치지 않고, 정규 교육을 통해 이를 '경제적 자본'

으로 전환하는 데 기여함을 보여준다.

　종합적으로 볼 때, 베트남 내 한류 팬덤은 다층적 현상으로, 문화적, 심리·사회적, 경제적, 교육적 측면이 서로 긴밀하게 얽혀 있다. 팬덤은 개인의 감정과 정체성을 생성하는 공간인 동시에 사회적 담론의 출발점이 되며, 문화 산업을 촉진하는 한편, 교육과 사회적 인력 개발에 대한 인식을 재구조화하는 역할을 한다. 따라서 한류 팬덤에 대한 연구는 단순히 베트남에서 한류가 작동하는 메커니즘을 이해하는 데 그치지 않고, 동아시아 지역의 세계화 맥락 속에서 베트남 사회의 가치관, 주체성, 문화적 삶의 변화를 보다 깊이 이해할 수 있는 중요한 관점을 제공한다.

PART III

몽골 속 한류: 파도에서 다리로, 함께 만드는 문화

베 돌마

B. Dulmaa

—

몽골국립대학교

돌마는 몽골국립대학교 아시아학부 한국학 전공 교수로 20년째 재직 중입니다. 서울대학교 여성학협동과정에서 박사학위를 취득했습니다. 박사학위 논문으로 「몽골 대의정치에서의 여성 대표성과 여성 정치인」(2025)을 썼고, 대표 논문으로 「여성과 정치, 몽골 여성의 정치참여에 대한 고찰」 등이 있습니다.

그동안 몽골 정치의 여성 대표성과 젠더 관계, 몽골 사회에서 여성의 제도적 지위 등을 계속 연구해 왔으며, 몽골 현지에서 한국문화의 확산과 변용 과정을 교육 현장과 일상에서 직접 관찰·기록하고 있습니다. 2006년 고 노무현 전 대통령 방몽 시 통역을 맡는 등 한-몽 수교 이래 수백 차례의 통역을 맡아왔습니다. 몽골 울란바타르 세종학당의 운영도 꾸준히 진행해 오고 있습니다.

"몽골 한류는 단순한 일시적 유행이 아니라 문화적 교류의 접점이
자 새로운 기억이 형성된 시기, 그리고 사회적 변화가 구체적 얼굴
을 띠기 시작한 시기였다. 이 시기를 거치며 청년 세대의 미적 감
각, 언어와 표현 방식, 교육적 지향, 미래에 대한 꿈과 이상은 한국
문화를 매개로 다시 정의되었고, 몽골 청년들의 감성은 더 섬세해
지며 세계를 보는 눈은 한층 넓어졌다."

천 년의 인연 문화 교류사

몽골에서 한류Korean Wave가 어떻게 유입되어 오늘날 사회와 문화의
공간을 변화시켰는지를 살펴보기에 앞서, 양국 관계의 역사적 기반을
언급하는 것이 중요하다. 몽골–한국 간의 문화 교류는 단순히 21세기
의 돌발적인 현상이 아니라, 오랜 역사 속에서 형성된 정치적·사회적
관계와 문화적 맥락 위에 축적되어 현재의 모습을 갖추게 되었기 때문
이다.

몽골과 한국의 문화 교류는 21세기의 한류 이전에 이미 1000년 전

으로 거슬러 올라간다. 《고려사》에 따르면, 995년(고려 성종 14년)에 고려에서 10명의 학자가 몽골로 건너가 몽골어를 배우기 시작했다. 이 사건은 두 나라 간 언어·문화 교류의 첫 기록으로 평가된다. 2015년, 주한몽골대사관은 이 역사적 교류의 1000주년을 기념하는 행사를 개최하였으며, 당시 우르진룬데브P. Urjinlkhundev 주한몽골대사는 "몽골과 한국의 문화 인연은 단순한 외교 관계를 넘어, 상호 학문과 예술의 존중에서 비롯된 것"이라고 회고하였다. 이처럼 양국의 문화교류는 오랜 세월을 이어오며 현대의 한류 수용에도 깊은 뿌리를 제공하였다. 따라서 13~14세기 몽골-고려 관계는 당대의 '첫 번째 문화적 파도'라고 부를 수 있을 것이다. 이 문화적 흐름은 사회의 상층부에 집중된 엘리트적 성격을 지녔으며, 대중문화의 차원에서 광범위하게 확산하지 않았다는 점에서 오늘날의 한류와는 뚜렷한 차이를 보인다.

첫 번째 문화적 파도: 원나라, 그리고 고려

몽골의 원나라(1271~1368)와 고려 왕조(918~1392) 사이의 관계는 양국 간 문화교류의 가장 대표적인 사례 가운데 하나이다. 이 시기 몽골 황제들은 정치적 동맹을 굳건히 하기 위해 고려 왕실과 혼인 관계를 맺었으며, 그 결과 몽골 공주들이 고려로 시집오고, 반대로 고려 왕비들이 몽골 황실에 입궁했다. 이러한 혼인 동맹은 정치적 결속을 넘어 양국 간

문화적 가치와 생활양식, 그리고 미적 감각을 직접적으로 전수하는 중
요한 통로로 기능했다. 역사 기록에 따르면, 몽골 황실에서는 '고려양高
麗樣'이 유행했으며, 고려 여성들의 아름다움과 복식, 그리고 온화한 성
품이 황실과 귀족 사회 전반에서 높이 평가되었다. 특히《경신외사庚申
外史》와 같은 사료에는 "고려 여성들은 사람을 돌보고 배려하는 데 능하
며, 쉽게 신뢰와 애정을 얻었기 때문에 수도의 권력자들이 그들을 아내
로 맞이하고자 했다."라는 기록이 있다. 이러한 현상의 영향으로 당대
의 의복, 관모, 신발 등 일상적 물품들에도 '고려 양식'이 가미되어 문화
적 흐름이 형성되었다. 한편, 고려 역시 '몽고풍蒙古風'이라 불리는 몽골
식 문화양식에 깊이 영향을 받았다. 100여 년 동안 몽골의 지배를 받았
던 고려 사회에는 몽골의 복식, 음식(타락, 수라, 설렁탕), 매사냥과 같은 사
냥 문화, 그리고 군사 조직 방식까지 광범위하게 전래되었다. 이는 왕
실과 귀족 사회에만 국한되지 않고 일반 민중의 생활 전반에까지 확산
했다. 이러한 사실은 양국 간의 관계가 일방적 지배가 아니라 상호 문
화적 영향 속에서 전개되었음을 잘 보여준다.

한류의 세 물결: 그 첫 번째,
드라마와 감성의 시대(1990~2004)

1990년대 초반은 몽골 사회와 문화사에서 매우 중요한 전환기였다.

소련의 해체와 함께 몽골은 민주화의 길로 들어서며 오랫동안 닫혀 있던 정보 환경이 개방되었고, 외국의 문화와 예술 콘텐츠를 자유롭게 수용할 수 있는 새로운 조건이 마련되었다. 이 시기 몽골 사회에는 서구 문화뿐 아니라 아시아 여러 나라의 영상물과 음악이 동시에 유입되었는데, 그중에서도 한국의 드라마와 영화는 몽골 대중의 마음을 가장 강하게 사로잡았다.

한국 드라마는 1990년대 중반부터 텔레비전, 비디오카세트, DVD 등을 통해 몽골에 소개되기 시작했다. 당시 몽골 방송사들은 외국 콘텐츠에 관한 관심이 급격히 높아졌고, 〈모래시계〉와 〈대장금〉 같은 한국의 인기 드라마를 방영하면서 새로운 예술적 표현 방식과 감성적 서사를 시청자들에게 전달했다. 〈대장금〉은 현재에도 몽골TV1 채널에서 다시 방영되고 있으며, 관객들의 요청으로 끊임없이 재방영되고 있다. 〈대장금〉의 인기는 한국 음식과 전통 의학에 관한 관심을 촉발시키며 울란바타르에서 K-푸드의 첫 번째 물결을 이루었다. 당시 몽골에 설립되었던 최초의 한국 음식점 중 하나인 '서울 레스토랑'은 이러한 초기 한류의 상징적 존재였다. 오윤체첵(2011)은 "한국 드라마가 그려내는 가족, 사랑, 윤리적 가치가 몽골인의 전통적 사고방식과 맞닿아 있으며, 이로써 내적 문화적 욕구를 충족시켜 주었다."라고 분석하였다. 실제로 당시 시청자들은 한국 드라마를 통해 '감정', '존중', '연민'과 같은 전통적 미덕을 다시금 체험했다고 회고한다. 이처럼 한국 드라마는 몽골 가정의 공동 시청 문화를 정착시키는 중요한 계기가 되었다. 이 시기의 한류는 일종의 '스토리텔링 웨이브'로 정의할 수 있다. 당시 한류의 주요 수용층은 가정 단위의 텔레비전 시청자들이었으며, 드라마 시청은 몽골 가정의 일상적 문화 행위로 자리 잡았다. 온 가족이 한자리에 모여 감정을 나누며 함께 시청하는 것은 일종의 공동체적 정서 경험이자 새로운 사회적 기억을 형성하는 과정이었다.

한류 드라마의 인기는 곧바로 관련 문화 요소들의 관심으로 이어졌다. 드라마 속 한국의 음식, 생활 문화, 에티켓, 의복 스타일 등이 시청자들 사이에서 화제가 되면서 울란바타르에는 한국 식당(K-푸드), 한국 화장품(K-뷰티) 매장, 한국어 학원 등이 점차 늘어났다. 한국의 연세대학교가 울란바타르시와 협력하여 설립한 연세 친선병원은 1990년대 초부터 2015년경까지 몽골 국민에게 매우 필요한 의료기관 중 하나였다. 1990년 사회 전환기의 어려운 시기에 의료 서비스가 거의 마비되다시피 했을 때, 이 병원은 시민들뿐만 아니라 의료진에게도 본보기가 되는 병원이었다.

한류의 세 물결: 그 두 번째, K-팝과 참여의 시대

2000년대 중반 이후 몽골에서의 한류는 새로운 단계로 진입하였다. 정보기술의 발전과 케이블 방송, 위성 채널, 인터넷 보급은 한국 대중문화가 몽골 사회 곳곳으로 스며드는 통로가 되었다. 이 시기 한국의 노래, 뮤직비디오, 드라마, 예능 프로그램은 더 이상 특별한 외국 콘텐츠가 아니라, 일상에서 반복적으로 접하는 하나의 생활·문화적 환경으로 자리 잡기 시작했다. 몽골에서 한류는 '보는 문화'를 넘어, 생활 방식과 감수성, 소비 패턴에 영향을 미치는 삶의 방식이자 생활 그 자체로 변모해 갔다. 대표적으로 〈야인시대〉, 〈아내의 유혹〉, 〈첫사랑〉과 같은 한국 드라마는 몽골의 공영방송과 민영 채널을 통해 방영되면서 한류 확산의 초기 기폭제 역할을 하였다. 이들 작품은 몽골 가정의 저녁 시청 문화를 형성하였고, 한국의 생활상과 정서, 가족 중심의 가치관을 대중에게 자연스럽게 전달하였다. 당시 드라마 〈아내의 유혹〉의 주인공인 구은재 헤어스타일이 큰 유행을 일으켜 몽골의 거의 모든 여성이 드라마 속 구은재처럼 머리를 잘랐다. 몽골 사람들은 한국 드라마 중 가장 재미있는 드라마로 〈아내의 유혹〉을 꼽는다. 한편, 당시 방영되던 드라마의 제목을 따라 이름을 붙인 음식점이 많았는데, 그중 하나가 〈야인시대〉의 주인공이었던 '김두한'의 이름을 딴 '김두한 식당'이다. 드라마의 인기에 힘입어 당시 김두한 역의 배우 안재모는 몽골 대통령 및 국회로부터 국빈 초청을 받기도 했다.

2005년 이후 인터넷 이용률이 급격히 증가하면서 YouTube, DVD, 케이블 채널을 통해 한국 대중음악과 방송 프로그램이 광범위하게 전파되었다. 당시 동방신기, 슈퍼주니어, 빅뱅, 소녀시대 등 인기 아이돌 그룹의 음악과 퍼포먼스는 몽골 청년층의 미적 감각, 패션 스타일, 헤어스타일, 춤의 움직임에 뚜렷한 변화를 가져왔다. 울란바타르의 거리와 대학 캠퍼스, 노래방, 청소년 문화 공간에서는 K-팝 아이돌의 스타일을 모방한 청년들의 모습을 쉽게 찾아볼 수 있었고, '한국 스타일'이라는 표현은 자연스럽게 일상어가 되었다. 몽골에서 한국 스타일이라는 단어는 세련됨, 감정 표현, 자신감을 상징하는 말로 사용되었다.

이 변화는 겉으로 보기에는 패션과 취향의 문제처럼 보였지만, 실제로는 몽골 청년 세대의 자기 인식과 세계 인식에 영향을 미치는 깊은 문화적 흐름이었다. 몽골의 젊은이들은 자신들이 살고 있는 세상이 더 이상 울란바타르의 좁은 거리만이 아니라 서울의 화려함과 대학가, 한국 드라마에 등장하는 도시의 감성과 정서와 연결되어 있다고 느끼기 시작했다. 이는 단순한 모방이 아니라 새로운 꿈의 언어를 발견한 경험이었다. 이 시기 몽골의 젊은 세대 사이에서는 최초의 팬클럽과 커버댄스 그룹들이 본격적으로 형성되었다. 방탄소년단, 엑소, 샤이니 등 몽골의 한국 아이돌 그룹의 팬들은 앨범을 구매하고 영상을 시청하는 소비자에 머물지 않고, 공연과 이벤트를 주도하고 온라인 커뮤니티를 운영하며 문화적 활동의 주체로 자리매김하였다. 울란바타르 대학 강당과 공원, 광장에서는 주말마다 춤 연습과 커버 공연이 이어졌고, K-팝의 리듬은 우정을 나누며 자신을 표현하는 몽골 젊은층의 새로운 사회적 언어가 되었다. 무대 위 아이돌을 닮고 싶다는 마음은 결국 '나도 나만의 방식으로 표현하고 싶다.'라는 열망으로 전환되었고, 한류는 감상하는 문화에서 참여하는 문화로 자연스럽게 진화하였다.

한류의 확산은 개인 감수성에만 머물지 않고 교육과 언어, 경제적 소비 구조와도 긴밀하게 연결되기 시작했다. 한국어를 배우려는 열의가 눈에 띄게 높아졌고, 2010년 전후로 한국 대학에 진학하는 몽골 유학생 수는 빠르게 증가하였다. 많은 청년이 서울의 하숙방과 도서관에서 공부하며, 한국 친구들과 어깨를 나란히 하면서 새로운 세계의 질서를 몸으로 익혔다. 귀국 후 이들은 한국에서 배운 예의범절, 시간관념, 협업 문화, 그리고 문화적 감수성을 자연스럽게 주변에 전파하며, 한류는 개인 경험을 넘어 사회적 태도 변화로 이어졌다. 동시에 울란바타르 도심과 주요 도시에는 한국 식당과 카페, 한국 화장품 매장(K-뷰티), 한국 패션을 다루는 쇼핑몰과 온라인 상점들이 늘어나기 시작했다. 드라마와 예능 프로그램에서 본 음식과 스타일은 실제 소비로 이어졌고, 'K-푸드', 'K-패션'이라는 용어가 일상 언어로 자리 잡았다. 거리의 미용실 간판에는 한글이 등장했고, 잡지 표지와 광고에는 한국 배우와 아이돌의 얼굴이 자주 사용되었다. 한류는 어느새 거실의 TV 화면을 넘어, 상점의 유리문과 화장품 진열대, 식당의 메뉴판 속에 자리한 구체적인 생활 문화가 되었다. 또한 한국의 화장품과 패션 브랜드, 의류 스타일이 몽골 시장에 본격적으로 진입하면서 K-뷰티와 K-패션이라는 용어가 일상적 표현으로 자리 잡기 시작하였다. 이는 한류의 영향력이 감성적 소비를 넘어 브랜드 신뢰도, 경제적 선택, 라이프스타일의 변화까지 확장되었음을 보여주는 중요한 변화였다. 또한, 몽골 시내 어디서든 쉽게 한국 편의점을 만날 수 있는데, 몽골 편의점의 삼각김밥, 김치볶음밥 등은 몽골 내 한국 음식의 생활화를 보여준다. 어드만드흐Batsukh

Odmandakh 외(2016)는 "몽골 소비자들 사이에서 한국의 드라마와 음악은 단순한 문화 콘텐츠가 아니라 국가 이미지와 제품 신뢰도를 형성하는 상징적 자산으로 작용했다."라고 분석하였다. 그 결과 몽골인에게 한국은 점차 성공의 이미지, 기술과 성실함이 결합된 나라, 따뜻한 정과 인간미를 가진 사회로 인식되었고, 이러한 인식은 대중문화와 상품 소비는 물론 유학, 취업, 뷰티·패션 선택까지 연쇄적으로 영향을 미치게 되었다.

그러나 한류에 대한 반응이 항상 긍정적이기만 했던 것은 아니다. 2000년대 후반으로 갈수록 몽골 사회에서는 한국문화에 기반한 미적 경향이 하나의 사회적 현상으로 자리 잡는 동시에, '지나치게 한국화되고 있다', '몽골 여성들이 K-팝 아이돌처럼 옷을 입는다.'라는 비판적 담론도 등장하기 시작했다. 카페와 쇼핑몰의 풍경이 서울 도심과 닮아가고, 젊은 세대가 일상 대화 속에 한국어 표현을 섞어 쓰는 모습은 일부에게 불안과 저항감을 불러일으켰다. 전통적 정체성을 잃을 수 있다는 우려, '몽골다운 것'이 무엇인지에 대한 질문이 동시에 대두되었다. 이선아(2018)는 이러한 현상을 '문화적 수용의 피로감'이라고 명명하면서, 외래문화를 적극적으로 받아들이는 과정에서 나타나는 심리적 저항과 피로가 사회의 문화 변화에 대한 자연스러운 반응임을 지적한다. 몽골의 경우 이 피로감은 단순한 거부라기보다 '우리는 누구인가, 무엇을 지키고 무엇을 새로 받아들일 것인가?'를 성찰하게 하는 계기에 가까웠다. 이러한 자성의 목소리는 '몽골다움'에 대한 고민으로 이어졌고,

새로운 시대 속에서 몽골의 전통과 현대를 접목시켜 보여주는 작업이 활성화되기 시작했다.

몽골에는 국가 차원의 체계적인 문화산업 정책이 부재했음에도 불구하고, 젊은 세대를 중심으로 형성된 한류에 대한 자발적 관심과 참여는 이후 창의산업과 크리에이티브 문화의 토대가 되는 중요한 기반을 마련하였다. 울란바타르의 청년들은 누가 시키지 않아도 노래하고 춤추었고, 이들의 열정은 언젠가 '몽골식 대중문화'를 탄생시킬 씨앗으로 축적되었다. 결국 2005~2015년의 몽골 한류는 단순한 일시적 유행이 아니라 문화적 교류의 접점이자 새로운 기억이 형성된 시기, 그리고 사회적 변화가 구체적 얼굴을 띠기 시작한 시기였다. 이 시기를 거치며 청년 세대의 미적 감각, 언어와 표현 방식, 교육적 지향, 미래에 대한 꿈과 이상은 한국문화를 매개로 다시 정의되었고, 몽골 청년들의 감성은 더 섬세해지며 세계를 보는 눈은 한층 넓어졌다.

한류의 세 물결: 그 세 번째, 디지털 유목의 시대(2015~현재)

2015년 이후 몽골 사회에서 일어난 문화적 변화는 '새로운 유목'이라고 불러도 무리가 아니다. 이것은 몸이 이동하는 물리적 유목이 아니라, 스크린을 통해 이루어지는 감정과 정신의 이동이었다. 전통적으로 몽골인에게 유목은 광활한 초원에서 끊임없이 이동하며 삶의 터전을 옮기는 것이었지만, 21세기에 들어서면서 이러한 유목은 시간과 공간을 동시에 초월하는 디지털적 의미를 갖게 되었다. 몽골인들은 가축들과 초원의 바람보다는 네트워크의 바람을 따라 이동하기 시작했다. 이와 같은 변화 속에서 몽골은 세계 문화의 흐름과 자신만의 방식으로 연결되었고, 새로운 리듬 속에 자연스럽게 스며들었다.

페이스북, 유튜브, 틱톡과 같은 소셜미디어 플랫폼은 몽골인의 일상생활 속에 깊숙이 자리 잡았으며, 인구 대비 이용 활성도 면에서 몽골은 아시아에서 높은 수준을 보이는 국가 중 하나로 평가된다. 2024년 기준 몽골에는 약 291만 명의 인터넷 사용자가 존재하며, 이는 전체 인구의 84%에 해당한다. 또한 약 250만 명, 즉 인구의 72%가 소셜미디어를 적극적으로 이용하고 있다는 사실은 몽골 사회가 이미 디지털 사회의 단계에 도달했음을 보여준다. 2025년 9월 기준으로 페이스북은 몽골 소셜미디어 시장의 약 56%를 점유하고 있으며 팬 문화 형성과 콘텐츠 유통의 핵심 플랫폼으로 여전히 기능하고 있다. 이러한 디지털 환경은 한류를 외국 콘텐츠로 소비하는 수준을 넘어, 거의 실시간으로 흐르는 살아 있는 문화적 흐름live flow로서 몽골 문화 시스템에 스며들 수 있는 기반을 마련하였다.

과거에는 서울에서 방송된 뮤직비디오, 드라마, 예능 프로그램을 몽골 시청자들이 시청하기까지 수주 혹은 수개월을 기다려야 했다. 그러나 이제는 상황이 완전히 달라졌다. 몽골의 어느 가정집 부엌에서도,

지방 도시 기숙사의 작은 방에서도, 심지어 고비 사막의 게르 천장 아래에서도, 사람들은 서울과 거의 동일한 시간대의 문화적 순간을 함께 경험할 수 있게 되었다. 새로운 뮤직비디오가 유튜브에 공개되는 바로 그 순간 울란바타르에서는 실시간 댓글이 쏟아지고, 같은 날 밤 지방 기숙사에서는 해당 노래의 틱톡 커버댄스 첫 버전이 빠르게 등장한다. 이러한 현상은 국경과 거리, 언어와 번역이라는 장벽이 사실상 무력화된 상태에서 이루어지는 문화적 공동 거주의 순간이며, 한류 콘텐츠가 실시간으로 흐르는 직접적인 문화의 흐름direct cultural flow이자 공존의 장면이라 할 수 있다. 이와 같은 변화의 속도를 가능하게 한 핵심 요인은 디지털 방송 및 통신 인프라의 비약적 발전이었다. KBS WORLD, SBS, Mnet과 같은 한국 방송 채널들이 MNBC, Skymedia, MCSCom 등 몽골의 주요 플랫폼을 통해 송출되면서, 시청자들이 더 이상 번역본을 기다릴 필요 없이 거의 실시간으로 콘텐츠에 접근할 수 있는 환경을 마련하였다. 이는 한류 콘텐츠가 몽골 사회에 본격적으로 확산하는 데 결정적인 기반이 되었다.

몽골의 지상파 및 디지털 방송 인프라는 2010년대 초반부터 빠르게 확장되었다. 특히 MNBC는 2007년 다채널 디지털 지상파 시스템을 도입한 데 이어, 2013년에는 DVB-T2/MPEG-4 표준을 전국적으로 확대 적용함으로써 정보 접근성의 격차를 크게 해소하였다. 동시에 2008년부터 운영된 위성방송 DDishTV는 지방 및 농촌 지역에도 60여 개 채널을 제공하여 문화 접근의 형평성을 실질적으로 구현하였다. 이러한 기술적 기반을 통해 몽골의 한류 수용 방식은 공간적 제약을 벗어나 전국적으로 확장되었으며, 시간의 장벽 또한 사실상 제거되었다. 그 결과, 한류는 특정 도시 또는 특정 계층의 전유물이 아니라, 국경과 지역, 중심과 주변이라는 구분을 허물고 몽골 전역에서 동시적으로 공유되는 새로운 문화적 공간 속으로 이동하게 되었다.

2010년대에 들어서면서 YouTube, Facebook, TikTok과 같은 소셜미디어 플랫폼은 한류를 이전과는 비교할 수 없는 속도로 확산시켰다. 특히 한국 드라마와 예능을 비공식적으로 몽골어로 자막 제작하는 팬 번역가들이 등장하면서 한류 콘텐츠는 언어적 장벽을 넘어 대중에게 더욱 가까이 다가갈 수 있었다. '몽골 자막팀'이라 불리던 이들은 단순한 번역 활동을 넘어, 문화적 해석의 매개자로 기능하며 한류의 대중화를 적극적으로 이끌었다. 몽골의 청년들은 단순한 시청자에 머물지 않고 적극적인 참여자이자 콘텐츠 생산자로 자리매김하게 되었다는 점에서 그 특징을 찾을 수 있다. 예컨대, 한국 드라마와 예능 프로그램을 몽골어로 번역하는 팬 번역가 모임이 등장하여 대중이 자국어로 한류 콘텐츠를 접할 수 있도록 하였으며, 커버댄스 페스티벌과 틱톡 챌린지와 같은 활동은 청년들의 창의적 참여를 이끌며 몽골에서 새로운 형태의 문화산업이 형성되는 기반을 마련하였다.

최근 10년 동안 몽골에서는 한국문화 축제와 K-팝 관련 예술 경연 대회, 팬미팅 등의 행사가 눈에 띄게 늘어났다. 이러한 흐름은 한류가 더 이상 울란바타르만의 현상이 아니라 지방 도시들까지 스며들며 몽골 사회의 문화 공간을 폭넓게 변화시키고 있음을 보여준다. 대한민국 외교부가 매년 개최하는 '창원Changwon K−Pop World Festival'의 몽골 예선전은 이제 하나의 연례행사로 자리 잡았고, 많은 청년이 이 무대를 통해 자신의 열정과 꿈을 표현하고 있다. 특히 'K−Pop World Festival 2019 − Preliminaries Competition in Mongolia'와 같은 대회는 K−팝을 사랑하는 몽골의 청소년과 젊은이들을 한자리에 모으고 서로 연결하는 중요한 계기가 되었다.

커버댄스 팀에서 활동하고 있는 한 대학생은 이렇게 말했다. "이 무대는 단순히 춤을 추기 위한 곳이 아니라 나와 같은 꿈을 가진 사람들이 서로를 발견하는 장소입니다. 우리는 서로의 열정을 힘으로 삼으며 성장합니다." 또한 이 예선과 관련된 다양한 행사들은 SNS와 언론 매체를 통해 폭넓게 확산했고, 어떤 해에는 국가 공영방송이 특별 프로그램으로 다룰 만큼 큰 관심을 받았다. 이는 단순한 문화 소비의 차원을 넘어, 몽골 사회 내부의 구조적 변화까지 일으키는 하나의 문화−사회적 현상임을 보여준다.

그 대표적인 사례가 바로 NTV 방송국에서 제작한 〈K−팝 FESTIVAL IN MONGOLIA〉 특별 프로그램이다. 이 방송은 몽골 청년들의 열정적인 참여를 국민에게 알리고, K−팝이 '화면 속에서 감상하는 문화'에서 '무대 위에서 직접 참여하는 문화'로 전환되고 있음을 명확하게 보여주었다. 화려한 조명 아래 춤추고 노래하는 청년들의 모습은 더 이상 단순한 모방이 아니었다. 그것은 자신을 표현하고 서로를 연결하는 새로운 언어였고, 몽골의 젊은 세대가 세계와 대화하는 방식 그 자체였다.

이러한 페스티벌과 경연의 경험 속에서 몽골 팬들의 위치 또한 눈에 띄게 변화하고 있다. 과거 단순히 무대를 감상하고 콘텐츠를 소비하는 '관객—소비자' 중심의 패턴에서 벗어나, 이제는 직접 창조 과정에 참여하는 '참여자—창작자'로 이동하는 흐름이 더욱 뚜렷해지고 있는 것이다. 몽골의 젊은이들은 K—팝을 단순히 듣고 시청하는 데서 그치지 않는다. 그들은 커버댄스, 팬메이드 뮤직비디오, 라이브 퍼포먼스, 리액션 영상, TikTok 리믹스 등 다양한 형태로 콘텐츠를 재해석하고 재창조하며, 문화의 능동적 생산자로 자리 잡고 있다. 무대를 따라 하는 것이 아닌, 자신만의 방식으로 다시 짜맞추고 표현하는 과정에서 K—팝은 하나의 '공동 창작의 장'으로 변모하고 있다.

이러한 변화는 문화연구자 헨리 젠킨스Henry Jenkins가 정의한 '참여문화participatory culture' 개념과 정확히 맞닿아 있다. 즉, 몽골의 청년들은 한류를 수동적 소비의 대상으로 받아들이는 것이 아니라, 스스로 문화의 공동 제작자이자 주체로 성장하며 한류에 새로운 의미를 부여하고 있다. 오늘날 K—팝을 사랑하는 몽골의 팬들은 단순한 수용자가 아니라, 무대를 함께 완성하는 파트너이자 문화적 동반자이다. 그들의 손끝에서 만들어지는 수많은 커버 영상과 창작물들은 한류가 몽골 사회 속에서 살아있는 문화 생태계로 자리 잡고 있다는 가장 생생한 증거다.

한류와 몽골 문화의 공명:
왜 몽골인가?

몽골에서 한류가 강하게 확산한 이유는 단순히 음악이나 대중문화의 인기만으로 설명될 수 없다. 특히 2010년대 이후 성장한 젊은 세대에게 한류는 감상의 대상이 아니라 미래를 상상하게 하는 심리적 공간이자 자기표현의 언어, 그리고 세계와 연결되는 통로로 자리 잡고 있다.

전통적으로 몽골인들은 광활한 초원을 따라 끊임없이 이동하며 살아왔다. 21세기의 몽골인들은 이제 물리적 초원 대신 디지털 네트워크라는 새로운 초원을 가로지르며 살아가고 있다. 이것이 바로 '디지털 유목'이다. 말의 발굽 소리 대신 휴대폰 알림음이 울리고, 가을바람 대신 와이파이 신호가 흐르지만, 몽골인에게 이동은 여전히 삶의 중심이다. 목적지는 더 넓어졌고, 길은 더욱 복잡해졌지만, 그들은 스크린이라는 새로운 초원을 달리며 자신의 세계를 확장하고 있다.

따라서 오늘날 몽골에서의 한류 수용은 단순한 외래 대중문화의 소비를 넘어서, 전통적인 유목 문화가 디지털 시대의 조건 속에서 변형·계승되는 하나의 양상으로 이해할 수 있다. 변화에 민감하게 반응하면서도 자신만의 방식을 만들어 가는 몽골인의 유목적 정신은 여전히 살아 있다. 한류는 이 새로운 유목의 시대에 몽골인들이 세계와 대화하고, 또 다른 자신을 발견하도록 이끄는 주요한 매개가 되고 있다.

나는 2023년, 한국에서 방문한 손님들과 함께 몽골 남부의 고비 지역으로 향하는 길에 한 목축 가정을 방문하여 차를 대접받은 적이 있다. 그런데 그곳에서 일곱 살 난 두 어린 소녀가 아이유의 노래 〈Celebrity(2021)〉를 부르며 정확한 안무 동작까지 완벽하게 재현해 보여주는 광경을 목격했다. 아이들은 단순히 노래를 따라 부르는 수준이 아니라, 뮤직비디오 속 동작을 섬세하게 따라 하며, 가사 하나하나를 마치 한국인인 듯한 정확한 발음으로 소화하고 있었다. 그 순간 나에게는 서울, 울란바타르, 그리고 광활한 고비 사막이라는 세 공간이 하나의 무대 위에 동시에 존재하는 듯한 특별한 감정이 들었다. 음악을 매개로 세계와 함께 호흡하고 같은 순간을 공유하는 이러한 경험은 문화적 경계를 지우고 서로를 이어 주는 새로운 형태의 통합이었다.

불확실성 시대의 청년들

오늘날 몽골 청년들의 삶에는 불확실성, 미래에 대한 압박감, 경제적 어려움이 현실적으로 존재한다. 높은 청년 실업률과 해외 이주 증가 현상은 많은 젊은이들에게 내일은 더 불안할지도 모른다는 감정을 갖게 하며, 이는 몽골 사회가 직면한 구조적 문제 중 하나로 지적되고 있다. 이러한 상황 속에서 K-팝 아티스트들의 서사, 특히 치열한 노력 끝에 성공을 이룬 이야기는 몽골 청년들에게 강력한 정서적 동기를 제공한다. 한 K-팝 팬인 19세 몽골국립대학교 3학년 학생 아나르Анар는 인터뷰에서 이렇게 말했다.

"나는 언젠가 무대 위에 서는 꿈을 꿉니다. 그들이 할 수 있었다면 나도 할 수 있다고 믿어요."

그의 말에서 알 수 있듯 몽골의 청년들이 한국으로 유학 또는 취업을 선택하는 이유는 단순한 경제적 이동이 아닌, 가능성과 희망을 향한 감정적 도약이라고도 볼 수 있다. K-팝은 그들에게 단순한 음악을 넘어 '노력은 보상받을 수 있다.'라는 메시지를 전해주며, 이는 현실의 무게에 짓눌린 청년들에게 삶의 믿음을 회복시키는 심리적 자원으로 작용하고 있다.

많은 몽골 청년들은 자기 자신에 대한 신뢰가 부족한 현실을 경험하고 있다. 학교와 가정, 그리고 사회가 요구하는 기대 수준은 매우 높지만, 실수하거나 실패할 수 있는 여지는 극히 제한적이다. 이러한 환경 속에서 성장한 청소년들은 종종 자신의 감정과 의견을 솔직하게 드러내는 것을 주저한다. 그러나 K-팝 팬클럽 활동, 커버댄스 스튜디오 참여, 온라인 콘텐츠 제작 문화 등은 이들에게 새로운 가능성을 열어주는 중요한 계기가 되고 있다. 이러한 공간에서 청년들은 처음으로 대중 앞에 서서 자신의 노력을 보여줄 기회를 얻으며, 타인의 인정과 지지를 통해 자기 효능감을 형성하기 시작한다.

지방에서 교사로 일하고 있는 나라Hapaa의 이야기는 이러한 변화를

 몽골 속 한류: 파도에서 다리로, 함께 만드는 문화

더욱 생생하게 보여준다. 그가 기억하는 몇몇 학생들의 사례는 매우 인상적이었다. 한 여학생은 커버댄스 공연에서 무대 뒤 구석에서 두려움에 떨며 서 있었고, 사람들 앞에 나서기를 극도로 힘들어했다. 또 다른 학생은 학교의 체육관에서 몇 달 동안 몰래 연습을 거듭한 끝에, 생애 처음으로 많은 사람들 앞에서 춤을 선보였다. 그리고 또 다른 여학생은 눈보라가 몰아치던 어느 날, 작은 방 안에서 수십 번의 시도 끝에 용기를 내어 TikTok 영상을 촬영했다고 한다. 이 세 학생의 상황은 서로 전혀 다른 공간과 시간에서 일어난 일이었지만, 모두 K-팝을 따라 하며 연습을 통해 자신감을 되찾는 경험을 했다는 것이었다.

교육 현장의 한류

몽골에서는 연말과 새해를 맞는 행사를 매우 중요하게 여기며, 유치원과 학교, 각종 기관에서 새로운 해를 축하하는 공연과 무용, 합창 등의 프로그램을 성대하게 준비한다. 특히 유치원과 초·중·고 교사의 경우 비교적 긴 약 석 달가량의 여름 방학을 이용하여 한국을 방문하는 일이 많다. 몽골의 교사들은 낮은 임금에도 불구하고 교육에 대한 책임감이 매우 강하며, 한국에 머무는 동안 짧은 시간 속에서도 아이들에게 무엇을 가르치고 어떤 새로운 교육 방식을 도입할 수 있을지 끊임없이 탐색하고 배움을 추구한다.

몽골 교사 나라는 "한국에서의 짧은 체류 기간에도 놀이터의 구성 방식, 벽화를 포함한 어린이 공간의 디자인 등 모든 것이 배움의 대상이 된다."라고 말한 바 있다. 단순히 관광이 아니라 교육적 통찰을 얻기 위한 관찰과 학습의 과정인 것이다. 그런데 어느 날 나라의 유치원 신년 행사에 다녀온 후 들려준 이야기는 인상 깊었다. 행사에서 유치원 교사들이 한국에서 유행하고 있는 최신 K-팝 곡을 아이들에게 가르쳤고, 아이들은 그 노래의 안무를 능숙하게 따라 하며 또렷한 발음으로 노래를 불러 많은 관객들의 박수를 받았다고 한다. 이를 본 어떤 학부모는 "아이들이 너무 어려서부터 외국의 음악에 빠져드는 것이 걱정스럽다."라며 우려를 표했다. 하지만 그 옆에 앉아 있던 다른 학부모는 "그 노래는 아이들이 스스로 좋아서 선택한 곡이고, 한 어머니가 자발적으로 가르쳐 준 것"이라고 답했다.

오늘날 몽골의 아이들이 유아기부터 K-팝 노래를 부르고, 가사를 외우고, 안무를 재현하며 즐기는 현상은 한류가 몽골에서 이미 어린 세대의 문화적 언어, 새로운 소통 방식으로 자리 잡고 있음을 보여준다. 동시에 이러한 변화는 한류가 몽골의 일상과 교육 공간 속에 깊이 스며들고 있다는 평가와 함께, 전통문화에 미칠 영향과 정체성 문제에 대한 비판적 담론을 함께 불러일으키고 있는 것도 사실이다. 즉, 한류는 몽골 사회에 단순히 새로운 문화 취향을 넘어, 공존과 갈등, 기대와 우려가 교차하는 복합적 문화 현상으로 자리하고 있다.

오늘날 몽골 청년들에게 미래가 쾌청하지만은 않다. 급격히 변화하는 경제 상황, 직업 선택의 불확실성, 불안정한 노동시장, 그리고 사회·정치적 환경의 긴장감은 많은 젊은 세대에게 자신감을 주지 못한다. 또한 일자리 부족과 해외로 나가는 인구 이동의 증가 현상은 청년들에게 때때로 미래가 흐릿하고 좁게 느껴지도록 만든다. 이러한 현실 속에서, 한류는 단순한 문화적 취향이나 오락을 넘어 새로운 가능성과 미래를 상상하게 하는 창窓으로 기능한다. K-팝을 비롯한 한류 콘텐츠의 세계를 통해 청년들은 스스로 능력을 개발하고, 아직 가보지 못한 길을 상상하며, 자신만의 기회를 창조할 수 있다는 감각을 얻게 된다.

팬 커뮤니티와 창작 활동의 장은 그들에게 다음과 같은 실질적인 변화를 경험하게 한다. 한국어 등 외국어 학습을 통한 새로운 세계로의 접근, 영상 편집·춤·음악·마케팅 등의 실용적 기술을 자발적으로 습득, 국제적인 경연·페스티벌·온라인 이벤트에 참여할 기회, 국경을 넘는 네트워크 속에서 취향이 맞는 사람들과 즉시 연결될 수 있는 경험 등이다.

이러한 과정 속에서 많은 몽골 청년들은 '세상은 생각보다 넓다. 그리고 나도 그 안에서 나만의 자리를 만들 수 있다.'라는 확신을 얻게 된다. 한류 문화의 장場은 그들에게 선택지와 가능성을 보여주는 지도이자, 막혔던 통로를 열어주는 하나의 문과도 같다. 즉, 한류는 몽골 청년들에게 현실의 제약을 넘어 미래를 스스로 설계할 수 있다는 감각을 부여하는 심리적 자원이기도 하다. 그들에게 한류는 단순한 문화 소비가 아니라, 새로운 나를 만들고 새로운 세계와 연결되는 과정이다.

몽골 한류의 두 목소리,
영광과 그림자

몽골의 한류는 단순한 음악 장르도, 가벼운 오락도 아니다. 그것은 자기 정체성을 탐색하고, 자신의 가치를 확인하며, 미래에 대한 신뢰를 회복하고, 세계와 연결되는 심리적 공간이다. 그래서 많은 몽골 청년에게 K-팝은 단순한 공연이나 소비의 대상이 아니다. 그것은 그들의 꿈의 언어이며, 용기의 언어이다. 한 번은 팬 미팅 행사 후, 한 16세 2학년 여학생 바드마Бадмаа에게 "왜 한국문화를 그렇게 사랑하나요?"라고 묻는 인터뷰가 있었다. 그녀는 잠시 미소를 지으며 천천히 숨을 고른 뒤 이렇게 말했다고 한다. "삶은 반복되고, 너무 힘들어요. 하지만 내가 좋아하는 노래를 들을 때면 조금 더 용기가 생겨요. 그 순간만큼은 혼자가 아닌 것 같은 기분이 들어요." 이 이야기를 들려준 기자 톨Туул은 그 짧은 대답 속에 많은 몽골 청년들의 감정과 현실이 압축되어 있다고 말했다. 그리고 나 역시 그 말을 들으며, 한류가 단순한 문화 소비가 아니라 한 세대의 정서적 지탱점이 되고 있음을 깊이 실감할 수 있었다.

또한 커버댄스 공연 중 한 소년이 생애 처음으로 개인 무대에 올라 춤을 춘 적이 있었다. 음악이 끝나자, 그는 수줍게 미소 지으며 이렇게 말했다고 한다. "어렸을 때 저는 누구에게도 필요 없는 사람이라고 느꼈어요. 그런데 이제 저는 무대 위에 설 수 있습니다. 누구도 저를 멈출 수 없어요." 이 장면은 몽골인에게 중요한 사실을 일깨워 준다. 한류의

　몽골 속 한류: 파도에서 다리로, 함께 만드는 문화

핵심은 화려한 성공의 서사가 아니라, 내면에서 일어나는 조용한 혁명, 즉 자신을 극복하려는 의지다. 몽골의 젊은 팬들은 세계적인 스타들과 어깨를 나란히 하고 싶어 하는 것을 넘어, 자신 안에 자리한 두려움과 외로움, 인정받지 못한다는 감정과 대결하며 자신을 이겨내고 있다.

이러한 사례들은 몽골의 K-팝 팬 문화가 사회적 압박에서 도피하기 위한 공간이 아니라, 자기 재창조의 무대, 혼자가 아니라는 연대의 증명, 그리고 미래를 믿게 하는 용기의 원천이 될 수 있음을 보여준다. 한류는 몽골 청년들에게 문화적 영감이자 실존적 희망의 언어이며, 무대 위의 성공담을 통해 '나도 변할 수 있다.'라는 감각을 심어주는 중요한 정서적 동반자 역할을 하고 있다.

그림자: 우려와 비판의 목소리

몽골의 젊은 세대가 살아가는 현실에서는 많은 중요한 결정들이 가족, 학교, 경제 상황과 같은 거대한 구조에 의해 규정되는 경우가 많다. 선택의 여지가 제한되고, 스스로 결정해 볼 기회가 턱없이 부족한 것이다. 그러나 팬 문화와 온라인 커뮤니티는 그들에게 처음으로 스스로 선택하고 자신만의 모습을 만들어갈 자유로운 공간을 제공한다. 커버댄스 팀을 결성하고, 팬 이벤트를 기획하고, 직접 콘텐츠를 제작해 보며, 그들은 처음으로 '내가 이끌 수 있다. 내가 결정할 수 있다'는 감각을 체험하게 된다. 이는 많은 청년에게 자기 발견의 첫 단계이자 자존감을 회복하는 통과의례가 된다.

그러나 한류가 몽골 사회 곳곳으로 스며들수록, 이 새로운 문화적 경험을 바라보는 시선은 하나로 수렴되지 않았다. 젊은 세대에게 한류는 꿈과 가능성, 자기표현의 언어가 되었지만, 다른 한편에서는 전통과 정체성이 희미해질지 모른다는 우려도 동시에 자라고 있다. 지금 몽골에서는 누구나 한국문화를 잘 알고 '오빠', '안녕', '네', '라면', '떡볶이', '아저씨', '아줌마', '친구' 등의 단어는 보통명사처럼 사용된다. 몽골 울란바타르 곳곳에는 한국 음식점, 한국 상품을 파는 상점, 한국 화장품 매장이 자리 잡고 있다. 울란바타르의 거리를 걷다 보면 한글 간판을 쉽게 발견할 수 있으며, 젊은 세대는 일상 대화에서 한국어 표현을 자연스럽게 섞어 사용한다. 이러한 현상에 대해 일부 비판적 시각은 다음과 같은 우려를 제기한다.

"몽골 청년들이 지나치게 한국화되고 있다."

"전통적인 몽골 정체성이 희미해질 위험이 있다."

"몽골 여성들이 K-팝 아이돌처럼 옷을 입고, 한국식 메이크업을 따라 하는 것이 우려스럽다."

"한류에 빠진 젊은이들이 몽골의 전통음악과 예술을 잊어버리는 것이 아닌가."

이러한 비판들은 특히 중장년층과 전통문화 보호를 중시하는 지식인들 사이에서 강하게 나타난다. 그들은 카페와 쇼핑몰의 풍경이 서울 도심과 닮아가고, 젊은 세대가 일상 대화 속에 한국어 표현을 섞어 쓰는 모습에서 불안과 저항감을 느낀다. 전통적 정체성을 잃을 수 있다는 우려, '몽골다운 것'이 무엇인지에 대한 질문이 동시에 대두된 것이다.

그러나 주목할 점은 한류의 물결 속에서도 나담(몽골어로 놀이, 경기) 축제는 여전히 열렸고[28], 마두금(말머리 모양 장식의 몽골 전통 현악기)의 선율과 장조 노래(초원의 광활함과 유목 생활의 정서를 담은 긴 호흡의 전통 민요)는 꺼지지 않았다는 사실이다. 전통은 사라지지 않고, 오히려 새로운 시대 속에서 자신을 다시 정의해 가고 있었다. 결국 한류를 둘러싼 몽골 사회의 반응은 단순히 긍정과 부정으로 나뉘는 것이 아니라 공존과 갈등, 기대와 우려가 교차하는 복합적인 과정이라고 할 수 있다. 한류는 몽골 청년들에게 희망과 용기를 주는 동시에 사회 전체에 정체성과 전통에 대한 깊은 질문을 던지고 있는 것이다.

한류가 몽골 사회에서 단순한 외래 문화 유입을 넘어 청년들의 자기 표현과 창조적 실험의 장으로 자리 잡으면서 몽골은 이제 '한류를 받아들이는 사회'에서 '한류와 함께 새로운 문화를 만들어가는 사회'로 변화하고 있다.

---

28 매년 7월 11~13일 열리는 몽골 최대의 전통 축제

몽골의 창조적 문화 실험

몽골을 대표하는 현대 걸그룹 The Wasabies와 팝·댄스 그룹 Crash Bush는 K-팝의 영향력을 몽골의 감성과 색채로 재해석하며 새로운 창작 문화를 이끌고 있는 대표적인 사례이다. 이들은 단순히 한국 스타일을 모방하는 것이 아니라, 몽골의 정체성과 현대적 감각을 결합하여 독자적인 음악 세계를 구축하고 있다. 이처럼 2015년 이후 몽골에서 확산한 한류는 단순히 외부에서 유입된 문화가 아니라, 몽골 문화와 나란히 공존하며 함께 성장하고 있는 새로운 문화적 형태라고 할 수 있다. 몽골의 젊은 창작자들은 K-팝과 한류 콘텐츠를 단순히 모방하거나 소비하는 데서 멈추지 않고, 자신들의 환경과 감각, 정서를 담아 재해석하고 있다. 커버댄스, 리믹스 음악, TikTok 트렌드, 팬메이드 콘텐츠 등은 몽골적 색채를 입은 창조적 실험의 장으로 확장되고 있으며, 이는 두 문화가 서로에게 영향을 주고받으며 새로운 의미와 리듬을 만들어 가는 협력적 성장의 과정이라 할 수 있다.

시간과 공간의 경계가 흐려지고, 스크린으로 세계 어디든 이어지는 21세기의 몽골인들은 자신만의 목소리와 참여로 세계 문화의 흐름 속을 걷고 있다. 한류는 몽골 경제와 산업에도 새로운 비즈니스 기회를 만들어냈다. K-푸드 레스토랑, K-뷰티 제품 판매, 한국어 학습, 유학 및 관광 산업, 문화 이벤트, 페스티벌 등이 빠르게 성장하면서 청년층의 일자리와 창업 기회가 확대되었다. 예를 들어 울란바타르의 중심가와 가장 많은 상점이 밀집되어 사람들이 가장 많이 다니는 구역마다 한국 음식점과 화장품 매장이 주요 상업 공간을 형성하고 있으며, K-팝 커버댄스 대회, 한류 페스티벌 장소와 한국 음식점이 자리 잡았다. 이러한 흐름은 한류가 단순한 미디어 소비가 아니라 몽골 내부의 창조 산업과 청년층의 문화 경제 활동을 촉발하는 동력이 되었음을 보여준다. 최근 몇 년 사이, 한국의 아티스트와 콘텐츠 크리에이터, 유튜버들이 몽골을 방문하여 공연, 팬미팅, 문화 행사, 페스티벌 등을 진행하는 사례가 눈에 띄게 증가하고 있다. 이들은 몽골의 광활한 자연, 도시의 일상, 사람들의 따뜻한 정서와 순수한 열정을 카메라에 담아 한국의 방송과 유튜브, SNS를 통해 널리 공유하고 있다. 드론으로 촬영한 초원의 풍경, 고비 사막의 해질녘, 울란바타르 젊은이들의 생동감 넘치는 무대는 한국 시청자들에게 신선한 감동을 전달했고, 몽골에 대한 인식을 새롭게 확장시켰다.

이러한 콘텐츠의 확산은 단순한 문화 홍보를 넘어 두 나라 사이의 상호 이해와 공감의 새로운 얼굴을 만들어내는 문화적 사건으로 평가할 수 있다. 한국의 크리에이터들은 그들의 시선을 통해 몽골을 기록하고, 몽골의 팬들은 그 기록을 다시 소셜미디어에서 공유하며, 두 나라의 감정과 관심은 실시간으로 순환하기 시작했다. 그 과정 속에서 한류는 한쪽 방향의 문화 흐름이 아니라, 상호 참여와 교류를 기반으로 한 이중적 네트워크로 확장되고 있다. 몽골의 관객들에게 이러한 행사들은 단순한 팬 활동 이상이다. 그것은 자부심의 체험이며, 몽골 문화가 국제 사회 속에서 주체적으로 존재하고 있음을 확인하는 상징적 순간이다. 최근 들어 한류를 외부에서 유입되는 문화로 보던 시각보다 함께 만들어가는 공동의 문화, 즉 '공동의 삶을 공유하는 문화'로 변화하고 있다.

따라서 오늘날 몽골에서의 한류는 더 이상 일방적인 소비 구조가 아니다. 한국의 예술가와 몽골의 팬, 양국의 젊은 세대가 함께 무대 위에서 호흡하고, 서로를 바라보며 성장하는 협력적 문화 생태계로 자리매김하고 있다. 이것은 한류의 성격이 '파도'에서 '다리'로 변하고 있음을 보여주는 중요한 징후이다. 몽골 속 한류는 21세기의 돌발적인 현상이 아니라 13세기 원나라와 고려 왕조 시대부터 시작된 1000년에 걸친 문화 교류의 역사 위에 세워진 새로운 물결이다. 고대의 첫 번째 문화적 파도가 왕실과 귀족 중심의 엘리트적 교류였다면, 21세기의 한류는 디지털 기술과 소셜미디어를 기반으로 몽골 사회 전체를 포괄하며 확산한 대중적이고 참여적인 문화 현상이다.

한류는 몽골 청년들에게 단순한 음악이나 드라마가 아니라, 꿈과 희망의 언어, 자기표현의 도구, 미래를 상상하게 하는 창窓으로 자리 잡았다. 불확실한 미래, 경제적 어려움, 제한된 선택지 속에서 한류는 그들에게 '나도 할 수 있다', '세계는 생각보다 넓다', '미래는 스스로 만들 수 있다'는 메시지를 전달하며, 정서적 지지와 심리적 자원을 제공하고 있다. 동시에 한류는 몽골 사회에 긍정적 변화만을 가져온 것은 아니다. 전통문화의 약화, 정체성의 혼란, 지나친 외래 문화 의존에 대한 우려도 함께 제기되고 있다. 이는 한류가 몽골에서 공존과 갈등, 기대와 우려가 교차하는 복합적 문화 현상임을 보여준다. 몽골에서의 한류는 이제 유입된 문화에서 함께 만들어가는 문화로 진화하고 있다. 몽골의 창작자들은 한류를 모방하는 것이 아니라 재해석하며 자신들만의 색채와 정체성을 담아 새로운 문화 콘텐츠를 생산하고 있다. The Wasabies, Crash Bush와 같은 몽골의 현대 음악 그룹들은 K-팝의 영향을 받으면서도 몽골적 감성을 담아내며 독자적인 음악 세계를 구축하고 있다.

전통적으로 몽골인들은 광활한 초원을 따라 끊임없이 이동하며 살아왔다. 21세기의 몽골인들은 이제 물리적 초원 대신 디지털 네트워크라는 새로운 초원을 가로지르며 살아가고 있다. 이것이 바로 '디지털 유목'이다. 몽골인들은 스마트폰을 통해 서울과 울란바타르, 고비 사막과 홍대 앞 거리를 실시간으로 연결하며, 감정과 정체성의 이동, 즉 '영혼의 유목'을 실천하고 있다. 한류는 몽골에서 단순한 문화 소비가 아니라, 몽골 사회의 문화적 역동성을 높이고, 청년 세대에게 희망과 용기를 주며, 새로운 창조적 실험을 가능하게 하는 중요한 동력이 되고 있다. 동시에 한류는 전통과 현대, 정체성과 세계화, 공존과 변화에 대한 깊은 질문을 몽골 사회에 던지고 있다.

결국 몽골 속 한류는 '파도'에서 '다리'로 변화하고 있다. 한국과 몽골, 두 나라의 청년들이 같은 노래를 부르고, 같은 춤을 추며, 서로의 문화를 존중하고 함께 새로운 문화를 만들어가는 과정 속에서, 한류는 단방향의 문화 흐름이 아닌 상호 참여와 교류를 기반으로 한 문화적 다리가 되고 있다. 1000년 전, 몽골과 고려는 혼인과 정치적 동맹을 통해 서로의 문화를 나누었다. 1000년이 지난 지금, 몽골과 한국은 디지털 네트워크와 문화 콘텐츠를 통해 다시 한번 깊이 연결되고 있다. 이 새로운 연결은 과거의 엘리트 중심 교류를 넘어 모든 세대와 계층을 포괄하는 대중적이고 참여적인 문화 교류로 발전하고 있다. 몽골의 청년들은 더 이상 세계를 바라보는 관객이 아니라 세계와 함께 무대를 만들어가는 동반자이다.

그들은 한류를 통해 자신의 꿈을 발견하고, 자신의 목소리를 세계에 전달하며, 자신만의 미래를 창조해 가고 있다. 한류는 몽골에서 단순한 문화 현상을 넘어 한 세대의 정체성과 미래를 형성하는 중요한 문화적 경험이 되었다. 그리고 이 경험은 앞으로도 계속될 것이며 몽골과 한국의 문화 교류는 더욱 깊고 풍요롭게 발전해 갈 것이다. 이것이 바로 21세기 몽골 속 한류의 의미이다.

PART IV

튀르키예 '인연' 정서의 거울, 코레잔Korecan

하티제 쾨르올루 튀르쾨쥬

Hatice Koroglu Turkozu

—

에르지에스대학교

하티제 쾨르올루 튀르쾨쥬는 1992년부터 1996년까지 앙카라대학교 한국어문학과에서 수학하고, 1999년 앙카라대학교 인문학대학원 한국어문학과에서 「김소월의 문학적 성격 및 문학에 대한 공헌과 시」라는 논문으로 석사학위를 취득하였습니다. 2010년 고려대학교에서 「한국 작가 나혜석과 튀르키예 작가 Fatma Aliye Hanım의 소설에 나타난 여성의 근대적 자아 연구」라는 제목의 논문으로 박사학위를 취득했습니다.

1996년부터 2000년까지 앙카라대학교 한국어문학과에서 강의했고, 2000년 에르지예스대학교 한국어문학과에 원년 교수로 임용되어 학과의 출범과 운영에 기여한 후 2011년 조교수, 2018년 부교수를 거쳐 2025년에 정교수가 되었습니다. 2016년에는 주 튀르키예 한국대사관으로부터 한국 친선 문화 대사로 임명되었습니다. 2000년부터 2024년 8월까지 에르시예스대학교 한국어문학과 학과장을 역임했습니다. 한국 문학 강의, 연구 외에도 문학번역을 왕성하게 하고 있습니다.

"튀르키예에서 한국문화가 쉽게 수용될 수 있었던 데에는 문화적 유사성과 역사적 연관성이 중요한 역할을 했지만, 한류의 진정한 매력은 의심할 여지 없이 감정에 다가갈 수 있는 능력에 있다. 이러한 영향을 일종의 '감정 거래'라고 정의할 수 있다. 시청자에게 제공되는 완전히 다른 감정의 세계, 청중에게 선사되는 열정, 팬에게 전달되는 소속감과 정체성의 느낌… 이러한 맥락에서 한류는 단순한 대중문화 소개를 넘어 마음에 울림을 주고 개인의 선택을 형성하며, 젊은 세대의 정체성 인식을 변화시키는 강력한 문화적 흐름으로서 튀르키예와 전 세계에서 계속해서 존재감을 발휘하고 있다."

대중문화는 한 사회의 믿음, 가치관, 생활 방식에서 비롯되어 생겨나고, 그 후 파도처럼 퍼져나가면서 국경을 넘어 많은 사람들에게 영향을 준다. 본질적으로는 사람들이 꼭 필요하다고 느끼게끔 새로운 소비 영역을 만들고, 그 안에서 만들어진 제품을 '필요한 것'처럼 보이게 하는 역할을 한다. 물론 이런 문화적 흐름을 받아들이거나 거부하는 것은 개인의 선택이다. 하지만 세계화의 길을 걷는 모든 사회는 먼저 자신만의 대중문화를 만들어야만 한다. 한국이 세계에 전파한 이런 문화적 움직임이 바로 한류, 흔히 'Korean Wave'라고 불리는 현상이다. 한류가 1990년대 중국 언론에서 처음 등장했을 때만 해도 이렇게 큰 세계적인 영향력을 가질 것이라고는 아무도 예상하지 못했다. 한류는 단순히 문화가 퍼져나가는 과정에 그치지 않고, 동시에 반反 한류라는 반응도 함께 만들어냈다.

한류의 첫 물결은 아시아에서 시작되었다. 중국과 일본에서 한국 드라마가 인기를 얻으며 1990년대부터 2008년까지 강력한 영향을 미쳤다. 시간이 지나면서 한류는 아시아에만 머무르지 않고, 한국 드라마를 통해 유럽, 중동, 그리고 그보다 더 먼 지역까지 확산했다. 드라마뿐만 아니라 한국 음식, 한국어, 음악, 전통문화도 이 흐름 속에서 함께 퍼져나갔다. 2000년대 후반, 한류는 '뉴 한류New Hallyu'라는 새로운 단계로 발전했다. 이 시기에는 SNS와 같은 디지털 플랫폼의 영향으로 한류가 훨씬 더 눈에 띄게 전 세계로 확산했다. 이제 한류는 드라마뿐 아니라 영화, TV 예능, 애니메이션, 게임, 그리고 특히 K-팝의 강렬한 에너지를 통해 현대를 대표하는 대중문화 흐름 중 하나가 되었다. 이 한류의 물결은 결국 튀르키예에도 닿았다. 2000년대부터 한국 드라마와 K-팝은 튀르키예 젊은 세대 사이에서 점점 더 많은 관심을 끌었고, 그들의 감정, 생각, 생활 방식, 나아가 소비 습관에도 영향을 미쳤다. 오늘날 튀르키예 청년 가운데는 한국 음악을 즐겨 듣고, 드라마를 열정적으로 시청하며, 한국 음식을 경험하고, 심지어 한국어를 배우려는 이들이 많다. 그들에게 한류는 단순히 '즐기는 것'에 그치지 않고, 자신의 감정, 꿈, 정체성을 표현하는 하나의 방식이 되었다.

이 글은 특히 튀르키예의 한류 팬들을 중심으로, 한류가 튀르키예에서 어떤 방식으로 자리 잡고 있는지를 살펴보고자 한다. 이를 위해 한류와 관련된 논문, 책, 기사 등을 참고하였으며, 'Hallyu', 'Korean Wave', 'Türkiye', 'K-Pop', 'Korean drama', 'Korean culture', 'Korean fandom' 등의 키워드로 다양한 자료를 조사했다. 그러나 한 가지 흥미로운 사실이 있다. 튀르키예에서 이루어진 연구들은 대부분 한류와 특히 K-팝에 집중되어 있지만, 한국 드라마와 음악이 왜 튀르키예 사회에서 이렇게 큰 공감을 불러일으켰는지에 대한 설명은 아직 충분하지 않다는 점이다. 이 글에서는 그 이유를 튀르키예의 한류 팬들을 중심으로 살펴보고, 한류가 튀르키예에서 깊은 반향을 일으킨 배경을 이해하고자 한다.

혈류의 동맹국, 한국과 튀르키예

지리적으로 튀르키예와 한국은 서로 멀리 떨어져 있는 두 나라이다. 하지만 오래된 기록들을 보면 예전에는 알타이산맥 주변에서 튀르크와 한국의 조상들이 함께 살았던 흔적이 남아 있다. 많은 연구에서 두 민족의 첫 만남은 고구려와 돌궐突厥(Göktürk, 고크튀르크) 시대까지 거슬러 올라간다고 말한다.

그러나 10세기에 들어서면서 튀르크인들이 서쪽으로 이동하면서 이 가까운 관계는 한동안 끊어졌다. 근대에 들어서면서 두 나라의 인연은 다시 이어졌다. 튀르키예 공화국은 1948년 세워진 대한민국을 1949년에 공식적으로 승인했고, 1950년에 한국전쟁이 일어나자 군대를 파병하며 관계가 한층 깊어졌다. 튀르키예는 미국에 이어 두 번째로 한국전쟁에 참전하겠다고 선언했으며, 단순히 상징적인 참여가 아니라 훈련이 잘된 강한 군사력으로 참전해 실제 전투에서 큰 역할을 했다. 특히 군우리 전투와 금양장리 전투에서 거둔 승리는 지금도 역사 속에 깊이 남아 있다.

튀르키예군의 활약은 전장에서만 빛난 것이 아니었다. 그들은 전쟁 중에 부모를 잃은 아이들을 돌보며 경기도 수원에 '앙카라 고아원'을 세웠다. 이곳은 튀르키예군이 월급에서 모은 돈으로 운영되었고, 아이들에게 단순히 잠자리만 제공한 것이 아니라 교육의 기회까지 주었다. 이 이야기는 2023년에 한－튀르키예 합작 영화 〈아일라Ayla〉로 만들어져 많은 사람들의 가슴을 울렸다. 오늘날에도 이 고아원 출신들은 '앙카라 형제회'라는 이름으로 모임을 이어가며, 두 나라가 왜 '피로 맺어진 형제국'이라고 불리는지 생생히 보여주고 있다. 전쟁 이후, 두 나라의 관계는 더욱 돈독해졌다. 문화, 교육, 경제, 예술 등 다양한 분야에서 협력이 이루어졌다. 1957년 양국은 공식적으로 외교 관계를 수립하고 서울에 튀르키예 대사관을, 앙카라에 한국 대사관을 열었다. 1972년에는 '문화 협력 협정'이 체결되어 한국에 튀르크학 학과가 생겼고, 1989년에는 앙카라대학교에 한국어문학과가 설립되었다. 또한 1988 서울올림픽과 1990년대에 활발해진 경제 투자로 두 나라의 관계는 더욱 가까워졌다.

문학 분야에서도 교류가 90년도에 시작되었다. 튀르키예 독자들이 한국 문학을 처음 접한 것은 1993년, 세빔 탐귀치Sevim Tamgüç가 프랑스어에서 번역한 이청준의 소설『예언자』를 통해서였다. 이후 점점 더 많은 한국 문학 작품이 튀르크어로 번역되며 두 문화가 대화할 수 있는 새로운 장이 열렸다. 2002년 월드컵에서 보여준 두 나라 선수의 우정은 양국 국민들 사이의 유대감을 더욱 깊게 만들었다. 2000년대에 들어서면서는 한류가 전 세계에서 확산했고, 튀르키예도 그 영향을 크게 받았다.

2005년부터 튀르키예 방송에서 한국 드라마와 영화가 방영되기 시작했고, 이후 K-팝, 한국 음식, 영화, 화장품, 패션, 언어, 문학 등 다양한 분야에서 튀르키예 사회 속으로 자리 잡았다. 오늘날 두 나라의 학문적 교류는 학술대회, 워크숍, 세미나 등 다양한 형태로 이어지고 있다. 또한 양국 국민은 서로를 더 잘 이해하고, 공통점을 발견하며, 문화적 유대를 깊게 하려고 계속해서 노력하고 있다. 한국과 튀르키예의 우정은 과거의 추억 속에만 머무르지 않고, 미래의 희망으로도 이어지고 있다.

K-드라마, 튀르키예 한류의 시작

한류는 전 세계 많은 나라에서 그랬던 것처럼 튀르키예에서도 드라마를 통해 처음 모습을 드러냈다. 튀르키예 시청자들이 처음 만난 한국 드라마는 2005년에 방영된 〈데니즐레르 임파라토르Denizler İmparatoru(해신)〉이라는 사극이었다. 이 작품은 튀르키예의 국영 방송국 TRT와 한국의 아리랑 TV가 맺은 협약을 통해 방영되었다. 하지만 방송 시간이 심야 시간대였기 때문에 많은 시청자에게 닿지 못했고, 따라서 높은 시청률을 얻지는 못했다. 그럼에도 불구하고 〈해신〉은 튀르키예에서 한류의 첫 문을 연 작품으로 기록되며 의미 있는 출발점이 되었다. 이후 몇 년 동안 TR에서 다른 한국 드라마들이 방영되면서 튀르키예 시청자들의 관심은 점점 더 커졌다. 드라마 속에서 한국의 문화, 전통, 가치관이 자연스럽게 소개되면서 한국에 대한 호기심과 친근감도 함께 자라나기 시작했다. TRT 1에서 방영된 한국 드라마들은 주로 궁중 생활이나 한국 역사 속 중요한 인물들을 중심으로 한 스토리를 다루는 경우가 많았다. 이후 몇몇 민영 방송사의 적극적인 시도로 다양한 장르의 한국 드라마가 수입되어 방영되면서 역사극뿐만 아니라 로맨스나 청춘 드라마와 같은 다양한 장르의 작품들이 방영되었다. 사실, 튀르키예에는 그동안 브라질, 아랍권, 인도 등 여러 나라의 드라마와 영화가 들어와 다양한 문화적 흐름을 만들어왔다. 하지만 그 어떤 것도 한류만큼 강하게 자리 잡지는 못했으며, 한국 드라마처럼 시청자들의 마음에 깊은 인상을 남기지도 못했다. 한국이 튀르키예에서 이렇게 많은 사랑을 받는 이유는 여러 가지 요인들이 서로 어우러져 있기 때문인데, 그중에서도 대표적으로 다음의 여섯 가지를 꼽을 수 있겠다.

1. 공통된 언어 기원에 대한 믿음

두 나라가 먼 옛날에는 같은 언어 계통에서 비롯되었다는 믿음이 있다. 이는 튀르키예인들에게 한국을 '가까운 나라'로 느끼게 한다.

2. 한국 전쟁에서의 튀르키예의 희생과 도움

1950년 한국전쟁 당시 튀르키예군이 보여준 희생과 지원은 두 나라의 형제애를 강하게 이어주는 역사적 사건이 되었다.

3. 경제적 교류와 투자

1990년대 이후 크게 성장한 한국은 튀르키예에 가전제품과 자동차 산업을 중심으로 다양한 투자를 하며 관계를 강화했다.

4. 어려운 시기에 보여준 한국의 도움

1999년 마르마라 대지진과 2023년 카흐라만마라쉬 대지진 때 한국이 튀르키예를 위해 보여준 구호 활동은 두 나라의 우정을 더욱 깊게 해주었다.

5. 2002년 월드컵에서의 우정

2002년 한·일 월드컵에서 보여준 두 나라 선수들의 훈훈한 스포츠 맨십은 양국 국민의 마음에 깊은 인상을 남겼다.

6. 문화적 유사성

두 나라 모두 비슷한 행동양식과 감정 표현을 가지고 있어 서로를 더 친근하게 느낄 수 있다.

이러한 이유가 합쳐져 한국이 튀르키예에서 많은 사랑을 받게 되었다. 이 애정은 한류의 전 세계적 확산과 함께 한층 더 커졌는데, 한류 호감의 가장 큰 이유 중 하나는 K-드라마에서 나타난다. 한국 드라마 속에서 튀르키예 문화를 떠올리게 하는 많은 요소들이 나타나고 이것이 호감으로 이어진다는 것이다. 필자가 직접 실시한 설문조사, 여러 학술 연구, 블로그 글, 팬페이지 분석, 그리고 신문 기사 등을 종합해 보면 튀르키예 시청자들은 한류 팬이든 아니든 다음의 특징을 호감의 이유로 언급했다.

집 안에 신발을 신고 들어가지 않는 문화, 강한 손님 환대 정신, 어른을 존중하고 배려하는 태도, 시골집에서 좌식 식사를 하는 모습, 어른이 식탁에 앉기 전에는 아이들이 먼저 먹지 않는 전통, 대중교통에서 노약자에게 자리를 양보하는 문화, 가족 관계를 중요시하는 가치관과 가족 간의 따뜻한 유대감, 전통을 소중히 여기는 태도, 가부장적인 요소가 남아 있는 사회 구조, 남녀 관계의 표현이 비교적 보수적인 점, 드라마에서 야한 장면을 최소화하고 가벼운 키스신 정도로만 표현하는 방식, 여성의 가정과 사회에서의 역할, 서로 돕고 협력하는 공동체 의식 등이다. 이러한 요소들은 튀르키예 시청자들이 한국 드라마를 볼 때 자신과 닮은 모습을 발견하게 하고, 한국문화에 자연스럽게 호감을 느끼게 만든다. 그 결과 한국에 대한 전반적인 친근함이 더욱 커지게 된다.

한국 드라마의 튀르키예식 리메이크를 보면 비슷한 결과를 확인할 수 있다. 이 리메이크 작품들은 이야기와 등장인물을 현지 배우와 문화 코드에 맞게 다시 구성해 튀르키예 시청자들에게 좀 더 친숙하고 자연스러운 방식으로 전달된다. 이렇게 하면 원작의 스토리와 감정을 살리면서도 튀르키예 시청자들이 공감할 수 있는 표현과 분위기를 담아낼 수 있다. 튀르키예 버전의 드라마들도 한국에서의 원작만큼 많은 시청자의 사랑을 받으며 때로는 독자적인 분위기를 만들어내기도 한다. 요약하자면, 한국 드라마 리메이크가 튀르키예 TV업계에 긍정적인 영향을 주었다고 말할 수 있다. 실제로 이 의견은 리메이크 드라마의 시나리오 작가들이 신문 인터뷰에서 한 발언으로도 확인된다.

예를 들어 〈천사의 유혹Temptation of an Angel〉을 리메이크해 〈베니 아프펫Beni Affet(나를 용서해줘)〉으로 만든 시나리오 작가 비롤 귀벤Birol Güven 과 〈메이퀸May Queen〉을 〈마유스 크랄리체스Mayıs Kraliçesi(5월의 여왕)〉, 〈태양의 신부Bride of the Sun〉를 〈카착 겔린레르Kaçak Gelinler(도망간 신부들)〉

로 리메이크한 파룩 바얀Faruk Bayhan은 2015년 7월 26일 자 예니 샤파크
Yeni Şafak 신문 일요판 「Dizi Sektörüne Kore Takviyesi(디즈 섹퇴뤼네 코레 탁비
예쓰, 드라마 업계에 한국산 스토리 보급)」라는 기사에서 이런 의견을 밝혔다. 비
롤 귀벤은 인터뷰에서 "새로운 이야기가 부족한 시기에, 세계 다른 지
역에서 이미 성공을 거둔 이야기를 활용하는 것은 자연스러운 일이다.
특히 '우연Tevafuk(테바푹)'이라는 개념이 튀르키예와 한국문화에서 매우
중요한데, 이런 공통점 때문에 한국 드라마의 리메이크가 튀르키예의
옛 영화인 〈예실참Yeşilçam〉[29]'을 떠올리게 한다. 성공의 비밀도 바로 이
런 유사성에 있다."라고 설명했다. 또한 파룩 바얀은 "튀르키예 제작자
들이 새로운 이야기를 찾기 어려워하면서도 한국 드라마는 튀르키예
사회의 생활 방식에 맞게 쉽게 변형할 수 있기 때문에 리메이크가 불가
피하다."라고 말했다. 그는 또한 최근 튀르키예에서 한국 영화와 드라
마에 대한 관심이 급증하고, SNS에서 팬들이 계속 늘어나는 상황이 자
신들을 리메이크 작업으로 이끌었다고 덧붙였다[30].

　이 두 작가가 한국 드라마의 리메이크를 긍정적으로 평가하는 발언

---

[29]　튀르키예영화는 그 이름을 이스탄불의 예실참(Yeşilçam) 거리에서 얻었다. 한때 수많은 영화사
　　와 제작사들이 이 거리에 모여 있었고, 그로 인해 이곳은 마치 '튀르키예영화의 심장'과도 같은
　　상징적 공간으로 자리매김하였다. 멜로드라마와 가족의 이야기, 사랑과 비극적 정서, 그리고 희
　　극과 비극이 어우러진 서사가 풍성하게 펼쳐진다. 사회적 문제와 가치, 가족 간의 끈끈한 유대
　　는 늘 작품들의 중심을 이루는 주제였다.

[30]　https://www.yenisafak.com/hayat/dizi-sektorune-kore-takviyesi-2204761 Erişim tarihi
　　10.9.2025

을 했음에도 불구하고 이러한 접근이 결국 튀르키예 드라마 업계에서 창작 부족 문제를 정당화하고, 상업적 압박을 강조하며, 장기적으로 창작력을 약화시키는 악순환을 초래할 위험으로 이어질 것이라는 비판적인 시각도 있다. 실제로 한국 드라마에 대한 튀르키예 시청자들의 높은 관심이 튀르키예 드라마 산업의 시청률에 영향을 미쳐 튀르키예 방송에 대한 시청률이 하락하는 부정적인 결과를 낳기도 했다.

2013년 7월 2일에 한 한국 드라마 팬 블로거가 올린「왜 한국 드라마를 좋아하나요? 그리고 클리셰 이야기」라는 글에서는 튀르키예 시청자들이 한국 드라마를 좋아하는 이유를 다음과 같이 정리했다. 순수하고 풋풋한 사랑의 표현, 웃음과 눈물을 동시에 느낄 수 있는 이야기 전개, 인상적인 OST와 배경 음악, 음식, 의상, 가정생활 등 한국문화를 엿볼 수 있는 세세한 장면들, 독특하고 따뜻한 캐릭터 간의 호칭 문화이다.[31] 이 글은 한국 드라마가 튀르키예에서 인기 있는 이유를 감정적 만족, 미적 즐거움, 그리고 다른 문화를 향한 호기심에서 찾을 수 있음을 보여준다. 한편, 팬들의 이야기 속에는 현실 세계와 드라마 세계를 구분하려는 인식도 드러난다. 이는 한국 드라마가 단순히 문화교류의 도구일 뿐만 아니라 소비 중심의 오락 상품으로도 자리 잡고 있음을 보여준다. 따라서 한국 드라마의 수용을 문화적 친근성뿐 아니라 대중문화 소비 구조라는 관점에서도 이해할 필요가 있다.

---

31 https://benherneysemo.blogspot.com/2013/07/kore-dizilerini-neden-seviyoruzm-ve_2.html

한국 드라마는 특히 젊은 여성 시청자들 사이에서 빠르게 인기를 얻으면서 단순히 개인의 취향을 넘어 사회적 현상으로 확산했다. 2021년 8월 10일, Atv 뉴스에서는 중학생 연령대의 몇몇 소녀들이 한국에 가겠다는 꿈을 이루기 위해 집을 떠났다는 사건을 보도했다.[32] 이 사건은 튀르키예 사회에서 큰 논란을 불러일으켰지만, 대부분의 논의가 청소년들의 행동을 이해하기보다는 비판적이고 단편적인 시선에 머물렀다. 사실, 한국 드라마가 튀르키예에서 미치는 영향은 단순히 오락에 그치지 않는다.

이 드라마들은 젊은 세대의 정체성 형성, 감정 세계, 그리고 다른 문화를 향한 호기심에 깊은 영향을 주며, 청소년들에게 자신만의 꿈과 가치관을 탐색할 수 있는 통로 역할을 하고 있다. 한국 드라마는 튀르키예 시청자들을 단순히 TV 앞에 앉히는 것에 그치지 않았다. 이 작품들을 통해 많은 사람들이 한국의 음식, 패션, 전통과 관습, 음악, 언어, 역사 등 풍부하고 다층적인 문화를 자연스럽게 접하게 되었다. 특히 매력적이고 몰입감 있는 스토리텔링 덕분에 튀르키예에서 한국문화에 대한 관심은 날로 커지고 있으며, 두 나라 사이의 문화적 교류를 넓히는 중요한 매개체로 자리매김하고 있다.

---

[32] https://www.atv.com.tr/gun-ortasi-bulteni/koreye-gitmek-icin-evden-kacmislar/ozelvideo/izle Erişim tarihi 17.09.2025

팬들의 관심, 한국 음식 문화

한국은 드라마와 영화를 통해 자국 문화를 전 세계에 성공적으로 알렸다. 특히 음식 문화, 생활 방식, 그리고 일상 속의 작은 디테일들을 드라마 속에 자연스럽게 녹여내면서 단순히 드라마 수출에 그치지 않고 관광 산업, 외식업, 심지어 주방 용품 산업에도 긍정적인 영향을 미쳤다. 이로 인해 한국은 '소프트파워Soft Power'의 대표적인 성공 사례로 꼽히며, 한국 드라마들은 한식이 세계적으로 주목받는 데 중요한 발판이 되고 있다.

한국 드라마가 처음으로 튀르키예에서 튀르크어 더빙으로 방영되던 시기에 〈사라이다키 뮈재패르Saraydaki Mücevher(대장금)〉는 튀르키예 시청자들이 한국 음식 문화를 접하게 되는 중요한 계기가 되었다. 이 드라마의 초반부는 조선 시대 궁중 요리를 세밀하게 묘사하며 주인공 장금이가 궁중 요리사로 성장해 가는 과정을 중심으로 전개된다. 장금이는 궁중 부엌에서 일하기 시작한 순간부터 뛰어난 요리 실력으로 시청자를 사로잡았고, 한국의 풍부한 미식 문화를 생생하게 보여주었다. 드라마가 방영되던 당시 튀르키예 시청자들은 조선 왕실 연회의 화려함, 의식용 식탁의 엄격한 규칙, 약선 요리처럼 치료와 건강을 위한 음식, 그리고 정성스러운 조리 과정 등을 눈을 떼지 못하고 지켜봤다. 하지만 이 드라마의 음식 장면은 단순히 맛있는 음식을 보여주는 데 그치지 않았다. 그 안에는 도덕적 가치, 충성심, 계급 질서, 그리고 경쟁심 같은 주제가 함께 담겨 있어 시청자들에게 음식 이상의 깊은 문화적·감정적 체험을 선사했다.

이러한 이유로 〈대장금〉은 단순한 드라마가 아닌 문화적 다리 역할을 하며 많은 튀르키예 시청자들이 한국 음식을 더 알고 싶어 하도록 이끌었다. 또한 드라마를 본 튀르키예 팬들은 한국의 음식뿐 아니라 조리 도구, 식문화, 전통 의식 등 한국문화를 더 깊이 탐구하게 되었고, 이는 한국에 대한 호기심과 관심을 지속적으로 확장시키는 계기가 되었다. 다음에서는 드라마를 시청한 튀르키예 시청자들이 남긴 구체적인 반응과 경험담을 몇 가지 사례로 살펴보며 한국 음식 문화가 어떻게 튀르키예에서 하나의 인기 흐름으로 자리 잡게 되었는지를 살펴보겠다.

한 팬은 〈대장금〉에서 영감을 받아 간단한 비빔밥 레시피를 드라마 속 명대사와 함께 애니메이션 이미지로 표현하며 소개했다. 레시피를 설명하면서 그는 이렇게 말했다. "단순하지만 깊고, 균형 잡혔지만 놀라운. 장금이의 요리 철학 그대로: 균형, 노력, 그리고 혼魂". 이 말에서 팬이 한국 음식에 대한 애정과 존경심을 얼마나 진심으로 담고 있는지를 느낄 수 있다.[33] 또 다른 팬은 TikTok 계정인 engereksizmutfak을 통해, 한국 음식의 대표 메뉴인 비빔밥의 조리 과정을 영상으로 공유했다. 이 팬은 단순히 한국 음식을 소개하는 것에 그치지 않고, 자신이 레

---

33 https://www.tiktok.com/@kahve_kokulu_hanem/video/7525835578517032200

시피를 직접 따라 하며 느낀 즐거움과 만족감을 솔직하게 표현했다.[34]

이처럼 한국 드라마는 시청자에게 문화적인 감동만 남기는 것이 아니라, 실질적인 행동 변화를 끌어내기도 한다. 시청자들은 드라마 속에서 본 문화를 그저 화면으로만 소비하는 것이 아니라, 그 문화를 자신의 삶 속으로 끌어와 체험하며, 한국문화를 일상에서 직접 실천하고 경험하게 된다. AA 뉴스의 2019년 1월 5일 자 기사에 따르면 율드즈 네빈 귄도우무쉬 Yıldız Nevin Gündoğmuş는 한국 요리에 대한 관심이 TRT에서 방영된 드라마 〈대장금〉을 보면서 시작되었다고 말한다. 아이들이 학교에 다니기 시작한 후 그는 직업 교육 과정에 참여했으며, 주한 튀르키예 한국대사관 문화원에서 무료로 진행되는 한식 요리 강좌에도 꾸준히 다녔다. 5년 동안 한국과 튀르키예 요리를 함께 공부하며 요리사 자격증, 마스터 강사 자격증, 숙련 요리사 자격증을 취득했다. 이후 2017년 'Global Taste of Korea Hansik Contest'라는 국제 요리 대회에 참가해 튀르키예 1위를 차지했고, 한국에서 세계 각국의 18명의 우승자들과 함께 교육을 받았다고 밝혔다.[35] 그가 드라마에서 영감을 받아 직업 교육 과정에 등록하고, 한국문화원의 한식 강좌까지 이어간 과정은 문화 교류가 단순한 '관람' 수준을 넘어 매우 적극적으로 이루어지고 있

---

34 https://www.tiktok.com/@engereksizmutfak/video/7089355740518812929

35 https://www.aa.com.tr/tr/yasam/izledigi-kore-dizisi-hayatini-degistirdi/1356430 erişim tarihi
11.09.2015

음을 보여준다. 이것은 단순히 수동적인 소비가 아니라, 시청자가 문화적 지식을 배우고, 실천하며, 공유하는 '능동적 참여'로 확장한 사례라고 할 수 있다.

2022년 셀린 튀즌 아테샬프_{Selin Tüzün Ateşalp}의 연구에서 발췌한 내용을 보면, 한국 드라마가 참여자들에게 어떤 관심을 불러일으켰는지 다양한 방식으로 표현된다. 한 참여자는 이렇게 말한다. "드라마에서 정말 중요한 식사 장면이 자주 나와요. 식탁에 온 가족이 모여 맛있게 먹는 모습이 길게 나오는데, 이런 장면들이 저에게 그들의 음식 문화에 대한 호기심을 키웠어요. 그들이 사용하는 식기와 옷을 실제로 쓰거나 입지는 않지만, 보는 것만으로도 좋아요." 그리고 2019년 쒸메예 아사_{Sümeyye Asa}의 연구에서는 한 시청자가 이렇게 이야기한다. "그들이 맛있게 먹는 걸 보면 저도 입에 침이 고여요. 바로 BİM(빔, 튀르키예의 마트)에 가서 라면이랑 피클을 사와요. 한국 사람들이 먹는 것처럼 저도 그걸 먹으며 즐거워해요. 김밥도 만들어 봤어요. 김은 못 구했지만, 대신 포도잎으로 말아봤어요." 또 다른 팬은 이렇게 전한다. "드라마에서 젓가락으로 먹는 걸 보고 따라 하게 됐어요. 젓가락을 사용해서 먹으면 식사 자체가 더 재밌고 즐거워져요." 이러한 사례들을 보면 드라마 속 시각적 요소와 문화적 코드가 단순히 화면에서 소비되는 것이 아니라 실제 행동으로 이어지고, 시청자의 배움과 체험의 과정으로 확장하고 있음을 알 수 있다.

2020년 6월 16일 한 팬은 Medium(메디움)이라는 사이트에 "Hayatımı

Değiştiren Kadın: Cangema(하야트므 데이시티렌 카든 장게마, 내 인생을 바꾼 여자: 장금이)"라고 하면서 〈대장금〉에 대한 자신의 경험을 이렇게 말했다. "TRT에서 방영된 한국 드라마를 본 분들이 있을 거예요. 그중에서도 〈대장금〉은 최고였어요. 이야기는 궁궐에서 시작되는데, 고아 소녀 장금이는 요리에 대한 열정과 놀라운 재능으로 궁중 요리사로 성장하죠. 하지만 궁중의 음모로 쫓겨나고, 이후 의학을 배우며 첫 여성 의사가 돼요. 제가 이렇게 설명하면 별거 아닌 것처럼 들릴지 모르지만, 이 드라마는 제 인생을 완전히 바꿔놓았어요. 열세 살 때 보기 시작했는데 장금이 덕분에 저는 완전히 다른 사람이 되었죠. 그녀는 저에게 끝없이 노력하고, 열심히 공부하고, 올바르게 살아가는 법을 가르쳐줬어요. 무언가를 정말 아름답게 만드는 건 '노력'이라는 걸 배웠습니다. 그리고 생명을 살리는 일 앞에서는 규칙보다 사람의 가치가 더 중요하다는 것도 깨달았어요."[36] 이 글에서 볼 수 있듯이 한 드라마가 단순한 재미를 넘어 청소년 시청자의 가치관과 인생 목표를 형성하는 데까지 영향을 줄 수 있음을 보여준다.

예니 샤파크 신문 2025년 6월 21일 자 기사 「Kore dizilerle başardı, biz neyi bekliyoruz(코레 디지레리 바샤르드 비즈 네이 벡리요루즈, 한국은 드라마로 성공했는데, 우리는 무엇을 기다리고 있습니까?)」는 한국 드라마의 문화적·경제적 영향력을 집중적으로 다뤘다. 기사에 따르면 한국은 드라마 수출에 그치지 않

---

36 https://medium.com/türkiye/hayatımı-değiştiren-kadın-cangema-e41d4dd5167d

고, 드라마 속에서 자연스럽게 보이는 음식 문화, 생활 방식, 집안 풍경 등을 통해 '소프트파워Soft Power' 전략을 매우 효과적으로 활용하고 있다. 이 전략은 한국의 관광 및 외식 산업에 직접적인 경제 효과를 가져올 뿐 아니라, 한국문화를 전 세계에 알리는 강력한 문화 홍보 수단으로 작용하고 있다. 기사에서는 또한 튀르키예 드라마 산업이 비슷한 전략을 활용해 세계 시장에서 경쟁력을 키워야 한다고 강조했다.[37] 결론적으로 한국 드라마는 단순히 이야기를 전달하는 데 그치지 않고, 한식의 세계화와 문화적 매력 확산을 이끄는 강력한 촉매제 역할을 하고 있다. 이러한 점은 튀르키예뿐만 아니라 다른 여러 나라의 드라마·영화 산업에도 중요한 롤모델이 되고 있다.

튀르키예에서 한국 드라마가 방영되면서 사람들 사이에서 한국문화, 특히 음식에 대한 관심이 점점 커졌다. 이런 관심은 실제로 이어져 큰 도시들에는 한국 음식점들이 생기기 시작했다. 이스탄불에는 'Seorabeol Korean Restaurant', 'Sopung Kore', 'Koreköy', 'Norito', 'Jançicip'이 있고, 앙카라에는 'Korelee', 'Sopung Kore', 'Touyou', 'Oppa Korean Street Food'가 있다. 이즈미르İzmir에도 'Korelee', 'Sopung', 'Imo Kore Restoran'이 있다. 필자가 사는 카이세리Kayseri에도 'Seulro'와 'Yogo korean Restaurant'이라는 두 곳이 있다. 이런 식당에서는 드라마에서 자주 보는 비빔밥, 김치, 떡볶이, 불고기, 라면 같은 음식들을 맛볼 수 있

---

37 https://www.yenisafak.com/ekonomi/kore-dizilerle-basardi-biz-neyi-bekliyoruz-4720345

어서 시청자들이 드라마 속 음식을 직접 경험할 수 있다. 이렇게 드라마로 시작된 관심이 실제 생활 속 경험으로 이어진다. 또 한국 음식에 대한 관심이 커지면서, 한국 음식 재료를 파는 온라인 쇼핑몰도 많이 생겼다. 김치, 고추장, 라면, 김밥 재료, 젓가락 같은 것들을 집에서도 쉽게 살 수 있게 된다. 덕분에 한국 음식은 이제 식당뿐만 아니라 집에서도 즐길 수 있게 되었다.

한국 음식점을 찾는 빈도는 사람마다 다르지만 소셜미디어나 블로그, 포럼을 보면 몇 가지 공통된 경향이 보인다. 한국 드라마나 K-팝을 좋아하는 사람들은 드라마에서 본 음식을 먹으려고 식당을 찾고, 특히 비빔밥, 떡볶이, 라면, 불고기 같은 인기 메뉴를 즐겨 찾는다. 식당에 가는 이유는 단순히 먹으려고 가는 것뿐 아니라, 친구들과 만나고 K-팝 음악과 함께 한국 분위기를 느끼면서 문화적 경험을 즐기기 위해서이기도 하다. 어떤 사람들은 식당에 가지 않고, 마트에서 재료를 사 집에서 직접 요리하기도 한다. 결국, 젊은 사람들에게 한국 드라마는 단순한 재미를 넘어서는 경험이다. 드라마는 화면 속 이야기를 보여줄 뿐만 아니라, 음식과 문화를 탐험할 기회를 준다. 비빔밥의 화려한 색깔, 김치의 특별한 맛, 궁중 음식의 섬세한 디테일, 전통 의식까지 모든 장면이 시청자에게 한국문화를 경험하고 자신의 생활에 담아보라고 초대하는 느낌이다. 드라마는 단순한 TV 프로그램을 넘어서 젊은이들의 호기심을 자극하고, 미각과 문화 감각을 깨워주는 탐험 여행이 되는 것이다. 시청자들은 드라마 속 요리 장면과 주방 활동에서 영감을 받아 한국 음식을 경험하고, 이 관심은 식당 방문, 집에서 요리하기, 재료 구매 같은 활동으로 이어진다. 이렇게 드라마는 단순히 문화 콘텐츠를 제공하는 것을 넘어 사람들의 행동과 생활 방식을 바꾸는 강력한 문화 전달 수단이 되고 있다. 덕분에 한국 음식은 튀르키예의 젊은 세대 사이에서 점점 더 눈에 띄게 되었고, 문화교류도 더 활발해지고 있다.

팬들의 관심, 한국 패션

튀르키예에는 한국 의류 브랜드가 직접 수입되지는 않지만, 한국 패션이 브랜드뿐만 아니라 개인의 스타일에도 큰 영향을 주고 있다. 'Chuu', 'Kooding', 'W. Koncept'처럼 한국 패션을 기반으로 한 온라인 쇼핑몰도 있다. 예를 들어 Kooding에서는 스트리트 패션 의상뿐만 아니라, 일상에서도 입을 수 있는 현대식 한복도 찾아볼 수 있다. 넉넉한 핏, 편안함을 강조하고 화려하지 않은 디자인, 파스텔톤 선호 같은 스타일은 한국문화에 관심 있는 젊은 층에 특히 인기가 많다. 또한, K-팝 아티스트들의 외모와 패션 스타일이 젊은 층의 옷 입는 방식에 영향을 준다. 요즘은 성별 구분이 덜한 스타일이 많이 선택되고, 여성은 남성적인 옷을, 남성은 색감 있는 옷을 입는 경우도 많다. 물론 세련되고 우아한 디자인도 한국 패션의 한 부분으로 젊은이들 사이에서 인기가 있다.

　한류의 영향으로 사람들은 자신을 가장 잘 표현할 수 있다고 생각하거나, 자신과 가까운 느낌이 드는 유명인의 스타일을 따라 하기도 한다. 특히 젊은 층에서는 한국 스트리트 패션을 따라 입는 경우가 많다. 길거리에서 많은 젊은이들이 머리, 메이크업, 옷까지 K-팝 스타처럼 보이는 모습을 볼 수 있다.

　이런 스타일은 때로는 과감한 조합으로, 평소에는 어울리지 않을 옷을 섞어 입기도 하고, 때로는 세련되지만 편안한 룩을 보여주기도 한다. 튀르키예어로 유튜브에서 '한국 스트리트 패션'을 검색하면, 주로 Z세대 유저들이 만든 리액션과 리뷰 영상이 나온다. 댓글은 대부분 긍정적이며, 튀르키예 패션과 다르다는 점을 강조하고 있다. 소셜미디어에는 '한국 스트리트 패션'에 대한 다양한 의견과 실용적인 팁이 많아 한국 스트리트 패션 스타일이 튀르키예에서도 인기를 얻고 있고, 실제 생활 속에서도 자리 잡았다는 걸 보여준다.

　예를 들어 2020년 Reddit에서는 한국 팬들이 K-패션 관련 콘텐츠를 공유했다.[38] 이들에 따르면 한국 드라마와 K-팝이 젊은 시청자 사이에서 패션 열정을 높였다고 한다. 드라마 속 여성스러운, 넉넉한 핏, 꽃무늬 의상들은 캐릭터 스타일을 일상에 적용하는 데 영감을 주었다. 시청자들은 화면 속 스타의 스타일과 길거리 패션에서 아이디어를 얻어 옷, 액세서리, 코디를 참고하고 자신만의 스타일을 만들어간다. 이렇게 한

38　https://www.reddit.com/r/femalefashionadvice/comments/iydsff/all_things_kfashion/?tl=tr

국 드라마는 단순한 오락을 넘어서 젊은이들에게 미적 감각과 스타일을 알려주는 가이드 역할을 하고 있다.

한 팬은 한국 패션과 스타일에 대해 이렇게 말했다. "최근에 한국 드라마에 완전히 빠졌어요. 처음에는 〈Crash Landing On You(사랑의 불시착)〉로 시작했는데, 그 이후로 자연스럽게 한국 패션에도 큰 관심을 가지게 되었죠. 한국 패션에서 가장 마음에 드는 점은 루스한 핏이 정말 잘 활용되면서도 전체적으로 여성스럽고 세련된 느낌을 잃지 않는 거예요. 꽃무늬나 러플이 달린 빅토리아풍 드레스를, 루스한 맥스마라 코트와 워커 부츠와 쉽게 매치하는 스타일이 특히 인상적이에요." 또 다른 팬은 이렇게 말했다. "K-드라마가 제 패션과 스타일 관심에 큰 전환점이 되었어요. 〈Strong Woman Do Bong Soon(힘쎈여자 도봉순)〉을 보고 나서 '한국식 울 코트'에 완전히 빠졌죠. 박신혜가 드라마에서든 실제 생활에서든 입는 모든 옷을 좋아해요. 〈My ID is Gangnam Beauty(내 아이디는 강남미인)〉 속 대학생 스타일 화면을 캡처하고, 〈Because This is My First Life(이번 생은 처음이라)〉, 〈Crash Landing(사랑의 불시착)〉, 〈Hotel del Luna(호텔 델루나)〉에서 나온 귀걸이도 검색했어요. 좀 더 현실적으로 입을 수 있는 예시와 한국 브랜드 이름을 모으기 위해 Joan Kim(@joanday)과 Hana Lee(@hanaylee)를 팔로우하는 걸 좋아해요."

이런 팬들의 이야기는 한국 드라마가 젊은 층에 단순한 문화 소비를 넘어 패션과 스타일에서도 큰 영향을 준다는 것을 보여준다. 같은 사이트의 2021년 콘텐츠 공유에서도 팬들이 아시아 쇼핑몰(예를 들어 AsiaAliexpress)에서 상품을 구매하며 자신만의 스타일을 만든다고 밝혔다. 즉, 드라마를 스타일 가이드로 활용하고 있는 거죠. 튀르키예에서 한국 패션은 드라마에서 영감을 받아 발전했으며, 특히 Z세대 팬들은 K-팝 아이돌의 옷, 액세서리, 스타일 팁을 참고해 자신만의 패션을 만들어간다. 이 영향력은 단순히 옷에만 국한되지 않고, 헤어스타일, 메이크업, 액세서리 사용에도 이어지면서 젊은 시청자들의 일상에 미적 감각을 더해 주고 있다. 이 부분은 K-팝 섹션에서 다시 자세히 다룰 예정이다.

또한, 튀르키예 시청자들은 한국 드라마와 뮤직비디오에서 등장하는 전통 한국 의상, 특히 한복에 큰 관심을 보였다. 이 관심은 앙카라 한국문화원에서 열린 한복 제작 강좌를 통해 실제 체험으로 이어졌다. 2016년 처음 열린 강좌에서는 수강생들이 직접 만든 한복을 입고 한국문화원 5주년 행사에서 패션쇼를 선보여 큰 호응을 얻었다. 이어서 2017년 7월에는 한국에서 온 한복 전문가 전민 선생님이 중급·고급 과정 강좌를 진행했는데, 3주간의 교육 동안 수강생들은 제작 기술을 배우고, 직접 만든 알록달록한 한복을 선보일 기회를 가졌다.[39] 이런 활동은 튀르키예 시청자들이 한국문화를 실용적이고 창의적으로 경험할 수 있도록 해주었고, 전통 의상을 매개로 한 문화적 교류와 전달의 구체적인 사례가 되었다. 따라서 한국 드라마와 문화 콘텐츠는 단순히 보는

---

39 https://www.youtube.com/watch?v=iFBYOq2YsZo

즐거움뿐만 아니라, 참여자의 미적·문화적 감각을 높여주는 역할도 하고 있다.

팬들의 관심, K-뷰티

튀르키예에서 한류가 시작되면서 K-뷰티 제품에 대한 관심도 함께 커졌다. 연예인이 아이돌로 떠오르면서 팬들이 그들처럼 되고 싶어 했고, 이 때문에 K-뷰티 제품이 처음으로 미샤Missha 브랜드를 통해 튀르키예에 들어오게 되었다. 2024년 괵셀 튀르쾨쥬&수데 누르 파를트 Göksel Tüközü& Sude Nur Parıltı 연구에 따르면 2012년 튀르키예에 진출한 미샤는 금세 여러 매장을 열었고, 2013년에는 웹사이트를 통해 전국적으로 접근할 수 있게 되었다. 이후 에뛰드하우스Etude House, 더페이스샵 The Face Shop, 홀리카 홀리카Holika Holika, 스킨푸드Skinfood 같은 브랜드도 튀르키예 시장에 들어왔다. 제품들은 대형 화장품 매장과 온라인을 통해 판매되었고, Korendy, Justin Beauty, Flavus 같은 온라인 쇼핑몰 덕분에 Cosrx, Beauty of Joseon, Klairs 같은 다양한 브랜드가 튀르키예 소비자와 만날 수 있었다.

K-뷰티를 알리는 데 가장 큰 역할을 한 것은 소셜미디어, 한국 드라마, K-팝 스타였다. 한국문화원에서 진행한 K-뷰티 세미나와 이벤트도 제품 체험과 홍보에 큰 도움이 되었다. 튀르키예에서 열리는 '뷰티

유라시아_{Beauty Eurasia}'와 같은 박람회 참여도 K-뷰티 인지도와 시장 성
장에 기여했다.

인스타그램, 유튜브, 틱톡 같은 소셜미디어에서는 한국식 메이크업
방법과 제품 리뷰가 인기 콘텐츠로 자리 잡고 있다. 튀르키예의 뷰티
인플루언서들은 한국 메이크업 기술을 팔로워와 공유하며 트렌드 확산
에 큰 역할을 하고 있다. 튀르키예 젊은 층이 한국식 메이크업을 선호
하는 이유는 자연스럽고 맑은 피부 표현, 연한 컬러 립, 과하지 않은 눈
썹, 부드럽게 그라데이션되는 아이 메이크업 때문이다. 한국식 메이크
업은 단순한 트렌드를 넘어 젊은이들이 자신의 미적 취향과 스타일을
표현하는 도구가 되었다.

아이셰 귈 토프락&유누스 엠레 외크멘Ayşe Gül Toprak Ökmen과 Yunus
Emre Ökmen(2022)의 연구에서도, K-뷰티에 대한 참여자 의견이 소개되
었는데 이에 대한 예시는 다음과 같다.

"정말 자연스럽고 반짝이는 느낌이 있어요. 과하지 않고 단순함과
자연스러움을 좋아하기 때문에 제게 이상적이에요.", "한국 메이크업은
정말 좋아요. 메이크업 덕분에 정말 예뻐 보여요. 한 드라마에서 못생
긴 여자 캐릭터가 있었는데, 메이크업으로 완전히 예뻐졌죠. 이 드라마
가 한국 메이크업 제품을 많이 알린 것 같아요.", "관심이 많아요. 화장
품 산업이 잘 발달했어요. K-팝 아이돌과 배우들이 메이크업을 정말
잘해요. 우리나라에서는 가격이 많이 비싸지만, 기회가 될 때마다 사용

해 봐요. 시각적으로도 한국문화의 축제 같아요."

참여자들은 한국 메이크업의 자연스러움, 단순함, 반짝임을 강조하면서, 특히 드라마와 K-팝 아이돌의 모습이 자신의 미적 선택에 큰 영향을 준다고 말한다. 한류는 튀르키예 젊은 층의 문화적, 미적, 소비 습관에 강력한 영향을 미쳤고, 아이돌 덕분에 K-뷰티는 일상 속 라이프스타일 가이드 역할까지 하게 되었다. 디지털 플랫폼과 소셜미디어를 통해 확산된 이 영향력은 젊은이들이 일상에서 직접 경험하며 문화적 교류와 인식을 높이는 데 기여했다. K-뷰티가 이렇게 인기를 얻는 이유는 몇 가지가 있다. 먼저, 한국 화장품 산업은 이전에 없던 혁신적인 제품을 많이 개발했고, 제품의 신뢰성을 강조했다. 또한 한국 브랜드라는 점, 유명인이 사용하거나 소셜미디어에서 자주 소개되는 점도 선호 이유에 포함된다.

그 외에 이 제품을 사용하면 한국인처럼 보일 수 있다는 믿음과 눈에 띄는 패키지 디자인도 있다. 뷰티 기술의 발전도 이 산업을 뒷받침했다. 예를 들어, 착용할 수 있는 기기로 자외선과 비타민 D를 측정할 수 있고, 스마트폰 앱을 통해 매장에 가지 않고도 제품을 시도해본 뒤 구매할 수 있다. 이런 앱을 통해 한국식 메이크업이나 연예인 메이크업을 직접 경험해볼 수도 있다. 이렇게 한국식 스킨케어 루틴도 우리 생활에 들어오게 되었고, 《Elle(엘르)》 같은 주요 뷰티 매거진에도 소개되었다.

팬들의 관심, K-팝

튀르키예에서 K-팝은 2000년대 중반부터 한국 드라마와 인터넷을 통해 서서히 알려지기 시작했다. 2009년에서 2012년 사이 싸이PSY, 소녀시대Girls' Generation, 슈퍼주니어Super Junior, 빅뱅Big Bang, 2NE1 같은 그룹들의 음악과 뮤직비디오가 SNS와 유튜브를 통해 튀르키예에 소개되면서 젊은 층 사이에 처음으로 K-팝 팬층이 형성되었다. 2012년은 싸이의 〈강남스타일〉이 터지면서 큰 전환점이 되었다. 이 노래는 순식간에 바이럴되었고, 춤 동작과 화려한 무대 퍼포먼스가 튀르키예 청소년들 사이에서 큰 관심을 받으며, K-팝에 대한 인지도를 크게 높였다. 이 시기는 K-팝이 튀르키예에서 더 많은 사람들에게 알려지기 시작한 중요한 시기로 볼 수 있다. 또한 2012년에 K-팝 스타인 김재중이 튀르키예를 방문하여 팬들과 만났다. 이 방문은 당시 이명박 대통령의 튀르키예 방문 시기에 이루어졌고, 김재중은 튀르키예에서 중요한 행사에 참여하며 양국 간 문화적 연결을 강화하는 데 기여했다.

2013년부터 2015년 사이에 튀르키예의 K-팝 팬들은 소셜미디어, 포럼, 팬클럽 등을 통해 팬 활동을 활발히 이어갔다. 앨범 발표, 콘서트 공지, 아이돌 뉴스가 빠르게 공유되면서, K-팝 문화는 튀르키예에서 하나의 사회적 현상으로 자리 잡게 되었다. 튀르키예에서 처음 열린 K-팝 콘서트는 2013년 6월 29일, 이스탄불 재즈 콘서트홀인 제말 레시트 레이 콘서트 홀Cemal Reşit Rey Concert Hall에서 열린 'K-팝 케이팝 튀르키예 외넬레메 에트킨리이Türkiye Öneleme Etkinliği'였다. 이 행사는 대한민국 이스탄불 총영사관과 한국문화원이 공동 주최했다. 튀르키예 K-팝 팬들에게 중요한 이정표가 되었고, K-팝 문화를 튀르키예에 알리는 데 큰 역할을 했다. 튀르키예에서 처음 열린 대규모 K-팝 콘서트는 2013년 9월 7일, KBS 뮤직뱅크KBS Music Bank 이스탄불 행사로 윌케르 스포츠 아레나Ülker Sports Arena에서 개최되었다. 슈퍼주니어Super Junior, 비스트Beast, Mblaq(엠블랙), Ftsland(에프티아일랜드), miss A(미쓰에이), AILEE(에일리) 등 한국의 인기 뮤지션들이 무대에 올랐다. 40개국 이상에서 온 6,000명 이상의 K-팝 팬이 모여 튀르키예 내 K-팝 관심을 크게 높이는 계기가 되었다. 2013년에는 한국의 세계적인 스타 PSY가 '오 세스 튀르크예O Ses Türkiye(Voice of TurKiye)'의 결승 무대에 게스트로 출연했다. 그는 노래뿐만 아니라 친근한 태도로 튀르키예 팬들의 마음을 사로잡았고 K-팝에 대한 관심을 크게 높였다.

2016년 이후에는 BTS, EXO, BLACKPINK 같은 글로벌 그룹들의 인기 덕분에 튀르키예에서 K-팝의 영향력이 더 커졌다. 팬미팅, 플래시몹 이벤트, 온라인 활동 등은 K-팝이 단순한 음악을 넘어 패션, 메이크업, 라이프 스타일 문화와 연결된 현상으로 자리 잡는 데 도움을 주었다. 튀르키예에서 열린 'K-Pop World Festival TürKiye' 예선전에는 한국 아티스트들도 참여해 행사를 더욱 풍성하게 만들었다. 이런 행사들은 주 튀르키예 대한민국 대사관과 한국문화원이 체계적으로 진행했다. 2016년 앙카라에서 열린 페스티벌 결선에서는 EXO의 리더 수호

Suho가 보낸 영상 메시지가 현장 분위기를 띄우는 동시에 참가자들에게 큰 힘이 되었고, 2018년에는 한국 남성 그룹 Myteen이 '앙카라 K-팝 페스티벌' 무대에서 관객들을 매료시키며 잊을 수 없는 공연을 선보였다. 2022년 5월 28일, 한-튀르키예 수교 65주년을 기념하여 한국문화원이 주최한 'Mirae K-팝 콘서트'와 팬미팅이 열렸다. 이 공연은 한국 그룹 MIRAE의 튀르키예 첫 콘서트였다. 가장 큰 K-팝 행사로는 2024년 9월 7일 이스탄불 LifeparK에서 열린 튀르키예 최초 K-팝 페스티벌이 있다. 이 행사에서는 Dreamcatcher, Purple Kiss 등 인기 그룹이 무대에 올랐고, 수천 명의 팬들이 모였다. 이런 이벤트는 튀르키예 K-팝 팬들에게 잊지 못할 순간을 선사하며 K-팝 문화에 대한 관심과 사랑을 더욱 깊게 만들었다.

BTS, BlacKpinK, Twice, Exo, Stray Kids 등이 튀르키예에서 가장 인기 있고 이벤트와 활동으로 주목받는 그룹이다. 최근 몇 년간 K-팝 팬층은 Z세대와 젊은 성인 사이에서 활발하고 눈에 띄는 커뮤니티를 형성했다. 팬층은 주로 12~30세 사이로, 대부분 고등학생, 대학생 또는 갓 졸업한 청년들로 구성되어 있으며, 여성 팬이 많지만 남성 팬도 점점 증가하고 있다. 소셜미디어의 사용은 팬들이 K-팝 콘텐츠를 공유하고 서로 소통하는 것을 쉽게 만들어준다. 특히 인스타그램, 틱톡, 트위터, 유튜브가 중심 역할을 하고 있다. 튀르키예 팬들은 코레잔Korecan 과 넷진Netzin 같은 팬사이트와 포럼에서 모여 그룹 뉴스, 이벤트 공지, 콘텐츠를 공유하고, Discord와 Telegram을 통해 그룹별 커뮤니티를 만들고 팬아트, 번역, 뉴스 공유, 모임을 조직한다. 이스탄불, 앙카라, 이즈미르 등 주요 도시에서는 콘서트 상영, 팬 미팅, 댄스 커버 이벤트가 열려 팬들의 열정과 결속을 실질적으로 보여준다.

K-팝이 튀르키예 청소년에게 인기가 많은 이유는 다양하다. 음악적 다양성과 높은 프로덕션 퀄리티, 에너지 넘치는 곡과 인상적인 안무가 시청각적 경험을 제공하며, 아이돌의 의상, 헤어, 메이크업 트렌드는 강한 미적·패션적 영향을 준다. 팬들은 아이돌 스타일을 따라 자신의 패션을 형성하고, 소셜미디어를 통해 콘텐츠를 쉽게 팔로우하며 다른 팬과 교류한다. 팬 이벤트, 댄스 커버, 프로젝트 등은 이러한 결속을 강화해 준다. 또한 K-팝은 젊은 층의 한국어, 음식 문화, 전통에 대한 관심을 유도하여 단순한 음악 경험을 넘어 문화적 탐색의 기회를 제공한다. 사회적으로도 팬덤은 청소년들이 자신을 표현하고 친구들과 유대감을 형성하는 수단이 되며 소속감과 사회적 공유를 강화한다. 마지막으로, 일상 스트레스에서 벗어나고 싶은 젊은이들에게 K-팝 영상, 콘서트, 프로그램은 즐거움과 감정적 만족을 제공한다.

괴즈데 아타이Gözde Atay(2023)의 연구에 따르면, 튀르키예 K-팝 팬들은 K-팝을 단순한 음악이 아닌, 자신을 표현하고 사회적 관계를 형성하는 도구로 경험하고 있다. 한 참가자는 K-팝 덕분에 내성적이거나 사회적 환경에서 자신을 잘 표현하지 못하던 사람들이 자신감을 얻고, 자신을 더 잘 표현할 수 있게 되었다고 말했다. 또 다른 참가자는 K-팝 노래의 메시지가 자기 사랑, 꿈을 향한 집중, 내적 동기 부여 같은 감정적 욕구를 충족시키며, 개인적·직업적 성장을 돕는다고 언급했다. 또 다른 참가자는 K-팝 덕분에 사회적 교류가 늘어나고, 온라인 커뮤니티를 통해 소통 능력이 향상되며 사회적 자신감이 높아졌다고 밝혔다. 팬들의 관심은 단순히 음악에만 국한되지 않는다. 팬들은 K-팝 앨범을 디지털 플랫폼이나 수입 판매처를 통해 구입하며 아이돌의 의상과 메이크업을 따라 한국 패션과 뷰티 트렌드를 수용할 수 있다. 또한 K-팝 팬덤은 젊은이들의 한국문화와 언어에 대한 관심을 높이고, 드라마를 시청하도록 유도한다.

한국어 학습, 팬들의 관심

튀르키예의 한류 팬들은 한국어를 배우기 위해 다양한 방법을 활용하고 있다. 세종학당에서 개설된 수업은 학문적인 기초를 제공하고, 한국문화원에서 진행되는 수업, 말하기 대회, 워크숍 등은 언어를 실용적이고 즐겁게 배울 기회를 제공한다. 그뿐만 아니라, 온라인 팬 커뮤니티와 소셜미디어 그룹을 통해 노래와 드라마와 함께 일상 표현을 배우기도 한다. K-팝 경연, 팬 미팅, 문화 행사 등은 한국어를 단순히 배우는 것을 넘어 실제로 사용하고 공유할 수 있는 기회를 제공한다. 튀르키예 한류 팬들의 한국어 관심은 단순히 수업과 팬 활동에 그치지 않는다. 일부 청년들은 드라마와 K-팝 사랑 덕분에 대학에서 한국어·한국

문학 전공을 선택하기도 한다. 이들에게 전공 선택은 단순한 학과 선택이 아니라 꿈 즉, 한국으로 가고 싶은 열망을 향해 나아가는 한 걸음이다. K-팝의 리듬과 드라마의 매력은 그들이 상상하는 삶을 형성하고, 한류는 문화적·학문적 여정을 함께하도록 이끈다.

튀르키예에서 한국어·한국문학 교육의 뿌리는 1989년 앙카라대학교 언어·역사·지리학 대학 내에 개설된 한국어문학과로 거슬러 올라간다. 이 학과는 튀르키예에서 최초로 제도적인 한국어 교육을 시작한 곳이다. 이후 관심이 늘어나면서 에르지예스대학교(1998), 이스탄불대학교(2016) 등에서도 한국어 교육이 시작되었다. 또한 이스탄불 메데니예트대학교, 앙카라 사회과학대학교, 차낙칼레 18 Mart 대학교 등에도 한국어문학 학과가 개설되었지만, 아직 학생 모집은 이루어지지 않았다. 이 대학들은 교원양성을 하고 있다. 많은 대학에서 한국어가 선택 과목으로 제공되어 학생들은 한국어의 세밀한 특성을 배우고, 한국문화와 문학의 풍부한 세계에 한 발짝 다가갈 수 있다. 이렇게 튀르키예와 한국 사이에 문화적 다리가 놓이고 있다. 문화 교류가 강화되면서, 한국 정부와 한국문화원도 다양한 장학 프로그램과 교환 기회를 제공하여 학생들이 한국에서 공부할 수 있도록 지원하고 있다. 따라서 튀르키예의 한국어 문학 교육은 단순한 학문 분야를 넘어, 양국 간 살아있는 문화적 교량 역할을 하고 있다.

오늘날 튀르키예에서 한국어를 공부하고자 하는 학생 수는 점점 늘어나고 있다. 이러한 관심은 한국 드라마, K-팝, 그리고 전반적인 한국

문화에 대한 호기심에서 비롯된다. 하지만 젊은이들의 동기는 단순히 대중문화에 국한되지 않고, 학문적·직업적 진로까지 포함하는 폭넓은 관점으로 확장되었다. 드라마를 통해 시작되고, K-팝 확산과 함께 가속화된 한국어에 대한 관심과 더불어 매일 늘어나는 한류 팬들이 튀르키예 한류의 원동력이다.

코레잔(Korecan)

튀르키예의 K-팝 팬들은 다양한 그룹 팬덤을 중심으로 조직되어 있다. 예를 들어, BTS 팬은 Army TürKiye, BLACKPINK 팬은 BlinK TürKiye, EXO 팬은 Exo-L TürKiye, TWICE 팬은 Once TürKiye, Stray Kids 팬은 STAY TürKiye라는 이름으로 활동한다. 이외에도 Discord와 Telegram 같은 플랫폼에서 그룹 기반 채팅, 번역 프로젝트, 팬아트, 팬 모임 등을 진행하며, K-팝 문화를 튀르키예에 적극적으로 확산시키고 있다. 이렇게 튀르키예에서 한국 드라마와 문화를 사랑하는 팬들을 흔히 '코레잔Korecan'이라고 부른다. 이 표현은 소셜미디어와 팬클럽에서 자주 사용되며, 인스타그램이나 틱톡에서는 #Korecan 해시태그를 쉽게 찾아볼 수 있다. 팬 모임이나 게시물에서는 '코레잔라르korecanlar'처럼 복수형으로도 쓰인다. 여기서 '코레Kore'는 한국을, '잔Can'은 사랑이나 애정을 의미하며, 이를 한국어로 옮기면 '한국을 사랑하는 사람들'

정도로 이해할 수 있다. 팬들의 공유 자료를 보면, 튀르키예 K-팝 팬들이 '코레잔'이 되기 위해 따라야 하는 일정한 규칙과 행동이 있음을 알수 있다. 몇 가지 예를 들면, 팬들은 아이돌과 그룹 소식을 꾸준히 팔로우하고, 소셜미디어에 콘텐츠를 공유하며, 팬 프로젝트에 참여하고, 커뮤니티 활동에 적극적으로 참여해야 한다. 또한 한국문화에 관심을 가지고, 팬덤 용어와 언어를 사용하며, 팬덤 내 규범을 존중하는 것도 중요한 행동으로 여겨진다.

한 한국 팬인 esragunes23가 Wattpad에 2016년 1월 16일 게재한 '코레잔 되기'라는 이야기에서 코레잔의 특징을 이렇게 말했다. "친구에게 한국어로 '친구'라고 부르기, 꿈속에서 오빠들을 보기, 짜증 날때 'off(오프)' 대신 '아이씨' 사용, 24시간 한국 드라마 시청, 친구도 코레잔으로 만들기, 모든 오빠와 언니 이름 외우기, 인스타그램에서 오빠와 언니 팔로우, 플레이리스트에 K-팝 가득, 전화벨은 한국 음악, 갤러리는 오빠·언니 사진으로 채우기, 페이스북에서 다른 코레잔과 친구 되기."[40] 즉, 코레잔이 되려면 단순히 좋은 팬이 되는 것을 넘어, 일상생활에서 한국어 단어와 표현을 알고 사용해야 한다.

엘리프 타쉬데미르Elif Taşdemir(2018)는 Korea-Fans 사이트의 Fan Special 섹션에서 팬들의 한국 사랑을 정리하며, 팬들이 올리는 콘텐츠는 이야기, 그림, 한국어 영상, 노래 영상, 캘린더, 그래픽 디자인, 노래

---

40 https://www.wattpad.com/stories/unni/hot?locale=tr_Erişim Tarihi 10.09.2025

대회 등 다양하다고 전했다. 또한 팬덤 내에서 요구되는 특징으로는 한국에 대해 부정적인 말을 하면 적절히 대응하기, 최소한 몇 가지 한국 문화 지식 알고 있기, 한국인을 보면 흥분하기, '죄송합니다', '안녕하세요', '감사합니다', '어떻게 해야 하지?' 등 기본 표현을 한국어로 말하기, 한국 음식을 맛보고 친구와 함께 구매하기, 설령 맛이 이상해도 '완벽해'라고 말하기, 집에 최소 하나의 한국 제품 소지하기, 처음에는 팬심을 감추다가 점점 주변에 알리기, 한국 여자처럼 행동하거나 머리 스타일 바꾸기, 반드시 앞머리 유지 등이 포함되어 있다.

튀르키예 K-팝 팬 커뮤니티는 단순 음악 팬층을 넘어, 독자적인 '팬 언어'를 발전시켰다. 이 언어는 튀르크어와 한국어 단어, K-팝·드라마 팬덤 용어가 혼합되어 있으며, 소셜미디어와 메시징 플랫폼에서 활발히 사용된다. 팬 언어는 서로를 알아보고 소속감을 강화하며, 공동의 문화적 공간을 만들어준다. 또한 신규 회원의 커뮤니티 적응을 돕고, 팬들 간 결속을 강화하는 역할을 한다. 위 내용을 보면, 튀르키예 K-팝 팬들 사이에서는 '안녕하세요', '감사합니다', '어떻게 하지?' 같은 일상 표현을 한국어로 말하는 습관이 형성되어 있다. 이는 튀르크어와 한국어가 섞인 혼합 언어를 탄생시키며, 팬 커뮤니티만의 고유한 소통 방식을 만들어낸다. 이 혼합 언어는 소속감을 높이고, 공동의 문화적 공간을 조성하는 데 기여한다. 팬 수가 많음을 강조한 뷔쉬라 셰르베트치Büşra Şerbetçi는 2016년 8월 20일 《İst(이스트)》에서 "Sevdiğiniz Kız Size Oppa Derse KorKmayın; O Bir Korecan Olabilir(세브디이느즈 크즈 씨제 옵바

데르세 코르크마은, 좋아하는 여자가 갑자기 당신을 '오빠'라고 불러도 놀라지 마세요. 그녀는 한류 덕후일지도 몰라요!)"라는 글에서 한국 세계에 새로 들어온 청년들이 알아야 할 기본 한국어 표현을 정리했다. 글에서는 한국 드라마 팬덤이 드라마 속 삶과 관계, 일상을 모방하며 빠르게 확산되고 있다고 지적하며, 자주 등장하는 단어들(예를 들어 오빠, 안녕하세요, 미안해, 감사합니다, 아자 아자, 화이팅, 알았어, 언니, 여보세요, 라면[41])의 발음과 의미를 함께 설명하여, 비非 팬들도 이해할 수 있도록 안내했다. 이를 통해 청년들은 한국어 어휘력을 넓히고, 길거리나 대화 중 갑작스럽게 등장할 수 있는 표현에도 당황하지 않도록 준비할 수 있다.

팬들이 만든 웹사이트

TRT가 한국 드라마를 방영하기 시작한 이후, 2007년 튀르키예에서 가장 큰 한국 대중문화 커뮤니티 중 하나인 'Korea-Fans(www.Korea-fans.com)' 사이트가 한국 팬들에 의해 설립되었다. 이 사이트는 처음에 튀르키예 TV에서 방영된 한국 드라마 정보를 제공했지만, 회원 수가 증가함에 따라[42] 단순한 드라마 정보 제공을 넘어 한국 음악, 영화 시청뿐만

---

41 https://www.gzt.com/jurnalist/sevdiginiz-kiz-size-oppa-derse-korkmayin-o-bir-korecan-olabilir-2515124 Erişim tarihi 10.9.2025

아니라 한국과 관련된 다양한 정보와 콘텐츠에 접근할 수 있는 인터넷 플랫폼으로 성장했다. Korea-Fans TürKiye는 자원봉사 회원으로 구성된 운영팀에 의해 관리된다. 한류 열풍에 따라 시청자 수가 증가하면서 Korea-Fans와 유사한 다른 포럼과 사이트들도 생겨났다. 이들 중 일부는 다음과 같다. Yeppuda (yeppuda.com.tr, 현재 운영 중단), Netzin (netizenturKey. net), KoreanturK(KoreanturK.Net), Korecan (www.Korecan.com), AsyafanatiK (www.asyafanatiK.com). 이 사이트들은 주로 한국 드라마(K-드라마)를 비롯하여 중국, 태국, 일본 등 아시아 국가들의 드라마와 영화 관련 뉴스, 번역, 리뷰를 공유하며, K-팝 뉴스, 아이돌 그룹 및 팬덤 콘텐츠도 다룬다. 이러한 사이트와 포럼은 튀르키에 팬들이 조직적으로 번역을 하고, 뉴스와 콘텐츠를 공유하며, 한국문화를 확산하는 데 매우 중요한 플랫폼 역할을 한다.

최근 몇 년간 튀르키에 주요 방송사에서 한국 드라마의 튀르키에어 더빙판을 보는 것은 거의 불가능하다. 하지만 한국 드라마를 보고 싶은 팬들은 인터넷을 통해 원하는 작품을 단 한 번의 클릭으로 쉽게 시청할 수 있으며, 앞서 언급한 드라마·영화 시청 사이트를 통해 접근할 수 있다.

이러한 포럼 사이트에서 한국 팬들은 전문적이고 체계적으로 다양한 팀을 조직하여, 자원봉사 번역과 뉴스를 더 많은 사람들에게 전달하

42　2025년에 73,438명의 회원이 있다. 이 정보는 사이트에서 확인한 것이다.

기 위해 여러 콘텐츠를 제작한다. 한국 팬들은 이 사이트와 포럼에서 최신 한국 드라마뿐만 아니라, 동아시아 작품을 튀르키예 팬들의 노력으로 빠르게 튀르키예어로 번역하여 자막과 함께 제공하고 있다. 한국 드라마가 이토록 인기를 얻는 데에는, 팬들이 보여주는 헌신과 노력이 중요한 역할을 하고 있다는 사실을 간과할 수 없다.

팬들이 발행한 잡지

튀르키예에서 한류는 짧은 시간 안에 매우 넓은 대중에게 도달했으며 모든 대중매체를 활용했다. 단순히 인터넷 사이트에서 콘텐츠를 제작하는 것을 넘어 한국 대중문화를 다루는 신문과 잡지도 발행되기 시작했다.

이러한 노력의 선두 주자 중 하나는 Korea-Fans팀이 2009년에 발행한 한국 대중문화 매거진 《DONGYUL》이다. '동쪽의 사랑'을 의미하는 《DONGYUL》은 주로 한국 드라마, 영화, 연예 뉴스와 K-팝 콘텐츠를 다루면서, 동시에 한국문화와 역사에 관한 글도 실었다. Korea-Fans 인터넷 사이트가 포럼과 한국 뉴스 채널의 최신 소식을 실시간으로 제공하는 반면 《DONGYUL》은 K-팝, 한국 아티스트 및 드라마에 대한 특별 섹션과 상세한 분석을 제공한다. 튀르키예어로 발행되는 《DONGYUL》은 때때로 튀르키예에 거주하는 한국인들을 위해 일부 글을 영어로 공유하기도 한다. "DONGYUL ile Kore Rüzgârını Hisset(동율 일레 뤼즈가르느 히세트, DONGYUL과 함께 한국의 바람을 느껴라)"라는 슬로 건은 한국과 튀르키예 사이에 문화적 다리를 놓고자 하는 잡지의 미션을 잘 요약한다.

Korea-Fans팀이 발행한 신문인 《Hallyu Sinmun》은 주로 한국의 문화, 경제, 사회 및 정치 이슈를 다룬다. 엔터테인먼트 중심의 《DONGYUL》과는 달리 《Hallyu Sinmun》은 한국의 세계 국가들과의 관계, 튀르키예와의 연결, 일상 사건과 비즈니스 세계를 포함한 폭넓은 관점을 제공한다.

이를 통해 한류에 관심 있는 독자들은 단순히 엔터테인먼트를 따라가는 것을 넘어 한국의 역사, 경제 및 사회 구조를 배울 수 있으며 이렇게 한국에 대한 관심은 단순한 대중문화 취향에서 의식적이고 폭넓은 초점으로 확장된다(Fırat, 2017:72-73). 또한, 출판사 도안 에그먼트Doğan Egmont가 2018년 3월 처음으로 제작한 잡지 《K-Pop & K-Drama》는 튀르키예 최초의 한국 대중문화 콘셉트 출판물로 한류의 목소리를 종이 위에 전달하는 다리가 된다. 2012년 7월부터 디지털 매체로 발행된 KoreKoliK Dergisi (@dergiKoreKoliK) 역시 한국에 관한 모든 정보를 팔로워들에게 제공하며 매호 튀르키예 독자들을 한류의 다채롭고 매혹적인 세계로 안내하는 창이 된다. 이 잡지들은 호기심을 지식으로 바꾸고, 팬심을 경험으로 확장하며, 두 문화 사이에 강력한 다리를 놓는 안내자 역할을 한다.

한국문화원과 한류

앙카라의 중심에는 먼 나라의 향기, 소리, 색을 담은 문이 서 있다. 바로 한국문화원이다. 이 문을 통과하는 사람들은 단순히 외국 문화를 접하는 것이 아니라, 과거부터 현재까지 이어져 온 우정의 흔적을 발견하게 된다. 튀르키예와 한국의 길은 처음에는 멀게 느껴질 수 있지만, 깊이 들어가 보면 놀라운 공통점이 드러난다. 언어의 뿌리, 전통의 세밀한 부분, 환대의 따뜻한 얼굴 속에 유사점이 숨어 있다. 이러한 친밀감은 단순한 문화적 유사성에 그치지 않았다. 1950년대의 차갑고 거친 시절, 한국전쟁에 파견된 튀르키예 군인들은 자기 고향에서 수천 킬로미터 떨어진 곳에서도 한국 국민의 곁을 지켰다. 이러한 기억은 양국의 유대감을 더욱 깊게 만들었다. 그리고 2011년 앙카라에 개관한 한국문화원은 이 우정을 되살리기 위해 설립되었다. 문화원의 목적은 단순히 전통 한국문화를 소개하는 데 있지 않고, 오늘날의 한류를 튀르키예에 전하는 데 있다. 이곳에서는 한국 음식의 향기를 느낄 수 있고, 한복의 화려한 색이 눈을 사로잡으며 K−팝의 리듬이 젊은이들의 마음을 사로잡는다.

한국문화원은 단순한 문화 전달의 장소가 아니라 양국 간 친밀한 유대감을 강화하는 다리 역할을 한다. 사회복지 단체, 참전용사 및 가족과의 관계 구축을 통해 튀르키예와 한국 간의 진정한 우정을 보여준다.

교육 협력과 대중문화 행사를 통해 문화원은 젊은이와 성인 모두의 한국문화 관심을 키우고, 튀르키예에서 한류 확산에 기여하고 있다. 전시실에서 공연장, 미니 콘서트에서 야외 행사, '카라반 코레 귀뉘Karavan Kore Günü(카라반 한국의 날)' 활동에서 태권도 수업에 이르기까지 한국문화원은 먼 나라의 문화를 튀르키예 전역으로 전한다. 이 문화원은 과거를 기억하게 하고, 현재를 체험하게 하며, 미래로 향하는 우정의 길을 여는 상징으로 자리한다.

아마도 이 때문일 것이다. 한국문화원 문을 통과하는 모든 사람은 양국의 공통된 이야기에 작지만 의미 있는 일부로 참여하게 된다. 이러한 친밀감은 한류가 튀르키예에서 더욱 수용되고 확산하는 데 중요한 역할을 한다. 튀르키예의 수도 앙카라에서 활동하는 한국문화원은 K-팝, K-댄스, K-푸드, K-뷰티, K-시네마 등 현대 한국문화의 주요 요소를 소개하는 데 그치지 않는다. 또한 매년 개최되는 '케르반 퀼튀르 욜루 페쓰티발리Kervan Kültür Yolu Festivali(캐러밴 문화 길 페스티벌)'과 같은 행사로 문화원 내부와 튀르키예 전역에서 문화적 교류의 활발한 중심지가 된다. 문화원은 한국 요리를 체험할 수 있는 워크숍부터 한국 영화 상영, 메이크업과 스타일 체험, K-팝 및 댄스 경연, 한국 음악 그룹 참여 콘서트와 다양한 문화 모임에 이르기까지 폭넓은 프로그램을 통해 튀르키예 거주자에게 한국문화를 다각도로 소개한다.

한국문화원은 튀르키예 문화관광부와 협력하여 국가 최대 문화 행사인 '퀼튀르 욜루 페쓰티발리Kültür Yolu Festivali'에서 2025년 8월 22~24

일 3일간 활기찬 K-팝 페스티벌을 개최했다. 또한 네브셰히르Nevşehir 에서 열린 한국 요리 및 K-뷰티 워크숍은 대중의 큰 관심을 받았으며, 2024년 개최된 'K-문화 페스티벌'도 잊을 수 없는 순간들을 선사했다. 여기서는 걸그룹 Mamamoo의 멤버인 화사, 발라드 가수 임한별, 그리 고 한국의 Cube Entertainment의 신인 보이그룹 Nowadays가 매혹적인 공연으로 관객들을 매료시켰다. 같은 해 The KingDom 역시 한국문화 원이 주최한 행사에서 앙카라 공연을 진행했다. 또한 2025년 8월 23일 한국문화원 공연장에서 상영된 영화 〈화차Helpless〉는 관객들에게 큰 호응을 얻으며 문화원이 단순히 대중문화뿐만 아니라 예술의 다양한 영역과도 강력한 연계를 갖고 있음을 다시 한번 입증했다.

기대와 불안의 한류

K-드라마가 동아시아 국가들에서 널리 시청되기 시작하면서, 시청 자들 사이에서는 머리 스타일에서 의복 패션에 이르기까지 다양한 생 활 습관의 변화가 관찰되었다. 이러한 변화는 곧 해당 지역에서 한류에 대한 부정적 비판이 싹트는 계기가 되었다. 한류가 세계적 차원에서 영 향력을 확대함에 따라 이러한 반응은 더 이상 동아시아에만 머물지 않 고, 세계 여러 지역으로 확산했다. 실제로 한류의 영향이 강하게 느껴 지는 곳에서는 이에 반대하는 움직임인 반反 한류Anti-Hallyu도 강하게 작

용한다.

튀르키예에서는 일반적으로 한류 자체에보다는 K-팝에 대한 부정적인 평가가 있다고 말할 수 있다. 2000년대 후반 한국 드라마 이후로 튀르키예 청년들의 관심을 끌기 시작한 K-팝은 2010년대부터 현재까지 튀르키예에서 그 인기가 폭발했다. 〈강남스타일〉이 전 세계적으로 큰 인기를 얻은 후 싸이는 2012년 튀르키예를 방문했다. 싸이는 2013년 2월 23일 〈탤런트 오브 튀르키예Talent of Türkiye〉 프로그램 시즌 피날레에 참여하여 심사위원으로 활동했고, 〈강남스타일〉을 라이브로 공연하였다.[43] 이 공연은 스튜디오 관객과 텔레비전 시청자 모두를 열광시켰다. 싸이의 이 방문은 튀르키예에서 K-팝이 널리 알려지는 데 있어 중요한 전환점이 되었다. 2023년 〈보이스 오브 튀르키예Voice of Türkiye〉 프로그램에서는 스튜디오 관객들이 한국인 참가자를 열정적으로 응원했고, 방탄소년단BTS 관련 영상이 화면에 띄워지는 장면이 있었다.[44]

드림튀르크DreamTürk는 튀르키예의 음악 채널이다. 여기서는 K-팝이 늘 방송된다. 이처럼 K-팝이라는 장르가 튀르키예의 라디오와 텔레비전에서 점점 더 가시성을 얻고 있다는 사실은 요새 들어 더욱 명확하게 드러난다. 아침에 차를 타고 출근하거나 아이를 학교에 데려다 줄

---

[43] https://www.dailymotion.com/video/xxrc1d

[44] https://www.tv8.com.tr/o-ses-turkiye/guney-koreli-yarismaci-turkiye-ye-gelis-hikayesini-anlatti-48659-video.htm Erişim Tarihi 29.09.2025

때 Metro FM에서 K-팝을 들으며 가족과 함께 이동하는 것이 이제 튀르키예 사람들의 루틴의 일부가 되었다. 이러한 멜로디들은 평범한 순간에도 생동감 있는 리듬과 흥겨움을 더해 주며 하루의 시작에 즐거움과 에너지를 선사한다.

그러나 최근 몇 년간 K-팝과 관련된 부정적인 기사나 보도가 증가하는 양상이 관찰되고 있다. 튀르키예의 민영 방송사 중 하나인 Show TV에서 2017년 SHINee 멤버 김종현의 자살 소식이 200만 회 이상 조회된 것은[45], 튀르키예 팬들의 K-팝 그룹에 대한 높은 관심이 일부 집단에 의해 부정적으로 평가되는 계기가 되었다. 이러한 과정에서 K-팝에 대한 다른 시각도 튀르키예에서 나타나기 시작했다. 문헌에 실린 여러 연구들(Asa 2019, KesKin-BinarK 2021 인용)에 따르면 언론인 메흐메트 알리 오넬Mehmet Ali Önel은 베야즈 TV 프로그램에 출연하여 K-팝이 청년들 사이에서 '중성적 성별' 인식을 확산시키는 정책을 따르고 있다고 주장하였는데 이때 BTS의 사진을 인용했다. 반反 K-팝 담론은 남성 아이돌이 화장을 하고 여성적인 외모를 지닌다는 점을 부각시키며 이와 같은 맥락 속에서 '중성적 성별' 혹은 '제3의 성'이라는 개념을 기반으로 전개되었다. 이러한 논의가 이어지자 해당 발언을 한 인사들은 K-팝 팬들로부터 소셜미디어를 통한 거센 반발에 직면하게 되었다.

---

[45] https://www.showtv.com.tr/show-ozel-haber/kim-jonghyun-canina-kiydi-hayranlari-yasa-boguldu-352026 Erişim tarihi 29.09.2025

이러한 상황은 튀르키예 내 K-팝 팬덤이 주목할 만한 규모에 도달하
였으며, 동시에 소셜미디어 공간에서 뚜렷하게 가시화되고 있음을 잘
보여준다.

2023년 1월 16일 자 지역 인터넷 신문 마라슈만셋maraşmanşet에 실
린 「ÇocuKlar Üzerinde Sinsi Bir TehliKe(초줌라르 위제린데 씬쓰 비르 텔리케:아이
들 위에 드리운 은밀한 위험)」이라는 제목의 글에서 카드리예 크르되크Kadriye
KırdöK는 K-팝이 청소년들에게 미치는 영향을 다루었다. 크르되크는
글에서 K-팝이 특히 10세에서 18세 사이의 청소년들 사이에서 큰 인
기를 얻고 있으며, 이 음악 장르가 성 정체성과 사회적 성 역할에 있어
혼란스러운 영향을 끼칠 수 있다고 주장했다. 크르되크는 K-팝이 청
소년들의 잠재의식 속에 교묘하게 무성無性화와 유동적 성 개념을 심어
준다고 지적했다. 또한 K-팝이 젊은 세대를 토착 문화로부터 멀어지
게 하고, 전통적 문화적 가치와의 연결을 약화시킬 수 있음을 강조하
였다.[46]

또한 2019년 2월 14일 AA 통신사에서 보도된 「UzaK Doğu'dan
K-Pop TehliKesi(우자크 도우단 K-팝 텔리케씨, 동양에서 온 K-팝의 위험)」이라는
기사에 따르면, "K-팝은 청소년들에게 세 가지 주요 방식을 통해 영향
을 미친다. 첫째, 그룹 소속감과 연대 의식을 형성하여 하위문화를 만

---

46 https://www.marasmanset.com/cocuklar-uzerinde-sinsi-bir-tehlike-K-pop-ve-ardindaki-
   gercekler

들어내는 것. 둘째, 디지털 의존을 통해 자신의 문화를 확산하는 것. 셋째, 성별과 정체성 인식에 영향을 주어 중립화하고 다양한 가치 메시지를 전달하는 것"이다.[47] 일부 평론가는 K-팝이 청소년들에게 성(性) 정체성과 사회적 성 역할에 대해 혼란스러운 영향을 미칠 수 있다고 주장한다. 특히, 그룹의 미적 표현과 행동 양식이 전통적인 성별 규범과 상충한다고 말한다. 튀르키예의 언론에 반영된 반 K-팝의 흐름은 다음과 같다.

「Yeni Proje Ucube GençliK ve Gençlerimiz Saldırı Altında(예니 프로제 우주베 겐칠릭 베 겐츠레리미즈 살드르 알튼다. 새로운 프로젝트, 괴상한 청년과 우리의 젊은이들이 공격받고 있다)」라는 헤드라인으로 보도되었다. 튀르키예 언론에서 보도된 이러한 반 K-팝 담론은 K-팝 및 유사한 문화적 흐름이 청년들에게 부정적 영향을 미칠 수 있다는 주장을 반영하며, 소셜미디어와 디지털 콘텐츠를 통한 상호작용이 청년들의 행동과 인식에 압력을 가하고 있다고 한다. 그러나 이렇게 언급된 비판들이 확실한 증거나 과학적 근거를 갖고 있지는 않다고 여겨진다. 이러한 주장들은 단지 하나의 의견에 불과하고, 한류 팬들에 관련해 상세한 분석이나 과학적 연구 없는 제한적이고 주관적인 담론에 불과하다.

이러한 비판보다 현실적인 관점에서의 우려는 K-팝이 가족들에게 상당한 경제적 부담을 준다는 점이다. 필자의 경험을 예로 들자면 중학

47　https://www.aa.com.tr/tr/yasam/uzak-dogudan-yayilan-K-pop-tehlikesi/1392110 27.7.2025

생인 딸은 K-팝 팬으로서 거의 모든 K-팝 그룹과 멤버들을 외우고 있으며 노래 가사도 기억하고 있다. 그러나 그것만으로는 충분하지 않다. 그녀가 가장 좋아하는 그룹인 Stray Kids의 앨범, 라이트스틱, 모자, 스티커 등도 반드시 구입해야 한다.

심지어 2025년 7월 11일 네덜란드에서 열린 Stray Kids 콘서트에도 가족과 함께 참석했다. 필자 경험을 바탕으로 비슷한 상황이 많은 가정에서도 발생하고 있다고 추정할 수 있다. 이러한 상황은 일부 가족들에게 불안을 초래할 수 있는 문제로 이어질 수 있다. 게다가 K-팝에 관심을 두고 춤을 연습하는 것은 공부나 일과 같은 일상적인 책임에 할애되는 시간을 줄일 수 있어 청소년들의 일상생활 균형이 때때로 흔들릴 수 있다.

K-드라마를 통해 진입하고 K-팝을 중심으로 확산하고 있는 한류는 매우 다양한 콘텐츠를 포함하고 있으나 유독 K-팝이 중점적으로 비판된다. 이는 튀르키예에서의 반反 한류가 사실상 K-팝에 한정되어 있음을 보여준다. 그러므로 튀르키예에서는 '반 한류Anti-Hallyu'라기보다 '반 K-팝(Anti K-팝)'이라고 명명하는 것이 타당하다. 튀르키예 내에서 K-드라마, K-푸드 등 다른 한류 영역에서는 부정적 비판이 거의 존재하지 않고, 오직 K-팝 영역에서만 이러한 논의가 이루어지고 있다. 한류가 튀르키예에서 얼마나 가시성을 확보할 수 있을지, 그리고 반 한류 운동이 동아시아에서처럼 하나의 흐름으로 확산할지는 앞으로 시간이 지나면서 분명해질 중요한 문제로 남아 있다.

튀르키예 속 한국인,
한류를 말하다

튀르키예에 거주하는 한국인들이 자국의 대중문화가 다른 지역에서 어떻게 받아들여지고, 이 과정에 대해 어떤 생각을 하고 있는지 궁금해져 하나의 조사를 진행하게 되었다. 이를 위해 튀르키예에 거주하며 개인적으로 알고 있는 8명의 한국인에게 WhatsApp, 카카오톡, 이메일을 통해 연락을 하고, 튀르키예 내 한류에 대한 평가를 부탁했다. 면담을 통해 각 참여자의 의견을 보다 상세히 들을 수 있었다.

① Kim JM

약 3년째 튀르키예 카이세리에 거주하고 있는 한 한국인(학자, 66세)의 튀르키예 한류에 대한 평가는 다음과 같다. 튀르키예 카이세리에서 살고 있는 한국인은 튀르키예 고유의 문화적 전통과 카이세리라는 지역적 맥락 속에서 살고 있지만, 한류 속에서 살고 있다고 해도 과언이 아니다. 여기에 개인적으로 경험한 한류의 영향과 그것으로부터 오는 튀르키예인들의 반응을 몇 가지를 적어 보겠다.

1. **사회 접속**Community Connection: 한국 사람들은 모두 카이세리 대부분의 튀르키예인들로부터 매우 큰 호의적 대우를 받고 있다고

생각한다. 젊은이들은 본인들이 한류, 즉 K-팝, K-드라마, 한국 음식에 관심이 많거나 빠져있고, 나이 든 세대는 자녀들의 그러한 태도로부터 영향을 받거나 과거의 형제 유대감으로 인하여 매우 큰 호감을 표시하곤 한다. 개인적으로 시내의 중심부에 나가서 차이Çay(튀르키예 전통차)를 대접받거나, 한국전쟁 그리고 영화 〈아일라〉에 관한 이야기를 하면서 호의를 받는 여러 번의 경험을 하였다. 그리고 돌아오는 길에 전철 안에서 같이 사진 찍기를 요청하는 어린 학생들을 여러 번 만났다. 이것들은 모두 두 문화 사이가 '다른 것'이 아니라 '다 같이 즐길 수 있는 것'이라는 수준에 와 있다고 느끼는 것 같다. 한편, 기성세대와 이야기를 나누면서 그들은 한국문화의 침투(?)를 꼭 좋아하는 것만은 아니라는 인상을 받곤 하였다. 그것은 '좋아하지 않는다.'라기보다는 어느 문화권에서나 있을 수 있는 '자기 문화에 대한 자부심 또는 사랑'이라고 생각한다. 젊은이들도 한류를 즐기면서 자기 전통이나 문화에 대한 정체성을 생각하게 될 것이다.

2. **문화 행사**Cultural Events: 카이세리에서는 다른 유럽 국가나 동남아시아 국가들에 비하여 K-팝 콘서트나 문화 공연이 적은 편이다. 그러나 이미 많이 쌓여있는 K-팝의 영향, 그리고 K-드라마나 K-무비의 영향으로 전반적인 한류에 대한 관심은 매우 높다고 할 수 있다. 예를 들어 한식 그리고 K-뷰티에 대한 관심은 거의

매일 받고 있다. 드라마 〈폭군의 셰프〉는 새로운 에피소드가 나올 때마다 튀르키예에서 1위 시청률을 자랑한다. 그리고 주변에서 김치, 김, 떡 등 음식에 대한 질문을 매일 받고 있으며, 한국을 방문할 때는 한국 화장품에 대한 이런저런 요청을 받기도 한다. 카이세리에서 한식을 제대로 맛볼 수 없다는 것은 매우 아쉬운 일이다. 여러 가지 재료에 대한 한계 때문이라고 생각한다. 이러한 인구는 많으나 환경적 제약이 있는 도시에서의 한식 전파를 위해서 대한민국 한식 연구원 같은 곳에 특별한 관심을 요청하고 싶다.

3. **교차 문화 경험**Cross–Cultural Experiences: 인류 보편적 가치를 노래로, 드라마로, 영화로 표현해 주는 한류에 대하여 큰 박수를 보낸다. 한류 때문에 튀르키예에서도 호의를 받고 좋은 관계를 유지하면서 지내고 있지만, 문화교류는 상호적이어야 한다. 즉 상대방의 정체성을 존중하고 받아들여야 지속 가능하다고 본다. 서로의 문화를 존중하고, 즐기고, 보편적 가치를 담아내는 한류를 기대한다.

② Choi JA

약 15년 동안 튀르키예에 거주한 한국인 박사 과정 여학생의 튀르키예 한류에 대한 평가는 다음과 같다. 15년 전인 2010년에 학업을 위해 튀르키예 수도 앙카라에 와서 약 4년 동안 머물렀다. 졸업과 동시에 바로 한국으로 귀국하였고, 6년 반 만에 튀르키예에 다시 오게 되었다. 튀르키예 살이 2회차를 카이세리에서 하게 되었고, 현재 4년 조금 넘었다. 카이세리에 도착하고 한류 4.0의 영향력을 바로 실감을 할 수 있었는데, 그것은 나를 한국인으로 바로 알아보는 것이었다. 앙카라를 떠날 때까지만 해도 여전히 나는 친Çin(중국), 자폰Japon(일본)으로 불렸는데 불과 10년 뒤 카이세리에서 만난 마트 직원, 버스에서 말을 걸어오는 현지인들은 바로 한국인 것을 알아차렸고 반겨주었다. 이는 튀르키예 국내에서만의 일이 아니었다. 작년 헝가리에 입국심사를 하는 데 내 차례가 되자 심사관이 "안녕하세요!" 하고 먼저 인사를 건넸고, 올여름 아부다비에서 이스탄불행으로 환승하면서 엑스레이 검열을 할 때도 아프리카 직원이 "오! 한국인?"이냐며 반겨주어 괜스레 기분이 좋았다. 10년 전에도 한류가 존재했지만 지금처럼 피부로 체감할 만큼은 아니었다. 이제는 한국인이라는 자체가 긍정적 이미지를 주고 환대의 이유가 되고 있다. 이러한 변화를 가까이서 목격하고 경험하는 것을 행운이라 느낀다. 동시에 한국에 대한 단순한 호기심을 넘어 존중과 신뢰로 자리 잡기를 바라며 어떻게 하면 더 오래 지속 가능할 수 있을지 고민하게 된다.

튀르키예에서 K-팝을 즐기는 연령층이 초등학생부터 대학생까지 매우 다양해졌다. 디지털 기기 사용에 능숙한 어린 한류 팬들도 SNS를 통해 한국 가수들의 소식을 실시간으로 접한다. 음악 방송, 뮤직비디오, 해외 콘서트 사진과 영상을 볼 수 있어 케이팝 그룹의 응원봉과 같은 굿즈에 대한 수요도 상당하다. 이들의 호기심과 요구는 곧 부모 세대로 이어져, 부모들도 자연스럽게 케이팝과 가수들을 알게 된다. 그러나 부모들은 이를 긍정적으로만 바라보는 것은 아니다. 튀르키예 또는 이슬람 문화에서는 노출이 많은 의상이나 남성 아이돌의 화장, '꽃미남'이라는 개념이 없어 성별 구분이 모호하게 느껴지기도 한다. 이 때문에 자녀가 K-팝을 즐기는 것을 우려하는 부모님들도 적지 않다. 그런데도 K-팝은 이미 하나의 대중 장르로 자리 잡아, 튀르키예 라디오 채널에 K-팝 전용 채널이 있을 정도로 수요층이 두껍다.

한편, 나는 긴 시간 동안 튀르키예 문화와 사람들을 좋아하지만 여전히 적응되지 않는 것이 있다. 바로 튀르키예 음악이다. 이곳 사람들도 춤과 노래를 일상에서 빼놓을 수 없을 만큼 흥이 많지만, 나는 그 흥이 여전히 낯설고 재미가 없다. 튀르키예 음악은 외국인인 나에게 너무나 이질적이기 때문이다. 익숙하지 않은 악기의 긴 반주는 지루하게 다가오고, 낯선 창법은 때로는 시끄럽게 느껴지거나 지나치게 애절해 부담스럽게 다가온다. 이 지점에서 K-팝을 떠올리게 되었다. "K-팝이 과연 한국의 음악인가?"라는 질문은 종종 제기되는데, 이는 한국 전통음악을 기준으로 한 물음일 가능성이 크며, 노래 가사 속 영어 사용이 많다는 점에서 비판적으로 바라보는 시선이 느껴지기도 한다. 하지만 내가 생각하기에 K-팝은 단순히 노래와 춤만으로 정의되지 않는다. 멜로디, 가사, 퍼포먼스, 의상, 메이크업 등 다양한 요소가 어우러져 다른 팝 음악과 차별성을 가진다. K-팝이 전 세계에서 사랑을 받을 수 있었던 이유는 오히려 노래에 전통적 색채를 과도하게 입히지 않았기 때문이라고 본다. 세계인이 쉽게 공감할 수 있는 보편성을 지니면서도, 세련된 기획과 퍼포먼스를 통해 독자적 매력을 만들어냈기에 지금의 K-팝 열풍이 가능했다.

외모와 관련하여 동양인이 가진 이점이 있다면 '젊어 보인다'는 점이다. 여기에 더해 화장품으로 유명한 한국에서 왔다 보니, 현지인들로부터 피부 관리에 관한 질문을 자주 받곤 한다. 튀르키예 사람들이 한국 화장품에 높은 관심이 있다는 사실은 익히 알았지만, 이곳의 화장품 산업 속에서 K-뷰티가 하나의 독자적 영역을 구축하고 있다는 점은 인상적이었다.

한국에 '올리브영'이 있다면, 튀르키예에는 독일계 '로스만Rossmann', 홍콩계 '왓슨스Watsons', 그리고 토종 브랜드 '그라티스Gratis'가 대표적인 3대 드러그스토어로 자리한다. 흥미로운 것은 이들 매장에서 'K-뷰티'라는 카테고리가 따로 운영되고 있다는 점이다. 덕분에 시간이 지날수록 다소 가격이 높더라도 한국의 인기 화장품을 손쉽게 구매할 수 있게 되었다. 그러나 인기가 높아질수록 문제도 생겨난다. 어색한 한국어를 표기하거나 한국적인 느낌을 흉내 낸 현지 제품들이 흔히 보인다. 이는 한국 제품을 원하는 소비자들에게 혼란을 주고, 나아가 한국 화장품에 대한 신뢰를 떨어뜨릴 수 있다. 따라서 소비자들이 혼동하지 않도록 명확한 가이드라인 마련이 필요하다. 일정 수준의 규제나 인증 제도를 통해 한국 화장품의 품질과 정체성을 보호한다면, K-뷰티가 튀르키예에서 더욱 건강하고 지속적으로 성장할 수 있을 것이다.

튀르키예 사람들은 한국 음식에 대해 호기심과 관심이 있지만, 종교적 이유와 낯선 재료로 인해 즐길 수 있는 음식은 제한적이다. 그럼에도 최근 5년 동안 튀르키예 전역에 한국 식당, 디저트 가게, 한국 식품을 판매하는 마트가 꾸준히 늘어나고 있다. 이제는 한국 식당뿐만 아니라 중국, 일본, 위구르 음식점에서도 김밥이나 치킨과 같은 한국 음식을 쉽게 찾아볼 수 있다.

현재 튀르키예에는 두 개 정도의 한국 식당 브랜드가 있다. 첫 번째는 '소풍'으로, 중학교 시절 튀르키예로 이민 온 한국 청년이 2016년에 창업해 현재 14개 도시에서 16개의 가맹점을 운영 중이다. 주로 분식류와 닭고기, 채소를 활용한 메뉴를 판매하며, 가장 많은 가맹점을 보유하고 있다. 두 번째는 '코렐리Koreli'로, 2021년에 설립되어 앙카라, 이즈미르, 안탈리아 3개 도시에 5개의 체인을 운영 중이다.

한국 식당의 확산은 튀르키예 사람들이 한국문화를 접할 수 있는 가장 손쉬운 경로 중 하나로 매우 반가운 일이다. 하지만 한 가지 아쉬운 점은 요리사가 현지인인 경우가 대부분이라는 점이다. 현지인의 입맛을 고려한 조리라고 해도, 한국에서 맛보던 음식과는 꽤 차이가 나는 경우가 많다. 이러한 차이는 한국 음식을 처음 접하는 사람들에게 왜곡된 인상을 줄 수 있다는 점에서 우려가 된다. 튀르키예에서 한국 음식이 단순한 트렌드가 아니라 올바른 문화적 경험으로 자리 잡기 위해서

는 현지화와 동시에 한국 음식의 본래 맛과 정체성을 어떻게 지켜낼 것
인지에 대한 고민이 필요하다.

③ Lee GW

약 4년째 튀르키예 카이세리에 거주하고 있는 한 한국인(학자, 67세)의
튀르키예 한류에 대한 평가는 다음과 같다. 한류는 세계적으로 메이저
급 대중문화로 자리 매김하였다. 특히 그 중심에 있는 튀르키예는 한류
팬이 많고 다양한 부분에서 한류에 대한 호감도가 높은 나라다. 다만,
40대 이후의 튀르키예 사람들의 이해를 돕기 위해 한국인들의 알림 정
보 사이트가 필요하다고 본다. 한류는 기쁨과 감동만을 즐기기 위한 것
만이 아닌 진정한 인류 사랑의 실천과 평화를 위한 한국 대중들의 노력
이라는 점도 알렸으면 좋겠다.

④ Lee JH

약 25년째 튀르키예에 거주하고 있는 한 한국인(학자, 57세)의 튀르키
예 한류에 대한 평가는 다음과 같다. 한류는 튀르키예에서 교육, 음
악, 드라마, 음식, 경제 등 다양한 분야와 일상에서 그 영향력을 확대
하고 있으며 이는 한국문화에 대한 긍정적 인식과 특별히 한국어 학
습 열기로 이어지고 있는 것 같다. 2010년대를 기점으로 특히 한국어

교육에 대한 수요가 급증하고 있는 것 같다. 튀르키예 내 국립대학교 세 곳(앙카라대학, 에르지예스대학, 이스탄불대학)에 한국학 관련 전공학과가 설치되어 있으며, 이 밖에도 튀르키예 내 주요 도시에 설립되어있는 세종학당 및 사설학원 등을 통해 한국어 교육과정이 운영되고 있다. 또한 여러 대학교에서 학생들의 한국어 학습에 대한 수요가 커지면서 한국어 강좌가 교양과목으로 운영되거나 활성화되고 있다. 현재 튀르키예 내 대학에서 한국어 교양 강의가 이루어지는 주요 대학들은 앙카라대학교Ankara University, 추쿠로바대학교Çukurova University, 마르마라대학교Marmara University, 보아지치대학교Boğaziçi University, 이스탄불문화대학교Istanbul Kultur University, 코자엘리대학교Kocaeli University, 카파도키아대학교Cappadocia University, 이스탄불대학교Istanbul University, 예디테페대학교Yeditepe University, 앙카라하지 바이람벨리대학교Ankara Hacı Bayram Veli University, 빌켄트대학교Bilkent University, 아나돌루대학교Anadolu University, 하제테페대학교Hacettepe University, 바쉬켄트대학교Başkent University, 가지대학교Gazi University, 알틴바쉬대학교Altınbaş University 등으로 그 수효가 점점 증가하는 추세에 있다. 또한 한국어에 대한 높은 관심은 한국으로 유학을 가고자 하는 학생과 한국 기업 취업을 희망하는 젊은 층의 증가로 이어지고 있어, 한류가 단순한 문화 현상을 넘어 실질적 교육과 인적 교류 확대에 기여하고 있다고 생각된다.

튀르키예 사람들의 한국문화에 대한 친근감과 한국 제품에 대한 선호도 높아졌다. 한국 음식은 이스탄불, 앙카라, 이즈미르 등 거의 모든 대도시와 안탈리아, 페티예, 카파도키아, 카이세리 등 관광 도시에 한국 식당이 자리 잡고 있어 한국 음식 문화가 일상에 스며들었다고 볼 수 있다. 한국 미용 제품과 화장품 관련 매장이 튀르키예 주요 도시에 확산하면서 특히 젊은 세대를 중심으로 큰 인기를 끌고 있다. 한국 드라마 등 콘텐츠를 통해 자연스럽게 접한 한국 미용 문화가 실생활 소비로 이어지는 현상이라 할 수 있다. 이러한 소비문화의 확대는 한국 브랜드의 친숙함과 튀르키예 내 브랜드 신뢰도 축적에 긍정적 역할을 하고 있다.

요약하자면 한류의 영향으로 튀르키예에서는 한국어 교육기관과 대학 강의가 급증하며 한국어 학습과 한국으로의 유학, 취업 의지가 증가하고 있다. 한국문화와 제품에 대한 친근성과 소비가 일상생활에서 확산하는 등 한국에 대한 전반적 위상이 크게 높아진 것으로 볼 수 있다.

⑤ Chae GS

약 2년째 튀르키예 카이세리에 거주하고 있는 한 한국인(학자, 69세)의 튀르키예 한류에 대한 평가는 다음과 같다. 튀르키예는 이 일대에서 드라마, 음악 등 문화콘텐츠 제작의 양과 다양성, 질 면에서 이미 독보적인 나라인 동시에 세계 시장에서 통할 만한 수준의 문화 콘텐츠 제작과 교류 능력을 갖추고 있었기 때문에 한류 문화 수용이나 한류 열풍은 자연스러운 것이었다. 이런 한류 문화가 튀르키예의 대중문화 시장에 빠르게 녹아든 원인에 대해서 살펴보고자 한다.

첫째, 튀르키예는 지정학적으로 동서양을 잇는 지리적 조건으로 인하여 문물과 문화를 수용하고 전달하는 가교역할을 해온 국가이다. 한류 문화 역시 그중의 하나라는 점이다. 둘째, 수백 년 전부터 튀르키예 고유문화가 이어져 왔는데, 서유럽 각국에서도 튀르크리Turquerie라는 튀르키예풍의 문화가 유행하기도 했다. 튀르키예는 남동유럽과 서아시아의 대중문화 강국으로 이미 남동유럽과 서아시아를 통틀어 국력과 함께 문화력을 갖추고 있는 나라였기 때문에 한류 문화 수용이 용이했다. 셋째, 튀르키예는 유럽 전역을 보더라도 영국, 프랑스, 독일, 이탈리아, 스페인과 동등한 수준으로 음악 시장을 이끌고 있으며, 영국과 프랑스처럼 자국 영화가 40~50% 이상을 차지하고 있다. 넷째, 튀르키예는 자체적 문화 콘텐츠를 제작할 경제적 자본력과 사회적인 환경을 갖추고 있다는 점이다. 튀르키예는 이슬람 국가이면서도 이집트처럼 경제적으로 빈곤하지 않으며, 사우디아라비아와 이란처럼 종교적으로도 보수적이지 않은 세속적인 사회 환경으로 독자적으로 문화산업이 발전해 온 나라였기 때문에 한류 문화 수용에 어려움이 없었다. 다섯째, 대중문화가 자국은 물론 주변 국가로 진출할 시장이 형성되었다는 점이다. 범凡 튀르크권圈인 아제르바이잔과 중앙아시아의 여러 국가, 러시아의 튀르크계 민족들이 있기 때문에 이쪽으로 진출이 유리하며 실제로 이들 나라에서도 튀르키예 대중문화의 수요가 많다. 실제로 불가리아 등 발칸반도 지역 동유럽 국가들은 경제 수준도 낮고 시장 규모가 작아서 튀르키예 문화에 의존하기도 한다. 다만, 외교적 문제로 인해 일부 주변국과 사이가 좋지 않아서 일부 국가에서 한류를 포함한 튀르키예 대중문화를 반대하는 움직임이 있는 것도 사실이다. 이란, 아프가니스탄, 시리아 등 서아시아에서는 이슬람의 규율에 어긋난다는 이유를 들어 보수적인 남성들을 중심으로 항의하는 실정이고, 동유럽 일부 국가에서는 반反 튀르키예 감정 때문에 한류를 포함한 튀르키예 대중문화 콘텐츠 수입 금지 주장이 나오기도 한다. 실제로 세르비아 등 발칸의 여러 국가는 자국 내 튀르키예 드라마의 인기에 대응하기 위해 정부 차원에서 자국 드라마 제작을 지원하기도 한다.

⑥ Jang HR

약 4년째 튀르키예 카이세리에 거주하고 있는 한 한국인(학자, 40세)의 튀르키예 한류에 대한 평가는 다음과 같다. 지난 4년간 튀르키예에서 생활하면서 한국인으로서 직접 경험한 한류의 확산은 매우 인상적이었다. 4년 전만 하더라도 많은 사람들이 한국에 대해 잘 알지 못했고, 한국을 중국이나 일본과 혼동하는 경우가 흔했다. 그러나 현재는 거리에서 만나는 많은 사람들이 한국 드라마와 K-팝을 매개로 한국에 대해 호감을 표현하며 한국문화와 언어에까지 관심을 넓혀가고 있다. 이러한 변화를 직접 목격하면서 한류가 단순한 문화 현상을 넘어 국가 이미지 제고와 국민 개개인의 사회적 위상에도 긍정적인 영향을 미친다는 사실을 실감할 수 있었다. 흥미로운 점은 한류의 영향이 특정 세대에 국한되지 않고 사회 전반으로 확산했다는 것이다. 초기에는 주로 초·중·고등학생들의 관심에서 출발했지만, 시간이 지나면서 그들의 부모 세대와 더 나아가 중년층까지 한국문화에 친숙해졌다. 한국 드라마와 K-팝을 통해 시작된 관심은 음식, 언어, 여행 등으로 이어졌으며, 한국을 방문하고 싶어 하는 사람들도 눈에 띄게 늘어났다. 이는 단순한 '한류 팬덤'을 넘어 튀르키예 사회 전반의 문화적 다양성과 수용성을 넓히는 역할을 하고 있다고 볼 수 있다.

대학교에서 한국어를 가르치는 경험 속에서도 이러한 변화는 뚜렷하게 나타난다. 최근에는 한국어문학과에 진학하는 학생들 가운데 이미 한국어를 접하거나 배운 경험을 가진 비율이 높아졌으며, 학부 졸업 이후 한국에서 대학원에 진학하거나 취업을 희망하는 학생들도 꾸준히 증가하고 있다. 이는 한국에 대한 긍정적인 이미지가 단순히 일시적 현상이 아니라, 장기적으로 학문과 전문성으로 이어질 수 있는 가능성을 보여준다. 더 나아가 튀르키예 내 한국학 연구의 저변이 확대되고, 한국 관련 전문 인력이 양성되는 기반이 마련될 수 있을 것이다.

이러한 변화는 한국인 개인에게도 긍정적인 영향을 미친다. 사회 전반에서 한국에 대한 호감도가 높아진 것은 해외에 거주하는 한국인으로서 자부심을 높이고, 사회적 교류에서 우호적인 환경을 조성한다. 동시에 이러한 관심이 단기적 유행으로 그치지 않도록 하는 노력이 필요하다. 해외에 거주하는 한국인으로서 문화교류 활동에 적극적으로 참여하고, 한국을 단순한 대중문화 소비 대상이 아니라 학문·예술·사회적 가치와 연결할 수 있도록 가교 역할을 하는 것이 중요하다. 또한 튀르키예 사람들이 한국인과 한국문화에 갖는 호감은 단순히 특정 국가에 대한 선호를 넘어 지리적으로 가장 멀리 있는 극동의 나라에 대한 친밀감으로 확장되었다는 점에서 의미가 크다. 이는 타문화에 대한 수용성을 높이고 문화적 다양성에 대한 열린 태도를 기르는 계기가 될 수 있다. 외국 문화를 이해하고 포용하는 경험은 튀르키예 사회 전반의 포용성 향상으로 이어질 수 있으며, 특히 청년 세대가 글로벌 마인드를 형성하는 데 중요한 역할을 할 것이라고 생각한다.

⑦ Lee HC

약 20년째 튀르키예 이스탄불에 거주하고 있는 한 한국인(학자, 57세)의 튀르키예 한류에 대한 평가는 다음과 같다. 미국의 할리우드 영화나 드라마, 팝송 등은 그 대안이 없을 정도로 전 세계적으로 막대한 영향력을 끼치는 문화 주도의 선봉장이며 독무대를 차지하고 있었다. 하지만 2000년 이후 한류라는 대한민국의 수많은 대중문화 요소가 전 세계로 널리 퍼져 나가기 시작하면서 여러 해외 국가들에서 유행하게 되자 음악, 영화, 드라마 등의 대중문화를 넘어 패션, 화장품, 음식, 의료관광에까지 큰 관심이 쏟아지게 되었다.

이러한 튀르키예에서의 한류 붐은 먼저 K-드라마와 함께 시작됐다고 본다. 왜냐하면 보수적인 튀르키예 국민들의 정서에 K-드라마는 할리우드 쪽의 영화나 드라마의 대안이 되었기 때문이다. 할리우드의 자유분방하고 선정적인 장면들과는 대조적으로 한국 TV 드라마에서 보이는 장면들은 폭력적이지도 선정적이지도 않은 가족 중심의 스토리를 담은 따뜻한 가족애를 보여주거나 젊은이들이 공감할 수 있는 달콤한 로맨스 위주의 이야기를 서민적으로 풀어냈다.

특히 젠틀하고 매너있는 한국 드라마 속의 남자 주인공들은 남아선호사상이 아직도 강하게 존재하는 튀르키예 여성들에게는 신선한 충격이었다고 말할 수 있다. 즉, 드라마 속의 여자 주인공에 빙의 되어 가슴이 설레기도 하고 웃고 울기도 하는 생활 밀착형 스토리에 많은 공감을 불러일으켰다.

또한 튀르키예에서 2000년대 초반에는 K-팝 팬층이 매우 미미했지만, 시간이 지남에 따라 그 수는 꾸준히 증가하기 시작했다. 특히 2010년대 이후 샤이니, 엑소, 소녀시대, 그리고 마지막으로 가장 중요한 방탄소년단의 등장으로 튀르키예에서의 K-팝 인기는 급격히 증가해 K-팝 팬층이 더욱 확대되었다. 이처럼 한국 드라마와 K-팝에 매료된 젊은이들이 이후 한국어와 한국문화에도 관심을 갖게 되었다는 점을 한류가 불러온 긍정적인 영향력으로 꼽을 수 있다. 예를 들어, 피부에 직접 와 닿을 만큼 느끼는 긍정적인 영향은 한류가 한국어에 대한 관심을 대폭 증가시켰다는 것이다.

2010년 처음 보아지치 대학교에서 한국어를 가르치기 시작했을 때에는 한국어를 알고 오는 학생 수가 거의 없었지만 점차 독학으로 공부해서 한국어를 알고 오는 학생들이 해를 거듭할수록 증가하고 있는 추세다. 한류로 인해 한국어를 선택 과목으로 수강한 학생 중 일부는 더 나아가 한국에서 대학원이나 박사 과정을 밟고 싶어 해 유학을 가기도 하였다. 그리고 예전에 동양인을 보면 '칭쳉총'이라며 비하하는 발언을 많이 했는데 그 빈도수가 줄어들고 한국인이라면 호감을 표현하는 경우가 많아졌다. 이 외에도 한류의 긍정적 파생효과의 측면은 많다고 할 수 있다.

반면에 부정적인 측면도 있다. 한류의 부정적인 영향이라기보다는 내 개인적인 안타까움이랄까? 상업적인 목적으로 돈벌이에 급급해 한국 고유의 문화 자체가 그대로 보이지 않는 경우가 있다. 예를 들어 튀르키예 내에서의 한식당 수는 늘어났지만, 식당에서 제공되는 한식은 이도 저도 아닌 정체성을 잃은 한식으로 소개가 되고 있다. 고추장 대신 살차Salça(토마토 페이스트)를 사용한다거나 밥을 지을 때도 튀르키예 사람들 입맛에 맞게 기름과 소금을 넣어서 하는 등 고유한 한국문화 홍보에 이바지하기는커녕, 튀르키예인들에게 왜곡되고 잘못된 방식으로 전파한다. 또 다른 예로 한국의 전통 의상인 한복을 원래의 모습과 다른 방식으로 제작하여 팔고 있는 일도 있어 제대로 된 한복을 알리는 데 방해가 되고 있다.

이제 한류가 전 세계를 사로잡는 거대한 문화 현상으로 자리 잡았음을 부정할 수는 없다. 동시에 단순한 문화 트렌드를 넘어 한국 경제와 사회에 막대한 영향을 끼치는 자산이 되었다. 이런 한류가 앞으로도 튀르키예에서 아주 좋은 영향력을 끼치는 문화 자산이 되길 바란다.

⑧ Kim SE

약 10년째 튀르키예 데니즐리Denizli에 거주하고 있는 한 한국인(학생, 27세)의 튀르키예 한류에 대한 평가는 다음과 같다. 한국인으로서 튀르키예에서 한국문화에 많은 관심을 가져주고 좋아해 준다는 건 분명 기쁘고 감사한 일이다. 특히 튀르키예에서는 한국 드라마, K-팝, 음식, 화장품 등 다양한 분야에서 한류가 사랑받고 있고, 실제로 한국어를 배우려는 사람들도 많아지는 걸 보면 자부심을 느끼기도 한다. 이런 문화 교류가 한국과 튀르키예 사이의 관계를 더 가깝게 만들어주는 긍정적인 면도 있다고 생각한다.

하지만 그 영향에 대해 무조건적으로 긍정적으로만 보지는 않다. 사람들의 한류에 대한 관심이 단순한 취미나 관심으로 그치면 좋겠지만, 때로는 그 관심이 너무 과해지거나 왜곡되는 경우도 있기 때문이다. 예를 들어, 한국 아이돌이나 배우들의 외모나 라이프 스타일을 이상화하거나, 드라마 속 이야기를 현실처럼 받아들이는 사람들이 있을 때는 조금 부담스럽게 느껴지기도 한다.

한국문화를 깊이 이해하고 존중하는 게 아니라 겉모습만 소비하거

    튀르키예 '인연' 정서의 거울, 코레잔(Korecan)

나 지나치게 몰입하는 일부 팬 문화를 보면 걱정되는 마음도 있다. 그래서 저는 한류가 단순한 유행이 아닌, 서로의 문화를 존중하고 진심으로 알아가려는 계기가 되기를 바란다. 튀르키예 사람들이 한국문화를 사랑해주는 만큼 한국인으로서도 튀르키예 문화에 대해 더 배우고 교류할 기회도 많아졌으면 좋겠다. 이런 교류를 통해 더 건강하고 진실된 소통이 가능해질 거라고 생각한다.

튀르키예에 거주하는 한국인들은 대체로 한류의 튀르키예 내 영향에 대해 긍정적으로 평가하고 있다. 그들에 따르면 한류는 한국의 문화, 역사, 음악, 패션 등에 대한 튀르키예 대중의 관심을 높여 두 나라 간의 문화적 친밀감과 우호적 관계를 강화하는 데 기여하고 있다. 또한 튀르키예 청년들의 한국어와 한국문화에 대한 호기심은 교육적·문화적 교류의 측면에서도 가치 있는 현상으로 받아들여진다. 한편, 일부 한국인들은 한류가 주로 대중문화 중심으로 소비되는 점을 아쉬워하며, 문화가 다소 피상적으로 이해되고 있다는 점을 지적한다. 이들은 한국문화의 깊이와 다층적인 측면이 충분히 전해지지 못하고 있다고 강조한다.

종합적으로 볼 때 한류는 튀르키예에서 전반적으로 긍정적인 영향을 미치고 있으나, 더 깊고 폭넓은 문화적 이해가 함께 발전할 필요가 있다는 의견이 제시되고 있다.

한류는 한국 정부가 세심하게 추진하는 정책으로서 그 모습을 드러내고 있다. 한국문화가 세계적으로 알려지고 사랑받는 것은 정치, 경제 등 다양한 분야에서 국가가 시행하는 소프트파워 전략의 반영이며, 이는 국가에 국제 무대에서 여러 영역에서 힘을 부여한다. 한류의 팬들은 전 세계적으로 그러하듯이 튀르키예에서도 계속 늘어나고 있다. 튀르키예에서 한국문화와 관련된 많은 요소들이 특히 젊은 세대 사이에서 수용되고 관심을 받아왔다. 이러한 팬심은 처음에는 한국 드라마를 통해 싹트기 시작했고, 이어 K-팝, 한국 음식, 그 밖의 한류 상품들이 튀르키예의 미디어와 디지털 플랫폼에서 자리를 잡으며 시청자들에 의해 세심하게 팔로우되었다. 한류 스타들에 대한 팬심은 한국문화에 대한 관심과 결합했고, 자연스러운 결과로 '한국인처럼 살고, 한국인처럼 보이고, 한국 음식을 맛보고 싶다'와 같은 욕구가 생겨났다. 이러한 현상은 한류가 단순한 대중문화 흐름이 아니라, 개인의 생활 방식, 감정, 정체성 인식에까지 영향을 미치는 강력한 문화적 힘임을 보여준다.

지금까지 한류가 튀르키예에서 어떻게 수용되었는지, 그리고 한국 드라마와 K-팝이 왜 이렇게 빠르게 인기를 얻었는지를 살펴보았다. 이를 위해 논문, 학위논문, 서적 등을 세심하게 검토하였으며, '한류', '코리안 웨이브', '튀르키예', 'K-팝', '한국 드라마', '한국과 대중문화'와 같은 핵심 개념을 중심으로 다양한 자료에 접근하였다.

한 가지 주목할 만한 점을 발견했는데, 튀르키예에서 이루어진 연구 대부분은 한류, 특히 K-팝에 집중되어 있어 한국 드라마와 음악이 튀

르키예 사회에서 왜 이토록 큰 관심을 받는지를 충분히 설명하지 못한
다. 이러한 공백을 메우기 위해 필자는 K-드라마, K-패션, K-화장품,
K-음식, K-교육, K-문학 등 세부 분야를 중심으로 한국 팬들을 분석
하였으며, 아울러 한국인의 시각에서 본 튀르키예 내 한류의 영향도 고
찰했다.

튀르키예에서 한국문화가 쉽게 수용될 수 있었던 데에는 문화적 유
사성과 역사적 연관성이 중요한 역할을 했지만, 한류의 진정한 매력은
의심할 여지 없이 감정에 다가갈 수 있는 능력에 있다. 이러한 영향을
일종의 '감정 거래'라고 정의할 수 있다. 시청자에게 제공되는 완전히
다른 감정의 세계, 청중에게 선사되는 열정, 팬에게 전달되는 소속감과
정체성의 느낌… 이러한 맥락에서 한류는 단순한 대중문화 소개를 넘
어 마음에 울림을 주고 개인의 선택을 형성하며, 젊은 세대의 정체성
인식을 변화시키는 강력한 문화적 흐름으로서 튀르키예와 전 세계에서
계속해서 존재감을 발휘하고 있다.

한국의 관점에서 볼 때, 이 현상은 동시에 방대한 문화적 자산이 능
숙하게 상업화되는 것을 의미한다. 예술과 시장, 감정과 소비 사이의
경계가 희미해지고, 문화는 정체성을 담는 매개이자 글로벌 산업으로
다시 재구성된다.

이러한 과정은 한류의 영향을 개인적 취향의 범위를 넘어 확장시키
며, 경제적 협력을 강화하고, 문화 외교에 기여하며, 국제 관계에서 소
프트파워 요소로서 기능하게 한다. 더 나아가, 한류가 젊은 세대에게

미치는 영향은 단순히 미적이거나 오락적인 차원에 국한되지 않는다. 이 문화적 흐름은 그들의 생활 방식, 가치관, 소비 습관을 형성하며, 일상생활과 선택, 심지어 정체성 형성 과정까지 깊숙이 침투한다.

이로써 한국문화는 단순한 상품이나 오락 요소를 넘어, 개인의 감정적·사회적 세계에 영향을 미치는 강력한 힘으로 자리 잡게 된다. 한류의 이러한 다층적인 영향력은 현대 대중문화가 어떻게 전 세계적인 현상으로 자리 잡을 수 있는지, 한 국가의 문화적 자산이 개인적·사회적 차원에서 어떻게 변형될 수 있는지를 보여준다. 한국의 대중문화는 이제 단순한 정체성의 매개체를 넘어, 경제적·외교적·감정적 힘으로 시대의 중심에 영향을 미치고 있다.

PART V

띵 이 등장한 세상, 태국

빠릿 인센
Parit Yinsen

—

쏭클라나카린대학교

빠릿 인센은 태국 쏭클라나카린대학교(มหาวิทยาลัยสงขลานครินทร์, Prince of Songkla University) 한국어과 정교수로 재직하고 있습니다. 태국 쏭클라나카린대학교 초등교육학과를 졸업한 후, 전주대학교 대학원에서 한국학 석사 학위를, 국어학 박사 학위를 취득하였습니다. 현재 태국 교육부 산하 기초교육원 소속 중·고등학교 한국어 교육과정 위원장으로 활동하고 있습니다.

대표적인 저서에는 『한국어문법 입문』(2005), 『한국어 형태론 및 통사론』(2005), 『한국어 음성학』(2011), 『한국어와 한국 문화』(2025), 『한국 민속학』(2026) 등이 있으며, 주요 연구 논문으로는 「태국에서의 한국어 교육 정책에 대한 연구」(2011), 「태국에서 한류의 확산에 대한 연구」(2007), 「태국에서 체류하는 한국인의 정체성에 대한 연구」(2010), 「태국 신문에 나타난 한국인의 이미지에 대한 연구」(2010), 「한국과 태국의 뱃고사에 대한 비교 연구」(2023), 「한국의 풍농점에 대한 연구」(2025) 등이 있습니다.

"한국 드라마는 인물 간의 관계, 감정의 흐름, 그리고 캐릭터의 성장 과정을 섬세하고 깊이 있게 묘사하는 서사적 특징을 지니고 있다. 사랑, 유대감, 상실, 역경 극복과 같은 다양한 감정 요소를 효과적으로 전달함으로써 시청자들은 등장인물의 감정 상태와 서사적 맥락에 쉽게 공감하게 된다. 이와 같은 감정 서사의 구축은 시청자와 드라마 사이에 일종의 '정서적 공유 공간'을 형성하며, 이는 시청자가 이야기 속으로 몰입하여 지속적으로 서사를 따라가게 만드는 중요한 요소로 작용한다."

한류라 불리는 한국 대중문화의 세계적 확산은 21세기 초 이후 아시아 각국을 비롯한 전 세계에서 뚜렷하게 나타나는 문화 현상이다. 특히 태국은 한류가 비교적 이른 시기부터 자리 잡은 대표적인 국가 중 하나로 평가된다. 2000년대 초반, 한국 드라마 〈가을동화〉, 〈겨울연가〉, 〈풀하우스〉 등이 태국 방송을 통해 방영되면서 한국문화에 대한 대중의 관심은 급속도로 확대되었다. 이러한 드라마들은 사랑, 가족, 희생, 인간관계와 같은 보편적 정서를 섬세하게 그려내어 태국 시청자들의 감정적 공감을 불러일으켰으며, 그 결과 한류의 초석을 다지는 계기가 되었다. 특히 〈대장금〉은 태국 내 한류 확산의 결정적인 전환점으로 평가된다. 이 드라마는 단순한 오락 콘텐츠를 넘어 한국의 음식문화·의복·의례·도덕적 가치관 등을 자연스럽게 보여주며 태국 시청자들에게 깊은 인상을 남겼다. 이후 태국 내 한류는 드라마와 영화의 차원을 넘어 사회·경제·기술·교육 등 다양한 영역으로 확장되었으며, 한국문화는 일시적인 유행을 넘어 하나의 생활 양식으로 자리 잡게 되었다.

한편, 2010년대에 들어서면서 한국 대중음악, 즉 K-팝이 태국 사회에서 폭발적인 인기를 얻게 되었다. TVXQ, Super Junior, Girls' Generation, BIGBANG과 같은 1세대 아이돌 그룹은 물론, BTS, BLACKPINK 등 신세대 아티스트들은 태국 청소년들에게 '성공'과 '노력', '프로페셔널함'의 상징으로 인식되고 있다. 이들은 단순한 음악적 우상이 아니라 태국 젊은 세대의 패션, 언어 사용, 미디어 소비 행태, 음악적 취향 등에 광범위한 영향을 미치며 새로운 문화적 기준을 형성하고 있다. 이와 같은 현상은 한류가 단기간에 소비되고 사라지는 유행이 아니라, 태국 사회 속에 깊이 뿌리내린 문화적 구조로 자리 잡았음을 보여준다. 한류는 태국 일부 계층의 정체성 형성, 가치관, 사회적 행동양식에도 일정한 영향을 미치고 있으며, 양국 간 문화교류의 촉진뿐 아니라 새로운 문화심리적 관계를 만들어내는 원동력이 되고 있다. 다시 말해, 한류는 단순히 '한국문화의 수출'이 아니라 태국 사회 내부에서 재해석되고 내면화된 문화적 공존의 과정이며, 현대 태국 사회의 변화와 청년 세대의 정체성을 이해하는 중요한 열쇠로 볼 수 있다.

태국의 한류 확산 과정

　태국에서 한류가 본격적으로 확산된 계기는 2000년대 초 한국 드라마의 방영이었다. 이는 기존에 한국을 전자제품 생산국, 한국전쟁 참전국, 올림픽 개최국 정도로만 인식하던 태국 사회가 한국의 민족적 정체성, 가족 중심 가치, 정서적 미학을 새롭게 이해하는 문화적 전환점이 되었다. 한국 드라마는 가족애·효·헌신·정서적 소통을 강조하는 서사 구조를 통해 태국 시청자들에게 새로운 감정적 경험을 제공하였다. 또한 사계절이 뚜렷한 한국의 자연경관은 태국인들에게 낯설면서도 매력적인 시각적 이미지를 전달하여 한국문화에 대한 관심을 더욱 높였다.

　2007년 이후 K-팝이 유튜브와 소셜미디어를 통해 확산하면서 태국 청소년층을 중심으로 한류는 새로운 국면을 맞이하였다. 이 시기 등장한 '띵ﬥ￼' 문화는 초기에는 감정적 몰입을 의미하는 부정적 표현이었으나, 점차 한국 대중문화를 매개로 문화 간 이해와 소통을 주도하는 적극적 팬덤 주체를 의미하는 긍정적 개념으로 변화하였다. 태국의 팬덤은 단순한 음악 소비자를 넘어 콘텐츠를 재해석·재생산하고, 팬 프로젝트나 사회적 기부 활동을 조직하는 등 문화 생산자이자 문화 매개자의 역할을 수행하며 한류 확산의 핵심 기반이 되었다. 디지털 플랫폼의 발달은 K-팝의 세계화와 함께 태국 내 한류의 일상화를 가속화하였다. 온라인 공간에서 형성된 팬 커뮤니티는 집단적 정체성과 소속감을 강화하는 동시에 한국문화 요소를 태국 사회에 지속적으로 유입시키는 중요한 사회문화적 장으로 기능하였다.

한류는 문화 소비를 넘어 경제·식문화·관광 분야에도 뚜렷한 영향을 미쳤다. 한국 드라마·영화·음악·게임의 수입 증가로 한국은 태국의 주요 문화 수입국이 되었으며, 한국산 전자제품·화장품·패션은 현대성과 세련됨의 상징으로 자리 잡았다. 한식은 대중화되었고 방콕의 '코리안 타운'은 대표적 한식·문화 공간으로 성장했다. 또한 드라마 촬영지를 방문하는 관광 수요 증가로 태국인의 한국 방문이 꾸준히 확대되었으며, 이는 관광·서비스 산업 발전의 문화경제적 동력으로 작용했다. 한국 기업의 태국 진출 또한 한류와 맞물려 확대되었다. 1990년대 이후 삼성·현대 등 대기업이 현지 사업장을 설립하면서 전자·식품·관광·유통 등 다양한 분야에서 경제적 상호 의존성이 강화되었다. 이는 고용 창출뿐 아니라 한국 제품·서비스에 대한 신뢰도 향상으로 이어져 양국 경제 협력의 기반을 공고히 했다.

한류는 태국 청소년의 정체성, 패션, 젠더 인식에도 변화를 초래하였다. 드라마와 K-팝의 미적 코드와 행동양식은 태국 청소년의 자기표현 방식에 영향을 미쳤으며, 특히 자연스러움·부드러움·세련됨을 강조하는 한국적 미(美)는 청소년층을 중심으로 새로운 미적 기준으로 자리 잡았다. 또한 한국의 공동식사 문화나 생활양식은 태국 사회에서 새로운 사회적 유대 형식으로 받아들여지고 있다. 언어적 측면에서도 한류는 독특한 변용 현상을 촉발하였다. 〈대장금〉 이후 한국어 어휘는 태국어로 차용되거나 변형되어 새로운 언어유희적 표현을 생성하였으며,

'오빠', '언니', '사랑해' 등 한국어 표현은 감정 표현의 대안으로 활용되었다. 더 나아가 한류는 태국어 속 외래어 창조, 음악 리메이크, 신조어 생성 등 언어적 혼종성을 강화하며 문화 간 소통의 새로운 모델을 제시하였다. 한국어 교육 또한 한류 확산의 직접적 성과로 평가된다. 1986년 교양과목으로 시작한 한국어 교육은 현재 약 18개 대학과 여러 중·고등학교까지 확산했으며, 장학금·교재 지원·교원 연수 등 제도적 협력이 더해져 양적·질적 성장을 이루었다. 이는 언어 학습을 넘어 문화 교류의 기반을 확장하는 역할을 하고 있다. 마지막으로, 태국 내 한국인의 거주 증가와 한인타운의 확대는 한류 이후 양국 간 문화·경제·사회적 연계를 더욱 강화하는 구조적 변화로 이어지고 있다. 이러한 변화는 한류가 태국 사회에서 일시적 유행이 아니라 심층적 문화교류와 상호 이해를 촉진하는 지속적 현상임을 입증한다.

문화심리학으로 본 태국 한류

태국에서 한류가 장기간에 걸쳐 확산함에 따라 태국 사회는 한국문화 전반에 대해 깊은 관심과 친밀감을 형성하게 되었다. 특히 청소년과 젊은 세대를 중심으로 한류에 대한 선호가 두드러지며, 이러한 현상은 단순히 대중문화 향유를 넘어 태국인의 문화 소비 양식과 일상생활 전반에까지 폭넓은 영향을 미치고 있다. 실제로 한국 음식·화장품·패션·생활용품에 대한 수요가 지속적으로 증가하면서 한국문화는 태국 사회 속에 자연스럽게 스며들어 하나의 생활 문화로 자리매김하고 있다.

아울러 한류 열풍은 교육적 영역으로도 확산하여 현재 태국의 한국어 학습자가 5만 명을 넘어 전 세계에서 가장 높은 수준을 기록하고 있다는 점은 한류의 영향력이 얼마나 심층적으로 작용하고 있는지를 잘 보여준다. 이와 같이 다층적으로 확산한 한류의 영향은 태국 사회가 한국문화를 수용하고 향유하는 다양한 양식을 통해 구체적으로 드러난다. 따라서 태국인들이 선호하는 한류의 양상은 다음의 중요 영역에서 체계적으로 논의할 수 있다.

한국 드라마

태국에서 한국 드라마는 한류 콘텐츠 가운데 가장 높은 선호도를 보이는 분야로 평가된다. 특히 태국 내 한국 드라마에 대한 관심은 〈가을동화〉가 현지 방송을 통해 방영되기 시작하면서 본격적으로 확대되었으며, 이는 태국 사회에서 한류가 체계적으로 형성되기 시작한 초기 단계로 이해될 수 있다. 이어서 방영된 〈대장금〉은 건강, 음식 문화, 가족 서사 등 다양한 요소를 바탕으로 남녀노소를 아우르는 폭넓은 시청층을 확보함으로써 한국 드라마의 영향력이 특정 연령층을 넘어 전 세대

 떵(鍮)이 등장한 세상, 태국

로 확산되는 데 결정적인 역할을 하였다.

이와 같은 선호는 태국인의 관광 행태에도 영향을 미쳐, 한국 드라마 촬영지를 방문하려는 여행 수요가 지속적으로 증가하는 현상으로 이어지고 있다. 한류가 태국에 처음 유입되던 시기에는 태국 사회의 한국에 대한 인식이 상당히 제한적이었다. 당시 태국인들은 한국을 주로 한국전쟁 발발국으로, 1988년 서울올림픽의 개최국, 혹은 삼성과 같은 일부 기업 브랜드를 통해 간접적으로만 인지하고 있었다. 다시 말해, 그 시점에서 태국인이 접할 수 있었던 한국의 사회·문화·일상생활에 대한 정보는 매우 제한적이었다.

이러한 상황에서 한국 드라마가 태국에 소개되기 시작하자, 이는 태국 시청자들에게 한국을 다양한 측면에서 이해할 수 있는 새로운 창窓을 제공하는 중요한 문화 매개체로 작용하였다. 드라마를 통해 시청자들은 한국의 자연환경과 계절, 일상생활의 모습, 현대적 도시 문화, 그리고 동시대적 사회상이 보다 생생하게 전달되면서 한국에 대한 시각이 점차 폭넓고 다층적으로 확장되었다. 특히 〈가을동화〉의 방영은 태국 시청자들에게 한국의 강한 인상을 남긴 대표적인 사례로 평가된다. 이 드라마는 한국의 가을과 겨울 풍경을 주요 장면으로 담아내었는데, 이는 열대 기후를 지닌 태국과는 분명하게 구별되는 계절적 특성을 보여주는 것이었다. 단풍이 물들어 가는 모습과 눈이 내리는 장면은 한국 자연의 아름다움을 시각적으로 전달함과 동시에 태국 시청자들에게 신선한 매력과 감동을 불러일으켰다. 이와 같은 시각적 경험은 시청자들로 하여금 한국에 대한 친밀감을 형성하도록 만들었으며, 결과적으로 〈가을동화〉는 태국 사회가 한국문화를 폭넓게 수용하고 호감 있게 인식하게 만든 중요한 출발점으로 작용하였다.

또한 한국 드라마의 인기가 지속적으로 확산한 배경에는 배우들의 사실적이고 섬세한 연기력이 중요한 요인으로 작용하였다. 한국 배우들은 체계적이고 엄격한 연기 훈련을 통해 전문성을 갖추고 있으며, 이를 바탕으로 감정의 변화, 갈등 구조, 그리고 인물의 성장 과정을 매우 현실감 있게 표현한다. 이러한 사실성은 시청자로 하여금 등장인물과 서사에 정서적으로 깊이 몰입하도록 만드는 핵심 요소가 되고 있다. 더불어, 한국 드라마의 서사 전개 방식, 특히 갈등 장면에서 두드러지는 점은 폭력적 충돌보다는 대화를 통한 논리적 설득, 감정의 조율, 언어적 대면을 중심으로 이루어진다는 점이다. 이는 당시 태국 드라마에서 흔히 나타났던 신체적 충돌이나 과도한 폭력을 중심으로 한 사건 전개 방식과는 차별화되는 지점으로 태국 시청자들에게 새로운 서사적 경험을 제공하였다. 이와 같은 서사 방식의 차이는 태국 시청자들이 한국 드라마에 신선함을 느끼게 하는 중요한 요인이 되었으며, 결과적으로 한국 드라마가 태국 사회에서 폭넓은 인기를 확보하는 데 크게 기여하였다.

한국 드라마가 태국에서 폭넓은 인기를 얻는 또 하나의 중요한 이유는 다양한 차원에서 현실의 삶을 반영한 서사를 제시하고 있다는 점이다. 시청자들은 드라마 속에서 직업적 문제, 가족 관계, 사회적 갈등 등 일상생활과 밀접하게 연관된 주제를 쉽게 발견할 수 있다. 예를 들어

   땅(所)이 등장한 세상, 태국

의사, 변호사, 혹은 기타 전문 직종을 다룬 드라마들은 실제 업무 과정, 직업 윤리, 그리고 직무상 압박감 등을 사실적으로 묘사하는데, 이를 통해 시청자는 높은 공감대를 형성한다. 이처럼 드라마가 현실 속 경험과 맞닿아 있을 때 시청자들은 등장인물의 이야기가 '현실의 일부'처럼 느껴지며, 그 속에서 제시되는 가치, 문제 해결 방식, 그리고 삶의 태도를 자신의 일상에 적용하거나 성찰의 계기로 삼을 수 있게 된다.

아울러 한국 드라마는 인물 간의 관계, 감정의 흐름, 그리고 캐릭터의 성장 과정을 섬세하고 깊이 있게 묘사하는 서사적 특징을 지니고 있다. 사랑, 유대감, 상실, 역경 극복과 같은 다양한 감정 요소를 효과적으로 전달함으로써 시청자들은 등장인물의 감정 상태와 서사적 맥락에 쉽게 공감하게 된다. 이와 같은 감정 서사의 구축은 시청자와 드라마 사이에 일종의 '정서적 공유 공간'을 형성하며, 이는 시청자가 이야기 속으로 몰입하여 지속적으로 서사를 따라가게 만드는 중요한 요소로 작용한다. 결과적으로 이러한 방식은 시청 경험을 더욱 깊고 풍부하게 하여 드라마의 감동과 여운이 장기적으로 유지될 수 있는 기반을 마련한다.

한국 드라마가 태국 시청자들로부터 높은 인기를 얻는 또 하나의 중요한 요인은 서사 구성 과정에서 '민속문화'와 '전통 신앙' 요소를 정교하게 재해석하여 활용한다는 점에 있다. 태국 사회는 본래 설화, 민간신앙, 각종 의례 등 전통문화적 요소에 대한 관심이 매우 높은데, 한국 드라마는 이러한 관심 지형과 부합하는 문화적 모티프를 효과적으로 서사 속에 통합하고 있다. 즉, 한국 드라마는 한국 고유의 민속적 세계관을 반영하는 전설, 귀신 서사, 영혼과 신神의 개념, 전통 의례, 토속적 지혜 등을 현대적 감각으로 재구성하여 시청자에게 제시함으로써 강한 몰입감과 문화적 흥미를 불러일으킨다. 특히 이러한 전통 요소 중 일부는 태국 사회의 민속 신앙 및 일상적 문화 경험과 유사한 측면을 지니고 있어 태국 시청자들이 더욱 쉽게 공감하고 관심을 갖게 만드는 요인으로 작용한다. 이와 같이 한국 드라마의 전통문화 활용은 단순한 소재적 도입을 넘어, 상징 체계·의례적 구조·민속적 상상력을 현대적 서사 방식과 결합한 문화적 재창조로 평가할 수 있으며, 이는 태국 시청자층의 문화적 선호와 정서적 감수성을 효과적으로 반영하는 전략적 요소로 기능하고 있다.

또한 태국 시청자들은 한국문화, 특히 유교적 전통에 기반한 한국의 고유 문화를 보다 심층적으로 이해하고자 하는 관심을 지속적으로 보여 왔다. 한국 사회의 전통문화는 가족 관계, 효孝의 가치, 일상적 삶 속의 의례적 실천 등 여러 측면에서 태국 사회와 유사한 구조를 지니고 있어 태국 시청자들은 한국의 관습과 신앙이 태국의 그것과 어떠한 점에서 유사하며 또 어떠한 점에서 다른지를 비교하고자 하는 문화적 호기심을 갖게 된다. 다시 말하면 태국 사회는 건강 증진과 길복吉福을 가져다준다고 인식되는 각종 민속신앙적 요소를 포함한 한류 문화 콘텐츠에 대해 상당한 관심과 호의적 태도를 보이며, 이와 같은 상징 체계와 세계관을 문화적으로 수용하고 내면화하는 데 비교적 개방적인 경향을 드러낸다.

한국 드라마는 이러한 전통 요소들을 단순히 노출하는 방식이 아니라 장면 구성, 의상, 생활 도구, 의례 절차, 그리고 등장인물 간의 관계 양상 속에 자연스럽게 스며들게 함으로써 시청자에게 무리 없이 전달한다. 이는 시청자에게 억지스러운 문화 수용을 강요하지 않으면서도, 한국문화의 핵심적 가치와 미학을 은근하고 유기적으로 체험하게 하는 서사적 전략으로 평가할 수 있다. 나아가 한국의 오래된 전통문화와 상징 체계를 현대적 서사 구조 안에서 재해석하여 제시하는 방식은 전통과 현대가 조화를 이루는 문화적 감수성을 형성하며, 태국 시청자들로 하여금 한국문화의 아름다움과 깊이를 보다 입체적으로 이해하도록 돕는 역할을 한다.

한국 드라마가 태국 사회에서 지속적으로 높은 인기를 얻는 또 하나의 중요한 요인은 드라마 속에 제시되는 사회적 가치관이 태국인의 생활세계와 긴밀하게 맞닿아 있다는 점이다. 예컨대 효孝, 연장자에 대한 존중, 가족 중심적 가치, 어려움을 극복하기 위한 근면성과 성실성 등은 태국 사회에서도 오랫동안 중시되어 온 핵심 가치들이다. 이러한 가치들이 드라마 서사 속에서 자연스럽게 구현될 때, 태국 시청자들은 등장인물의 행동과 감정에 쉽게 공감하며, 이야기 자체와도 높은 수준의 정서적 동일시를 형성하게 된다. 이러한 제작 품질은 드라마 전반에 걸쳐 영화 수준의 정교함을 구현함으로써, 시청자들에게 높은 몰입감과 미적 만족을 제공하는 데 기여하고 있다. 세부적 요소에 대한 치밀한 접근 또한 한국 드라마의 매력을 강화하는 핵심 요인으로 평가된다. 장면 배치, 의상, 색채 활용 등과 같은 미시적 요소는 물론 카페 문화, 관광지, 패션, 도시인의 라이프스타일 등 동시대적 문화 특징을 자연스럽게 삽입하는 방식은 드라마 전개의 풍부함을 높이는 데 크게 기여한다. 이러한 정교함은 작품의 미적 완성도를 제고할 뿐만 아니라, 시청자가 극중 세계를 보다 생생하고 현실감 있게 체험하도록 하는 중요한 장치로 작용하여 높은 몰입감을 형성한다.

또한 태국 시청자들 사이에서 한국 드라마의 인기를 강화하는 중요한 요인으로는 매력적인 배우들의 역할과 이른바 '스타 시스템Star System'이라 불리는 체계적인 인재 양성 구조를 들 수 있다. 한국의 대중문화 산업은 배우에 대한 철저하고 엄격한 훈련 체계를 기반으로 하여 연기력, 인성 관리, 감정 표현 능력, 그리고 공적 영역에서의 이미지 구축에 이르기까지 다각도의 전문성을 강화하고 있다. 이러한 체계적 훈련의 결과, 배우들은 높은 수준의 사실성과 섬세함을 갖춘 연기를 선보이며, 극중 인물의 정서와 내면을 설득력 있게 전달함으로써 시청자의 몰입과 공감을 효과적으로 끌어낸다. 아울러 한국 대중문화 산업 특유의 세밀한 외모 관리와 이미지 구축은 배우들에게 추가적인 매력과 시청자에 대한 강한 흡인력을 부여하는 요소로 작용한다. 뿐만 아니라 소속사를 중심으로 한 체계적인 팬덤 관리, 팬들과의 지속적인 소통 활동, 그리고 다양한 소셜미디어 플랫폼을 활용한 상호작용 등은 견고한 팬 기반을 형성하는 데 중요한 역할을 한다. 이러한 구조적이고 조직적인 팬덤 시스템은 배우와 드라마 콘텐츠가 상호 보완적으로 시너지를 발휘하도록 만들며 결과적으로 한국 드라마가 태국 사회에서 지속적이고 폭넓은 인기를 유지하는 데 중요한 동력으로 작용하고 있다.

한국 드라마의 인기를 높이는 또 하나의 요인은 서사 구조의 설계가 간결하고 명확하며 불필요하게 늘어지지 않는다는 점이다. 대부분의 한국 드라마는 서사의 깊이와 완성도를 유지할 수 있을 만큼 적절한 분량으로 구성되어 있어 전개가 지나치게 빠르거나 느슨하지 않도록 균형 있게 조절된다. 이러한 구성 방식은 시청자가 이야기의 흐름을 자연스럽고 지속적으로 따라갈 수 있게 하며, 작품 전체에 대한 집중력과 흥미를 유지하도록 돕는다. 결과적으로 시청자는 보다 높은 만족감을 느끼며, 이는 한국 드라마가 지속적으로 사랑받는 중요한 요인으로 작용한다. 한국 드라마가 장기간에 걸쳐 지속적인 인기를 확보하게 된 또 하나의 중요한 요인은 장르의 다양성에 있다. 한국 드라마는 로맨스, 코미디, 드라마, 수사물, 판타지, 미스터리, 액션, 의학, 법정물 등 다양한 장르를 포괄할 뿐만 아니라, 전통문화적 요소를 함께 담아내는 사극史劇에 이르기까지 폭넓은 스펙트럼을 형성하고 있다. 이러한 장르적 다양성은 서로 다른 연령대와 취향을 지닌 시청자층을 동시에 포용할 수 있는 기반을 제공한다. 더 나아가 각 장르는 명확한 정서적 분위기와 감정적 '톤'을 지니고 있어 따뜻함·희망·긴장감·유쾌함 등 서로 다른 감정적 경험을 시청자에게 제공한다. 이러한 특징으로 인해 시청자들은 자신의 관심사와 감정적 필요에 부합하는 콘텐츠를 선택할 수 있으며, 이는 한국 드라마가 아동부터 노년층에 이르기까지 폭넓고 안정적인 시청자층을 형성하는 데 크게 기여하고 있다.

또한 한국 드라마를 통해 관찰할 수 있는 중요한 측면 중 하나는 등장인물의 성격과 가치관을 통해 재현되는 한국인의 '문화적 정체성'이다. 드라마 속 인물들은 대체로 근면성, 성실성, 목표 지향적 태도, 그리고 지속적 발전을 중시하는 특성을 일관되게 보여주는데, 이는 현대 한국 사회가 지니는 사회문화적 이미지와도 밀접하게 부합한다. 이러한 특성은 한국 사회에 깊이 자리한 '한恨'과 '정情'의 정서 구조, 그리고 성취를 위해 끊임없는 노력을 강조하는 유교적 가치관과도 맞닿아 있다.

한국 드라마의 여러 작품은 학생, 직장인, 의사, 변호사, 노동자 등 다양한 사회 구성원들이 처한 현실적 도전과 사회·경제적 압박을 사실적으로 묘사하며, 이들이 목표 달성을 위해 고군분투하는 과정을 강조한다. 예컨대 가족을 부양하기 위해 여러 직업을 병행하며 고된 노동을 감내하는 인물, 대학 입시나 취업 경쟁에서 성공하기 위해 청춘을 바쳐 노력하는 젊은 세대, 전문 직업군에서 위기 상황을 극복하기 위해 전문성을 발휘하는 인물 등의 서사는 한국 사회가 중시하는 자기계발, 끈기, 그리고 역경 극복의 가치를 드라마 서사를 통해 구체적으로 드러낸다. 이러한 묘사는 단순한 극적 장치를 넘어 한국 사회의 규범적 가치 체계를 반영하는 서사적 요소로 기능한다. 즉, 한국 드라마는 한국인이 지향하는 성취 중심적 문화와 부단한 노력의 미덕을 시청자에게 생생히 전달하며, 이를 통해 한국 사회의 문화적 정체성을 이해할 수 있는 실질적 단서를 제공한다. 한국 드라마 속 인물들이 보여주는 강한 의지와 성실성은 태국 시청자들의 선호와도 일치한다. 태국 사회 역시 근면함과 자립을 위한 노력에 높은 가치를 부여하는 문화적 특성을 지니고 있기 때문이다. 따라서 태국 시청자들은 드라마 속 등장인물들이 어려움을 극복하고 목표를 향해 꾸준히 노력하는 모습을 접할 때 깊은 공감과 정서적 유대감을 형성하게 된다. 이러한 인물상의 제시는 시청자들로 하여금 캐릭터의 가치와 태도를 긍정적으로 평가하게 만들며, 나아가 해당 서사가 실제 삶에서의 동기 부여와 자기 성찰의 계기로 작용하도록 한다. 결국 한국 드라마는 시청자에게 단순한 오락을 넘어 삶의 방향성과 의지를 고취시키는 의미 있는 문화적 자원으로 기능하고 있다.

▌태국의 K-팝

베이비복스Baby V.O.X.와 같은 1세대 한국 음악 그룹의 태국 진출은 태국 사회에서 K-팝에 대한 관심이 본격적으로 확산하는 데 중요한 계기로 작용하였다. 이들 그룹은 노래와 춤을 정교하게 결합한 체계적인 퍼포먼스를 선보였으며, 독창적이고 에너지 넘치는 안무는 태국 시청자들에게 신선한 자극과 즐거움을 제공하였다. 이러한 흥미와 즐거움은 태국 소비자들이 한국 대중음악에 관심을 갖기 시작하는 초기 동인이 되었으며, 이후 K-팝의 대중적 확산을 견인하는 기반이 되었다.

한국 대중음악의 주요 특징은 뛰어난 리듬감, 강렬하고 반복적인 훅

hook, 그리고 쉽게 기억되는 가사와 멜로디 구성에 있다. 이러한 음악적 요소들은 청취자가 곡을 빠르게 인지하고 받아들이도록 하여 음악의 확산 속도를 가속화하는 기능을 한다. 더불어 K-팝은 높은 수준의 뮤직비디오 제작 품질로도 잘 알려져 있다. 세련된 연출, 시각적 이미지를 고려한 촬영 기법, 독창적인 촬영 장소의 활용, 체계적으로 설계된 퍼포먼스 안무 등은 작품의 미적 완성도를 높이는 동시에 기존의 음악 콘텐츠와 차별화되는 신선함을 제공함으로써 시청자들에게 강한 매력을 부여한다.

또한 한국의 많은 대중음악 예술가들은 음악 활동뿐만 아니라 스포츠, 연기, 전문적인 무용 등 다양한 분야에서 두드러진 역량을 보유하고 있어 이러한 다재다능함은 시청자들에게 높은 호감과 지속적인 관심을 불러일으키는 요인으로 작용한다. 아울러 한국의 글로벌 대중문화 전략은 일부 아이돌 그룹에 태국 국적의 멤버를 포함시키는 방식과 같은 문화적 접근 전략을 활용하고 있는데, 이는 태국 대중에게 문화적 친밀감을 강화하는 동시에 K-팝에 대한 선호와 지지를 한층 높이는 데 중요한 역할을 하고 있다.

팬덤과의 소통 측면에서 K-팝 산업은 디지털 플랫폼 기반 콘텐츠의 생산과 확산을 중시한다. 비하인드 영상, 리얼리티 프로그램, 쇼트폼 short-form 클립, 그리고 다양한 소셜미디어를 통한 소통 등은 팬들이 아티스트의 일상과 활동을 보다 밀착하여 경험할 수 있도록 지원한다. 이러한 디지털 소통 방식은 팬들에게 심리적 근접성과 참여감을 제공함으로써 장기적으로는 아티스트에 대한 정서적 유대감과 충성도를 강화하는 핵심 요인으로 작용한다.

더불어 아티스트의 성장 배경, 특히 어려운 환경을 극복하며 데뷔에 이른 사례에 대한 인식은 태국 시청자들의 공감과 연민, 나아가 존경심을 증대시키는 중요한 요인으로 작용한다. 이러한 서사는 근면성, 성실성, 인내, 목표 지향성과 같은 사회적 가치와 긴밀히 연결되어 있으며, 이는 전통적으로 태국 사회가 중시해 온 규범적 가치와도 상응한다. 그 결과 태국의 시청자들은 아티스트의 서사와 감정적으로 더욱 밀접하게 연결되며, 이는 K-팝 아티스트와 그들의 작품에 대한 지속적이고 심화된 선호로 이어지는 중요한 기반을 형성한다.

한국 대중음악에 대한 선호는 특정 아티스트를 중심으로 한 팬 커뮤니티fan community의 형성을 촉진하였다. 특정 가수를 좋아하는 이들은 자연스럽게 동일 아티스트를 지지하는 집단으로 결속하며, 콘서트나 팬미팅과 같은 공식 행사에서는 체계적으로 모임을 조직하여 참여한다. 이러한 현상은 K-팝이 동일한 취향·관심·세계관을 공유하는 개인들에게 사회적 공간social space을 창출하는 매개 역할을 수행하고 있음을 보여준다.

이와 같은 팬 커뮤니티는 구성원들에게 고립감 완화와 공동체 소속감sense of belonging을 제공하는 사회적 공간으로 기능한다. 특히 자아정체성을 탐색하는 시기에 있는 청소년들에게 이러한 집단은 심리적 지지 기반이자 상호 교류의 장이 되어, 정서적 안정과 자기 정체성 형성

에 중요한 역할을 수행한다. 태국 사회에서 널리 사용되는 표현인 '띵
(ติ่ง)'은 특정 아티스트에 대한 열정적 선호를 중심으로 형성된 이러한 공
동체적 문화를 반영하는 개념으로 팬 커뮤니티가 구성원들의 사회적
정체성을 형성하고 강화하는 데 기여하고 있음을 시사한다.

태국의 한국 음식

한국 음식은 태국 사회에서 지속적으로 높은 인기를 얻고 있는 문화
적 요소 중 하나로, 특히 한국 드라마의 영향은 한국 음식에 대한 긍정
적 이미지를 형성하는 데 중요한 역할을 수행하였다. 그 대표적 사례
로서 〈대장금〉은 한국 전통 음식 문화를 중심 소재로 다루며, 동양 의
학, 영양학, 그리고 정교한 조리 과정에 대한 지식을 서사 속에 자연스
럽게 통합하였다. 이러한 서사적 구성은 태국 시청자들로 하여금 한국
음식이 건강을 중시하는 식문화, 즉 '건강식healthy cuisine'으로 인식되도
록 만드는 데 큰 영향을 미쳤다. 그 결과 한국 음식은 단순한 미식 경
험을 넘어 건강과 웰빙을 상징하는 문화적 이미지로 자리매김하게 되
었다. 동시에 한국 음식은 다양한 한국 드라마의 장면에서 반복적으로
등장함으로써 태국 시청자들의 관심을 고조시키는 역할을 하였다. 떡
볶이, 김치, 짜장면을 비롯한 여러 종류의 길거리 음식은 물론이고, 다
양한 일상적 식문화가 드라마 속에서 자연스럽게 제시되면서 시청자

들은 이를 직접 체험해 보고자 하는 체험적 소비로 이어지는 동기를 제공하였다.

특히 한국식 고기구이는 태국 소비자들 사이에서 매우 높은 인기를 누리고 있는데, 이는 비교적 쉽게 받아들일 수 있는 맛뿐만 아니라 가족 및 친구들과 함께 식사를 나누는 과정에서 형성되는 공동체적 상호작용의 의미가 크게 작용한다. 이러한 '함께 먹기'의 경험은 태국 사회가 전통적으로 중시해 온 관계 중심적 가치관과도 부합하여 한국 음식 문화가 태국 사회 전반에 자리 잡는 데 중요한 촉진 요인으로 기능하였다. 더 나아가 한국 드라마뿐만 아니라 예능 프로그램, 요리 프로그램, 그리고 온라인 플랫폼을 통한 숏폼 영상 등도 한국 음식 문화의 확산에 중요한 촉매제 역할을 수행하고 있다. 이러한 다양한 형태의 미디어 콘텐츠는 이야기의 맥락, 등장인물의 일상, 현대적 라이프스타일 등 여러 층위에서 한국 음식을 반복적으로 제시함으로써 태국 소비자들이 한국 음식에 대한 관심과 친숙성을 자연스럽게 형성하도록 돕는다.

이와 같은 다차원적 노출 효과는 한국 음식에 대한 인식 제고는 물론 그 선호의 확대와 지속적인 수요 증가에도 크게 기여하며, 결과적으로 한국 음식 문화가 태국 사회 전반에 안정적으로 자리 잡는 데 중요한 요인으로 작용하고 있다. 또한 외국 음식에 대해 개방적이고 새로운 미식 경험을 적극적으로 수용하려는 태국인의 문화적 성향은 한국 음식이 태국 사회에서 빠르게 자리 잡는 데 중요한 요인으로 작용하였다. 이러한 성향은 태국 소비자들이 낯선 맛과 조리 방식에 대해 긍정적 태도를 갖도록 함으로써 한국 음식에 대한 수용성과 선호도가 지속적으로 확대하는 데 기여하고 있다.

태국의 한국 화장품과 패션

한국 드라마의 확산은 태국 시청자들 사이에서 소위 '자연스러움'을 핵심 가치로 하는 '자연주의적 미美'의 이미지를 형성하는 데 중요한 역할을 수행하였다. 드라마 속 인물들은 과도한 메이크업을 지양하고 밝고 청초하며 자연스러운 외모를 강조하는 방식으로 묘사되는 경우가 많다. 이러한 묘사는 태국 시청자들에게 한국 화장품이 얼굴을 과하게 꾸미지 않으면서도 조화롭고 자연스러운 아름다움을 구현해 줄 수 있는 제품이라는 인식을 심어주었다. 특히 드라마 속 등장인물들이 보여주는 매끄럽고 균일한 피부 표현은 한국 화장품의 효과와 직결되어 인식되며, '맑고 투명한 피부(소위 '깨끗한 피부')'를 지향하는 태국 소비자들의 미적 선호와도 맞물려 한국 화장품에 대한 관심과 수요를 더욱 강화하는 데 기여하였다.

한국 화장품은 서구권 제품에 비해 가격 경쟁력이 높다는 점에서 폭넓은 소비층을 확보하고 있다. 한국의 주요 화장품 매장은 대량의 사은품 제공과 같은 마케팅 전략을 활용하여 소비자에게 긍정적인 구매 경험을 제공하는데, 이러한 전략은 한국을 방문한 태국 소비자들에게 깊은 인상을 남기며 브랜드에 대한 호감과 충성도를 강화하는 데 중요한 역할을 한다. 이와 함께 드라마, 예능 프로그램, 소셜미디어 등을 통해 노출되는 한국 연예인의 화장품 사용 방식은 태국 소비자들의 구매 행동에 결정적인 영향을 미치는 요인으로 작용한다. 다수의 소비자는 연예인이 사용하는 제품을 따라 구매함으로써 해당 연예인의 이미지와 유사한 외모를 구현할 수 있을 것이라는 기대를 갖게 되고, 이러한 심리적 요인은 한국 화장품 소비 증가의 주요 동력으로 기능하고 있다.

마찬가지로 한국 드라마의 인기가 확산함에 따라 한국 패션에 대한 관심 또한 동시에 증가하고 있다. 특히 청소년층과 초기 성인층을 중심으로 드라마 속 인물이나 선호하는 배우의 스타일을 모방하여 일상적 패션에 적용하는 현상이 두드러지게 나타난다. 이들은 색채 조합, 미니멀리즘 기반의 의상 스타일, 헤어 스타일링, 액세서리 등 다양한 패션 요소를 일상적 복장에 적극적으로 반영하고 있다. 이와 같은 현상은 미디어 콘텐츠를 통해 소비되는 문화가 실제 생활양식과 복식 문화로까지 확장되는 과정으로 이해할 수 있으며, 한국 드라마가 패션 요소를 자연스럽고도 세련되게 서사 속에 통합함으로써 한국 패션 트렌드가 태국 사회에서 지속적이고 광범위하게 확산하는 데 중요한 역할을 하고 있음을 보여준다. 요컨대, 한류는 일종의 문화적 메커니즘으로서 일정한 정신적·상징적 차원을 내포하고 있으며, 이는 한국 화장품에 대한 소비자의 신념과 태도를 형성하는 데 중요한 역할을 한다. 이러한 인기는 단순한 마케팅 전략의 결과에 그치지 않고, 대중매체를 통해 체

계적으로 구축된 '자연스러운 아름다움'이라는 미적 이미지와 긴밀하게
연계되어 작동한다.

태국에서 나타난 한류 현상은 국경을 초월한 문화적 영향력이 태국
사회에 깊이 뿌리내리고 있음을 보여준다. 초기의 한국 드라마는 태국
시청자들에게 한국의 지리적 환경, 일상적 삶, 그리고 가치관을 새롭게
인식시키는 매개체 역할을 하였으며, 이어서 K-팝, 한식, 화장품, 패
션 등 다양한 문화 요소들이 결합하면서 한류는 태국인의 일상 속으로
더욱 견고하게 자리 잡게 되었다. 한류의 확산 과정에서 주목되는 점은
시청자들이 드라마 속 인물이나 아티스트와 정서적으로 연결되며 '정
서적 공유 공간shared emotional space'을 형성한다는 사실이다. 팬 커뮤니
티는 이러한 정서적 연대를 기반으로 구성원에게 소속감과 정체성 구
축의 장場을 제공하며, 특히 자아정체성을 탐색하는 청소년층에서 그
영향력이 두드러진다.

또한 태국과 한국이 공유하는 효孝, 근면성, 인내와 같은 유사한 가
치관은 태국 시청자들이 한국문화를 자연스럽게 수용하는 중요한 요인
으로 작용한다. 한국 아티스트들이 태국을 '형제 국가'로 인식하며 이를
지속적으로 표현하는 담론은 양국 간의 문화적 유대감을 강화하는 데
중요한 역할을 한다. 이러한 이미지 소통은 태국 사회에서 한류가 장기
적으로 유지되고 지속적인 영향력을 발휘하도록 하는 핵심적 요인으로
작용한다. 이처럼 한류의 영향력은 문화 상품 소비뿐만 아니라 경제,
교육, 관광 등 다양한 영역으로 확장되고 있다. 더 나아가 한류는 '세계

문화'라는 개념이 서구 중심에 한정되지 않음을 보여주며 아시아 문화
가 글로벌 무대에서 주도적 역할을 수행할 수 있는 가능성을 새롭게 제
시하고 있다. 이러한 점에서 태국 사회의 한류 수용은 단일 국가의 문
화 취향이 아니라, 글로벌 문화 지형의 변화를 드러내는 중요한 사례로
평가될 수 있다.

태국 속 우려의 한류

태국 사회에서 다수의 사람들은 한류에 대해 긍정적인 반응을 보이
고 있으나, 일부 태국인, 특히 기성세대는 한류가 청소년에게 과도한
영향력을 미치고 있으며, 그 결과 태국의 전통적 정체성을 약화시키는
요인이 될 수 있다고 비판한다. 또한 한류를 외래문화를 과잉 소비하게
만드는 요소로 인식하는 시각도 존재한다. 아울러 한국 드라마의 서사
를 보다 면밀히 살펴보면 치열한 경쟁과 과도한 스트레스 상황이 빈번
히 묘사되고 있음을 확인할 수 있으며, 이는 시청자의 정신 건강에 부
정적인 영향을 미칠 가능성이 있다. 더 나아가 미적 가치에 대한 과도
한 소비를 촉진함으로써 외모를 기준으로 한 차별을 초래할 우려도 제
기된다.

한류를 선호하지 않는 사람들은 한류를 선호하는 이들이 과도한 열
광적 행태를 보인다고 인식하며, 이로 인해 부정적인 평가나 비판의 대

상이 되기도 한다. 더불어 현재 태국 사회에서는 한류가 장기적으로 정착할 수 있는지에 대한 의문이 활발히 논의되고 있다. 일부 견해에 따르면 한류는 이미 일정 수준에서 정착 단계에 접어들었으나, 향후 지속 기간은 제한적일 수 있으며, 태국인들이 새로운 외국 문화로 관심을 이동할 가능성이 크다고 본다. 예컨대 대만 문화와 같은 다른 문화권의 콘텐츠가 대안으로 부상할 수 있다는 지적도 제기된다.

그러나 또 다른 관점에서는 한류가 태국 사회에 장기적으로 정착할 수 있을 것이라는 견해를 제시한다. 이는 한국이 한류에 대한 연구와 콘텐츠 개발을 지속적으로 추진하고 있기 때문이며, 더 나아가 정부 차원의 정책적 지원이 뒷받침됨으로써 한류의 장기적 지속가능성이 확보되고 있다는 점에서 그 근거를 찾을 수 있다. 필자는 태국 사회에서 한국문화가 이미 일정 수준으로 정착하였다고 보며 향후에도 서구 문화권, 중국 문화권, 일본 문화권과 마찬가지로 태국 사회 내에서 지속적으로 유지될 가능성이 높다고 판단한다. 이는 한국문화가 대중음악, 드라마, 영화 등 다양한 문화 콘텐츠를 중심으로 태국 사회 전반에 폭넓게 확산해 왔을 뿐만 아니라, 현지 소비자들의 문화적 취향과도 일정 부분 결합했기 때문이다. 또한 한국 정부의 지속적인 문화 정책과 제도적 지원, 그리고 민간 문화산업의 체계적인 기획과 콘텐츠 개발은 한류의 경쟁력을 강화하는 주요 요인으로 작용하고 있다. 이러한 구조적 기반을 고려할 때, 한류는 일시적인 유행을 넘어 태국 사회의 문화적 지형 속에서 장기적으로 공존·정착할 가능성이 크다고 할 수 있다.

PART VI

한류 팬덤은
한·일 관계의
구세주인가

모리 도모오미
Tomoomi Mori

—

세쓰난대학

모리 도모오미는 일본 세쓰난대학摂南大学 국제학부 국제학과의 준교수(종신 직위)입니다. 도시샤대학同志社大学에서 언론학으로 박사학위를 취득했습니다. 연세대학교에서도 공부했습니다. 전문 분야는 역사 사회학·국제 사회학, 지역 연구(한국)입니다. 주로 한국의 사회와 문화, 한일 관계에 대한 연구를 해오고 있습니다. 저서로는『한국 드라마의 상상력: 사회학과 문화 연구에 의한 접근법韓国ドラマの想像力: 社会学と文化研究からのアプローチ』(인문서인, 2024년, 일본어),『〈한일연대〉의 정치사회학: 친밀한 영역과 공론장으로부터의 접근〈日韓連帯〉の政治社会学:親密圏と公共圏からのアプローチ』(세이도사,2023년, 일본어),『서울을 걷다:한국 문화 연구 첫걸음ソウルを歩く:韓国文化研究はじめの一歩』(간세이가쿠인대학교 출판회, 2019, 일본어),『한국저널리즘과 언론민주화운동:한겨레신문을 둘러싼 역사사회학韓国ジャーナリズムと言論民主化運動 :『ハンギョレ新聞』をめぐる歴史社会学』(일본경제평론사, 2019년, 일본어) 등이 있습니다. 논고로는「유사저널리즘으로서의 한국 "현실주의" 영화」(유리이카 2020년 5월호, 일본어)가 대표적입니다. 일본에서 팬덤 연구를 추진하는 연구자 모임인 '팬 연구 그룹ファン研究グループ'(https://fanstudiesjapan.wraptas.site)의 주요 멤버입니다. 2023년부터는 한국대중문화를 주제로 학생들을 직접 인솔하여 한국을 방문하는 연수 프로그램을 실시하고 있습니다.

"한류는 최근 대중문화의 유동성과 영역용해성Convergence culture
과 팬덤의 역학을 근거로 하며 앞으로는 다양한 분야에서 하이브
리드화될 가능성이 높다. 물론 하이브리드화가 대중문화 모든 분
야에서 이뤄지는 것은 아니고 하이브리드가 되어도 그 정도는 분
야마다 다르겠지만, 이전보다 더 다양한 분야에서 진행될 것이다.
이러한 배경에는 한·일 양국이 동등한 수준으로 문화교류를 할 수
있게 된 최근의 상황도 깔려 있을 것이다. 진정한 의미의 한·일 상
호작용이 시작되었을지도 모른다."

이 글은 일본의 Z세대(20대 대학생)를 하나의 사례로 일본에서의 한국
대중문화의 실태와 영향을 생각해 보는 것이다. 다만, 다양한 통계 데
이터를 사용해서 일본에서의 한류의 실태나 영향을 객관적으로 부각하
는 것은 아니다. 어디까지나 필자의 경험이나 필자 주위 대학생의 상황
을 중심으로 소개하면서 한류에 관한 일본인의 양상을 분석해보았다.
따라서 보편적인 이야기가 아니기 때문에 독자가 느끼는 편향성은 어
느 정도 있을 수 있다. 그러나 한편, 에피소드 중심으로 서술하기 때문
에 독자는 일본의 상황(의 일부)을 현실감있게 느낄 수 있다는 장점이 있

을 것이다. 이 글에서 다루는 상황은 일본의 전부가 아니라 어디까지나 하나의 사례 연구라고 생각하고 읽어 주시면 감사하겠다.

아이돌 쫓아다니는 대학생들

필자는 일본의 한 대학에서 근무하고 있으며 매년 입학한 지 얼마 안 되는 1학년 학생들의 강의를 담당하고 있다. 내용은 동아시아, 주로 한국에 관한 것이다. 필자의 전문 분야인 한국학과 관련한 관심도 있고, 한국의 대중문화pop culture에 얼마나 관심이 있는지 250명 남짓한 수강생에게 묻는 경우가 있는데, 약 절반 정도가 한국 대중문화에 관심이 많은 층이고, 그중 여학생의 비율이 높은 것이 실감 나게 느껴진다. 또한 한국 대중문화에 관한 관심 중 역시 K-팝에 대한 관심도가 매우 높고, 그다음으로 한국 드라마의 인기로 이어진다. 대중문화의 틀에 포함되는지는 모르겠지만, 화장품(코스메틱, 메이크업 용품)이나 옷차림/패션에 대한 관심도 높다. 의외로 영화에 관심 있는 학생은 많지 않다.

K-팝의 인기는 역시 압도적이다. 필자 주변에서는 요즘 SEVENTEEN(세븐틴)과 RIIZE(라이즈), IVE(아이브)의 인기가 높다. 그룹 자체에도 매력을 느끼면서도 그룹 안에 '내 최애推し(오시)'가 존재해 '내 최애'를 위해 열심히 활동하는 학생도 있다. 필자의 수업을 수강한 한 여학생은 열렬히 팬 활동을 하고 있다. 이 학생은 평소에는 대학 수업이 끝나면 아

르바이트로 직행해 일주일에 6일 아르바이트에 매달리고 그 돈으로 한국은 물론 홍콩까지 원정을 떠나 '내 최애'가 출연하는 콘서트를 보러 간다. 이런 일은 한 달에 한 번 정도이며 친구들과 함께 가는 경우도 있지만 혼자서도 가는 경우도 많다고 한다. 필자가 "혼자 외국에 나가는 것은 위험하지 않은가? 외롭지 않느냐?"라고 묻자 "목적 의식적으로 움직이고 있으니 혼자서도 외롭지 않고, 도항 준비는 잘 챙기고 가니까 괜찮다."라고 사뿐히 답했다. 팬들의 행동력이 다양하다는 인상을 받았다. 그녀들이 보기에는 '내 최애'가 등장하는 콘서트가 어쩌다 외국일 뿐이고, 일본 국내든 외국이든 그것은 본질적인 문제가 아닌 것 같다.

물론 이런 '덕질推し活(오시카츠)'은 K-팝 아이돌에만 그치지 않는다. 일본에서의 원조 '덕질' 대상 한국인 스타는 뭐니 뭐니 해도 배우 배용준일 것이다. 배용준의 인기는 대단했다. 당시에는 '덕질推し活(오시카츠)'이라는 말은 없었지만 지금 생각해 보면 팬들의 행동은 '덕질' 그 자체였다.[48] 일본에서 한국 대중문화에 대한 '덕질'은 최근 몇 년간 주목받아 왔다. NHK 라디오의 '스텝업 한글 강좌ステップアップハングル講座'에서는 2022년 4월부터 6월, 그리고 2023년 1월부터 3월에 '더 즐긴다! 한활韓活 응원 레슨'이라는 특집을 통해 한국에서 '덕질'을 할 때 필요한 단어

---

48 桑畑優香·八田靖史·まつもとたくお·吉野太一郎(2024:31-32)에서는 배용준 배우의 인기를 '팬덤'의 시작이라고 지적하고 있다.

와 표현을 배울 기회를 마련했다. 또 대기업 학연은『세계가 펼쳐지는 덕질 한국어世界が広がる 推し活韓国語』라는 서적을 출간했다. 이 서적은 '덕질'을 위한 팬레터 작성법 등까지 가르치고 있다.[49]

필자의 수업에서 한 여학생은 "고등학생 때 학력에 자신이 없어 대학에 진학할까 취업할까 고민하다가 우연히 들은 방탄소년단BTS의 곡에 매료돼 등이 떠밀리는 기분이 들었고, 그 덕분에 대학 진학을 결심할 수 있었다. BTS는 내 인생을 바꿔놓았다."라고 자기의 일화를 소개해 준 적이 있다. 또 한 남학생은 "저는 지방 출신이고 고등학생 때까지 공부도 운동도 못하고 매사에 소극적이었다. 하지만, IVE를 듣고, 나 자신을 긍정할 수 있게 되었다. 특히 장원영의 삶의 방식에 감명을 받았다. IVE를 만난 덕분에 열심히 할 수 있었다."라고 코멘트했다. 이 에피소드를 선보인 두 사람 외에도 필자의 한국어 수업을 진지하게 듣고 열심히 질문하는 학생도 많다. 모두 한국에 대해 더 많이 알고 싶다고 한다. 이처럼, 물론 전부는 아니지만, 대학생들의 어떤 층에게 K-팝 아이돌, 아티스트는 동경이자 인생을 바꿔준 존재이다. 그들의 눈에 한국은 '반짝반짝' 빛나고 있다. 그것은 '내 최애'나 좋아하는 아이돌이 등장하는 눈부신 세계의 '반짝반짝 한국'일 뿐만이 아니다. 정신적인

---

49 그 밖에도 아래와 같이 대기업 출판사가 유사한 서적을 출판했다. 宍戸奈美(著)·さめない(イラスト), '推し活に必ず役立つ ぴったり韓国語', KADOKAWA, 2024年, イ・ダヒ(著), はしゃ(イラスト), '推したい私の韓国語 - K-POP, ドラマ, 映画から沼落ちした人のための韓国語入門', ワニブックス, 2022年

버팀목이 되어주고 자신감이 없었던 자신을 긍정해 준 '반짝반짝 한국'
인 것이다.

이런 '반짝반짝 한국'은 적어도 20여 년 전 일본에는 없었던 현상이
라고 할 수 있다. 드라마 〈겨울연가〉를 중심으로 한 1차 한류 때는 중장
년 여성을 중심으로 한국 콘텐츠에 대한 대유행이 일어났다. 그 소용돌
이 한가운데 있었던 것은 물론 〈겨울연가〉였지만 한국 콘텐츠가 매개
한 새로운 한국의 모습이 일본에서 인지되기 시작했다. 많은 일본인에
게는 '새로운 한국'의 모습이었지만, 그런 한국의 모습은 한국에서 한국
사람에게는 당연하게 존재하고 있었다. 〈겨울연가〉도 많은 한국인에
게는 특별한 드라마가 아니라 그동안 한국 드라마의 기본적인 요소를
담은 것이었다. 즉, 한국의 모습은 사실 새로운 것이 아니었지만, 일본
인들이 그것을 눈치채지 못했거나 또는 의도적으로 계속 무시했던 것
이다.

'룩 코리아(Look Korea)' 현상

위에서 언급한 것처럼 Z세대가 느끼고 있는 '반짝반짝 한국'은 완전
히 같은 패턴은 아니지만 사실 필자에게도 해당하는 것이기도 하다.
필자가 한국에 관심을 갖게 된 것은 20여 년 전 대학생 시절이다. 영화
〈쉬리(1999)〉를 극장에서 보고 충격을 받았다.[50] 특별히 한국 영화에 관

심이 있었던 것이 아니라 '뭔가 재미있을 것 같은 아시아 영화네.' 정도
의 마음으로 훌쩍 관람했다. 감상하고 나서 '이렇게 재미있는 영화를
한국이 만드는구나!' 하고 감동을 받았다. 한국에 본격적인 관심을 갖
는 순간이었다. 그리고 그 후에 한국을 방문할 기회가 있었다. 함께 여
행한 친구와 동대문에서 까불까불 사진을 찍는데 분홍색으로 머리를
염색한 남자 대학생이 우리에게 말을 건넸다. '사진을 찍어 드릴까요?'
라고 한다. 그 후 같은 대학생끼리 사이가 좋아져 영어로 대화를 나눴
다. 동대문 일대의 시끌벅적함 속에서 아주 즐거웠던 기억으로 남아있
다. 한국 여행을 다녀온 뒤에는 바쁜 일상생활에 매달렸지만 활기찬 서
울 분위기가 그 뒤로도 계속 마음에 걸렸다. 아직 한국어는 전혀 할 수
없는 때였기 때문에 일본어로 읽을 수 있는 한국 정보를 틈틈이 읽어
내려가기 시작했다. 한국에는 일본에는 없는 역동성이 있는 것 같아 마
음이 끌렸다. 민주화운동의 역사가 있고 시민의 힘으로 사회가 역동적
으로 변해가는 한국의 묘사는 필자에게 매우 신선했다. '일본의 사회
상황과 상당히 다르다.'라고 느낀 것이다. 필자에게 한국은 '반짝반짝'
매력적인 나라로 비친 것이다. 때마침 2000년대 초반의 일본은 이미 폐
색감이 감돌기 시작했고, 이상한 내셔널리즘(애국주의)이 발흥하고 있었
다. 그 후에는 한국의 저널리즘이나 사회운동에 관심을 갖고 대학원에
진학하여 한국 사회 연구를 시작하여 지금에 이르고 있다(물론 최근에는 관

50 이후 한국 영화는 일본에서 주목받았고, 〈JSA(2000)〉나 〈엽기적인 그녀(2001)〉가 인기를 일었다.

심이 넓어져서 한국 대중문화나 팬덤, 한·일 관계도 연구하고 있다).

오구라 키조小倉紀蔵[51]는 이와 같이 문화 사회영역에서 한국을 매력적인 것으로 생각하고, 배우는 대상 혹은 동경으로 보는 경향은 이미 2000년대 초에 가시화되어 큰 너울성이 되어 있었다고 지적하며 일본에서 일어난 '룩 코리아Look Korea' 현상에 대해 깊이 통찰하고 있다.[52] 오구라는 책(2005:234-23)에서 다음과 같이 말하고 있다.

"2003년경부터 가시화된 '한류'도 단순히 드라마나 배우에 대한 일시적인 열광이 아니라 일본 사회의 큰 전환점을 보여준 현상이었다. (중략) 한류야말로 메이지明治 이후의 일본의 큰 지각변동이 나타나는 것이다. (중략) 룩 코리아와 한류의 가장 중요한 점은 본문에서 말한 대로 프리모던premodern, 모던modern, 포스트모던postmodern이라는 가치의 교환을 양국이 서로 하고 있다는 것이다. 그리고 이는 결국 새로운 인간관 및 사회관의 문제다. 공동체, 정체성, 문화 등의 개념을 어떻게 재편성해 나가야 할지. 한·일은 지금, 급속히 접근해 서로 '룩'하면서 자기상의 전환을 도모하고 있다."

---

51 전문 분야는 한국철학. 서울대학교 철학과 박사과정 수료(동양철학 전공). 교토(京都)대학교 대학원 교수를 거쳐 현재는 명예교수. 일본 외무성 '한일 우정의 해 2005' 실행위원, '한일 축제한마당' 실행위원, 현대한국조선학회 회장 등을 역임. 저서로 '韓国は一個の哲学である'(講談社), '心で知る, 韓国'(岩波書店), '朝鮮思想全史'(筑摩書房)등 다수.

52 小倉紀蔵(2005)를 참고하기 바람.

오구라의 고찰에 따르면 필자도 학창 시절에 바로 이 '룩 코리아'와 한류의 소용돌이에 뛰어든 한 사람이었다고 할 수 있다. 이 소용돌이가 필자의 이후 인생(한국과 계속 관계성을 유지하는 것)을 결정짓는 큰 요인이었음을 감안하면, '룩 코리아'와 한류는 적어도 필자에게는 큰 전환점이었다. 반면 필자에게 신선했던 한국의 모습은 한국인에게는 평소 실천하는 '삶'이자 당연한 풍경이었다. 당연한 일이지만, 한국인의 '삶'은 새롭게 발견된 것이 아니라 거기에 이미 존재하고 있었던 것이다. 문제는 필자 쪽이었다. 이웃 나라이며 역사적으로도 한·일은 오랜 관계성을 가지고 있음에도 불구하고 대학생이 되기까지 20여 년 동안 한국에 특별한 관심을 갖지 않고 존재를 계속 무시한 것이었다. 그러니 대학원생이 되던 시절 한국을 방문해서 같은 한국인 대학원생 친구에게 '룩 코리아'의 중요성을 이야기해도 그들은 잘 이해하지 못하는 듯했다. 한국인에게는 어찌 보면 당연한 풍경에 필자가 멋대로 '신선미'를 느끼고 '감동'하고 있었던 것이다. 유학을 갔을 때는 반대로 그 친구가 약간 농담처럼 필자에게 "한국보다 일본이 더 선진국인데 왜 한국에 배우러 왔어?"라고 말했다.

〈겨울연가〉에 빠진 일본 중장년들의 대부분도 그동안 한국에 관심도 없이 결과적으로 외면해 온 세대일 것이다. 그래서 한류에 빠져들었을 때의 반동은 컸을 것이다. 그 사람들이 지금까지 가지고 있던 한국의 이미지는 거의 공백이거나 한국에 대해 그다지 좋은 이미지는 없었다고 생각하는데, 그것이 〈겨울연가〉를 비롯한 한국 콘텐츠에 의해 새롭게 칠해진 것이다. '가치'의 대전환의 기회를 받아 그 전환을 완수한 것이다. '반짝반짝 한국'에 빠진 대학생들에게 필자나 한류 1세대가 경험했던 대전환은 없을지 모른다. 하지만 점진적인 전환은 일어나고 있는 것 같다. 게다가 그 전환은 '반짝반짝 한국'에 대한 동경과 병행해 한·일 간의 방대한 정보의 왕래, 그리고 사람과 직접 교류를 통해서 진행되고 있는 것이다.

'덕질'과 어학학습

필자는 현재 일본의 한 대학(국제학부)에서 교편을 잡고 있다. 필자가 근무하는 대학은 학생 수 1만 명이니 규모가 작지는 않다. 게다가 필자가 소속하고 있는 국제학부는 학생 수는 약 1,000명(한 학년 250명 정도)이다. 여기서 필자는 한국어 과목이나 한국문화 사회를 주제로 한 과목을 담당하고 있다.

이 국제학부 학생은 다른 대학교와 마찬가지로 영어 관련 과목은 필수과목이며 동시에 다른 외국어도 수강해야 한다. 이른바 제2외국어다. 일본의 대학에서는 제2외국어 선택의 폭은 각 대학에 의해 결정되지만, 필자의 대학에서는 스페인어·중국어·인도네시아/말레이어·한국어의 각 언어 과목이 개설되고 있다. 최근 한국어 과목의 인기가 두드러져 많은 해에는 초급반 수강을 희망하는 학생이 150명에 이른다.

단순 계산으로 한 학년의 60%가 한국어 수강을 희망하고 있는 것이다. 20여 년 전에 비하면 격세지감이다. 필자는 2000년대 초반에 대학을 졸업했기 때문에 그때의 한국어 수강자 상황을 잘 알고 있다. 반 친구는 그리 많지 않았고, 다른 언어에 비해 한국어가 특별히 인기 과목이라고 말하기 어려웠다. 물론 한국에 관심이 있어 수강한 학생도 어느 정도 있었겠지만 적어도 필자의 주변 학생들은 '한국어는 일본어와 구조가 비슷하기 때문에 배우기 쉬운 것 같다. 학점을 따기 쉽다고 들었으니 수강해 볼까?'라는 정도의 인식이었던 것 같다(고백하면 사실 그리 성실한 학생은 아니었던 필자도 마찬가지였다). 어쨌든 한국에 '10년이면 강산도 변한다.'라는 표현이 있듯이, 일본에서의 한국어 과목이나 한국 관련 과목을 둘러싼 상황은 크게 달라졌다. 이러한 상황의 가장 큰 요인은 한국 대중문화에 빠져 한국어에 관심을 가진 학생들이 비약적으로 증가한 것이라고 할 수 있다.

필자가 대학교에서 한국어를 가르치면서 항상 놀라운 것은 대학에서 한국어를 공부하기 전에 독학으로 어느 정도의 한국어 운용 능력을 익히는 학생이 드물지 않다는 점이다. K-팝이나 드라마를 접촉하여 한국 대중문화에 빠져들면서 '내 최애'가 생겨서 '덕질'을 하게 되고, '내 최애'와의 의사소통을 깊게 하고 싶기 때문에 한국어를 공부하는 패턴이 많이 보인다. 또, '덕질'까지는 하지 않아도, 좋아하는 노래의 가사나 좋아하는 드라마의 대사를 일본어 번역 없이 직접 이해하고 마음으로 느끼고 싶다고 생각하는 것이 한국어를 공부하는 큰 동기가 되고 있는 것 같다. 즉, 좀 더 '내 최애'나 동경하는 한국의 풍경 그리고 가장 좋아하는 작품의 세계관에 다가가기 위해서 어학학습을 어렵지 않게 열심히 계속하고 있는 것이다.

이런 학생들은 고등학교 시절에 시판된 한국어 학습 교재와 소셜미디어(You Tube 등)의 무료 동영상으로 한글 읽기와 쓰기를 독학하고 발음은 동영상을 통해 학습한다. 좋아하는 노래 가사나 드라마 대사 원문을 직접 발음하고 번역하면서 모르는 것이 있으면 인터넷에서 검색해 배우는 스타일을 취하는 학생이 많은 것으로 나타났다. 요즘은 공부할 때 AI(인공지능)를 탑재한 앱을 사용하는 학생도 많을 것이기 때문에 한국어 독학은 더 편리해진다고 생각된다.

학교 수업처럼 체계적으로 학습하는 것은 아니지만 이러한 어학학습 방법은 어떤 의미에서는 올바른 방법이라고 할 수 있다. 자신의 흥미 관심이 기초가 되고 있기 때문에 어쨌든 학습이 계속되는 것이다. 이것이 큰 효용이다. 실제로 고등학교 시절 '내 최애'가 생겨 '덕질'을 시작했고, 그 영향으로 한국어를 어느 정도 독학해 온 한 학생이 1학년 겨울방학에 오사카 한국문화원이 주최한 '말해봐요! 한국어' 말하기 대회에 출전해 일반 부문에서 준우승을 차지했다. 물론 이 학생은 한국어 운용 능력이 높아 대회를 위해 노력했고, 필자도 다소 도움을 주기도 했지만 원래 이 학생이 한국어를 배운 큰 동기는 한국 대중문화라는 것이 중요하다. 게다가 한국 대중문화에 대한 동경과 관심은 더 많은 행동을 가져오고 있다. 필자가 다니는 대학에서는 4학년 때 졸업논문을 집필해야 한다. 이 졸업논문의 주제로 한국 대중문화나 한국어를 선택하는 학생이 매년 일정 이상 있다. 예를 들면 다음과 같은 테마이다.

'남장하는 여자'와 한국 사극: 젠더론으로 생각하는 K-드라마

걸크러쉬girl crush에 관한 실증 분석: 한국 페미니즘의 관점에서 생각한다

'논란'으로 보는 아이돌과 팬의 관계성: 한·일 비교를 중심으로

K-팝 여성 아이돌의 무대 의상 변천에 관한 연구

한국 기초화장품 광고와 일본에서의 구매 경향: 한국 대중문화의 영향을 중심으로

K-팝 팬덤 실천에 관한 질적 연구: 코로나19 팬데믹 이후를 중심으로

일본어 모어 화자를 위한 한국어 초급 종합 교과서 분석

한국의 카페·커피 문화와 일본에 미치는 영향

사회언어학적 관점에서 본 전라도 방언 드라마

〈사랑의 불시착〉에서 보는 남북한의 관계성

영화 홍보 포스터의 한·일 비교: 사례 연구를 이용한 표상 비교

K-팝, 한국 드라마, 한국 영화로 시작해 한국어(사투리까지), 패션, 메이크업, 카페 등 정말 다양하다. 엄밀하게 조사하고 분석한 것이 아니어서 정확하게 말하기는 어렵지만, 이처럼 대학교 졸업논문의 주제로 한국의 대중문화를 선택하는 학생들이 최근 늘어나는 것처럼 느껴진다. 신문 기사를 통해 다른 대학의 사례를 들여다보면 한국 대중문화에

관한 관심을 창구로 삼아, 일제강점기의 언어 정책이나 종교를 졸업논문의 주제로 삼는 학생도 있다고 한다.[53]

한류라는 말은 이제 진부하다?

필자가 대학생에게 들어서 매우 인상에 남는 말이 있다. 그것은 "한류라는 말은 일본에서는 케케묵었다.", "우리 젊은 세대에게는 한류라는 말은 와닿지도 않고 맞지도 않는다."라는 것이다. 일본의 젊은 세대(Z세대)에게 한국 대중문화는 유행이 아니라 이미 정착된 것이다. 이 점에 대해서는 한국의 주요 언론도 같은 인식을 보인다.[54] 또한 필자는 한류라는 말을 대신할 만한 조어가 생각나지 않는다. 최근 한국의 주류 언론들은 'K-○○'(K-팝, K-Drama, K-Food 등)이라는 단어를 쓰기 시작했다. 이는 한국Korea의 ○○이라는 뜻이다. 한류와 같은 흐름Wave이나 유행이라는 의미를 갖지 않는다. 2000년대 초반에 대하의 '물살'처럼 인기를 얻기 시작해 20년에 걸쳐 '호수' 혹은 '강맥'처럼 일본 문화에 정착한

---

53 'キラキラの韓国, Ｚ世代が深掘り　帝塚山学院大, ４年生１９人　／大阪府'朝日新聞 2024年2月5日

54 'もう一時の流行ではなくなった…日本Ｚ世代の日常になった'韓流'(１)'中央日報'(ウェブ版)
2025年6月16日, https://japanese.joins.com/JArticle/335060?servcode=A00§code=A00
'もう一時の流行ではなくなった…日本Ｚ世代の日常になった'韓流'(２)'中央日報'(ウェブ版)
2025年6月16日, https://japanese.joins.com/JArticle/335061?sectcode=A00&servcode=A00

한국 대중문화의 상황을 통째로 표현하는 말을 만드는 것은 필자에게
는 지난한 일이다.

대학생들이 보기에 부모 세대는 한국 대중문화를 '새로' 발견하고 그
문화에 빠진 것이지만, 젊은 세대는 태어났을 때부터 한국 대중문화
가 자기 주변에 자연스럽게 있었다. 한국 대중문화는 일본 사회에 수용
이 완료된 것이기 때문에 그것이 앞으로 없어지리라고는 예상되지 않
는다. 일본인 대학생은 예를 들어 '나는 J-팝을 좋아한다.'라는 말에 별
로 의미를 두지 않고, '(J-팝 중) 오피셜히게단디즘(Official髭男dism)을 좋아
한다.'라는 식의 보다 구체화되고 보다 좁혀진 취향을 자연스럽게 받아
들인다. 이처럼 '나는 K-팝을 좋아한다.'라는 말에는 별로 의미를 두
지 않는다. 대신 'BTS의 팬이다.', 'SEVENTEEN을 사랑한다.'라는 개
별적이고 구체적인 취향을 향해 가는 것이다. 그래서 가장 좋아하는 그
룹, '내 최애'의 아티스트나 아이돌 이외의 존재에게 같은 K-팝 아티스
트이거나 아이돌이라고 해도 그렇게까지 큰 관심은 없다. 그리고 장르
로 따지면 K-팝은 많이 듣지만 K-드라마는 잘 안 보거나 관심이 없는
학생도 많다. 반대로 드라마는 자주 보지만 K-팝은 그다지 듣지 않는
학생도 있다.

이처럼 피부감각으로 한국 대중문화를 당연한 존재로 받아들이는
세대의 사고방식은 지금까지와 어딘가 다르다. 한국 대중문화를 여러
가지로 받아들일지는 이미 문제가 아니다. 한국 대중문화에서 어떤 장
르/그룹/아티스를 선택할 것인가가 문제이며, 이들에게는 이것이 중요

하다. 여기서 일본의 한류와 그 시기별 구분을 살펴보자. 이 구분은 필자의 잠정적인 기준에 따른 것이다. 애초에 한류의 구분을 이처럼 명확하게 나눌 수 없다는 학자도 있다. 또 1차 한류보다 앞서 일본에서 극장 개봉한 〈쉬리〉 등 한국 영화가 일본에서 높은 평가를 받은 것도 중요하다.[55] 어디까지나 편의적으로 나눈 것이라고 보면 된다.

<표> 일본의 한류와 그 시기별 구분[56]

구분	K-팝 아티스트 (아이돌) 사례	드라마/배우 사례	기타 특징적인 사항
1차 2003~ 2009	동방신기, Rain(비), BOA, BIGBANG	〈겨울연가〉(배용준, 최지우) 한류 사대천왕: 배용준, 이병헌, 원빈, 장동건 〈대장금〉(이영애)	〈겨울연가〉 등의 성지순례(한국 여행) 신오쿠보(新大久保)[57]에의 주목. 드라마에 나온 한식 유행(삼겹살, 떡볶이, 닭갈비, 순두부찌개)
2차 2010~ 2012	KARA, 소녀시대, BIGBANG	〈미남이시네요〉(장근석), 〈궁〉(윤은혜)	싸이(PSY)의 〈강남스타일〉 유행 과자 'Market O 리얼 브라우니'의 유행
2013~ 2016		'붐(유행)'으로서는 특별한 움직임이 없음	
3차 2017~ 2019	BTS, TWICE, BLACKPINK	〈응답하라〉 시리즈, 〈미생〉	· 한국식 메이크업(얼짱 메이크업) · 치즈닭갈비, 치즈 핫도그 · 한국문학 열풍 (『82년생 김지영』 『아몬드』 등)
4차 2020~ 현재	NewJeans, RIIZE, aespa, Stray Kids, SEVENTEEN, IVE	〈사랑의 불시착〉, 〈이태원 클라쓰〉 등 넷플릭스 등의 OTT 서비스를 통한 수많은 드라마	영화 〈기생충〉, K-스타일(패션, 메이크업 용품을 포함한 생활 스타일), 한국문학(작가 한강)

---

55 '日韓の映像交流 新たな文化圏への流れ 限元信一(ミニ時評)', '朝日新聞', 2000年02月04日

56 桑畑優香・八田靖史・まつもとたくお・吉野太一郎, '韓流ブーム'(早川書房, 2024年)의 시기 구분을 중심으로 하고 黄盛彬(2024) 등을 참고로 필자 작성.

1차 한류는 잘 알려진 것처럼 〈겨울연가〉의 폭발적인 히트가 이끌었다. 특히 배용준ヨン様(욘사마)의 인기는 그야말로 열풍이라 할 만했고, 일본에서는 대규모 행사가 열렸다. 팬들을 '가족'이라고 부르는 배용준과 〈겨울연가〉의 세계관에 빠져 한국으로 '성지순례'[58]하는 팬들의 모습은 일본 팬덤 문화에 확실히 영향을 미쳤다. 2차 한류의 중심은 K-팝이었다. 동방신기, 카라KARA, 소녀시대, 빅뱅BIGBANG 스타들의 인기가 높았다. 2011년 일본 코하쿠 우타갓센紅白歌合戦(홍백가합전)[59]에는 동방신기·카라·소녀시대가 출전했다. 한국 가요계의 스타가 일본 홍백가합전에 참가하는 것이 처음은 아니었지만, K-팝의 빅네임이 복수로 참가한 것은 큰 충격을 주었다. 드라마에서는 배우 장근석의 인기를 꼽을 수 있을 것이다. 특히, 〈미남이시네요〉는 10대, 고등학생에게도 보급되어 한류는 부모와 아이가 함께 볼 수 있는 장르가 되었다.[60] 일본에서 부모와 자녀가 함께 한국 대중문화를 즐기는 풍경은 이제 드문 일이 아니다. 모녀가 함께 '내 최애'가 출연하는 K-팝 콘서트에 가는 일도 자주 볼 수 있다. 이런 풍경을 만들어낸 기점이 2차 한류부터라는

---

57 도쿄도 신주쿠구(東京都新宿区)에 있는 지역. 오사카(大阪) 코리아타운과 함께 일본 최대의 코리아타운으로 알려져 있다.

58 좋아하는 작품의 촬영지나 무대가 된 장소를 찾아가 작품의 세계관에 빠져드는 행위.

59 일본 가요 경연 프로그램의 대표격. NHK가 주최해 매년 12월 31일에 행해진다. 여성 아티스트를 '홍', 남성 아티스트를 '백'으로 하여 노래와 퍼포먼스로 겨룬다. 남녀가 구별하는 틀은 최근 특히 젠더리스화라고 하는 관점으로부터 문제시되어 NHK측도 일부 수정하려는 움직임을 보인다.

60 '[トピック]韓流ドラマ１０年　善戦苦戦　専門チャンネル定着', 読売新聞,　2013年11月8日

것이다.

한류는 일본 사회에 큰 영향을 미쳤다. 그 영향을 분석하던 중에 한류는 한국 정부 주도의 '국책'이었다는 설을 듣게 되었다. '국책'이라면 바로 이러한 한류 영향력의 이유를 이해할 수 있다고 하는 이들의 주장이다. 이런 생각을 갖는 일본 사람이 의외로 많다. 예를 들면, 일본의 아이돌 프로듀서로서 저명한 아키모토 야스시 秋元康 는 "일본의 엔터테인먼트는 한국에 큰 차이로 지고 있다고 생각합니다. 왜냐하면 (한류는) 국책이었기 때문입니다."라고 자기 가설을 말하고 있다.[61] 그러나 국책으로 인해 한류가 이 정도로 영향을 미치게 됐다는 설명에는 무리가 있다.[62] 분명 우리 정부가 문화진흥지원책을 마련한 것은 사실이다. 그러나 음악과 드라마, 영화 그리고 문학에 이르기까지 한류의 중심을 차지해 온 콘텐츠는 각계각층 인사들의 노력의 결과인 탓이 크다. 국책에 의해 한류가 성공했다는 언설에는 주의가 필요하다. 이러한 언설은 일본의 '쿨 재팬' 전략과의 조합으로 생각할 필요가 있다.[63]

잘 생각해 보면 '한류라는 말은 일본에서는 이제 진부하다.', '우리는 쓰지 않는다.'라고 하는 젊은 세대의 감각은 〈겨울연가〉에 빠진 일본인

---

61 '韓国と大差？どうする日本エンタメ 秋元康・小島瑠璃子が語り合う 'TOKYO FM'が新番組', 朝日新聞, 2021年11月20日

62 '한류, 정책 산물인가 '설계되지 않은 성공'인가', 한겨레, 2022년 5월 7일
    https://www.hani.co.kr/arti/economy/economy_general/1041887.html

63 정인선(2025), '일본 쿨 재팬 정책에 나타난 한류 인식과 '국책' 담론: 문화산업에 대한 정부 지원의 패러독스', 문화산업연구, vol. 25, no. 2, pp. 217-226

중장년이 한류 1세대의 일을 통해 한국 자체를 재발견해 나간 감각과 질적 차이가 있을 수 있다.

한류 초기와
일본 반응

한류라는 말은 1990년대에 중국에서 사용되기 시작한 용어다. 일본에서는 2003년 NHK가 〈겨울연가〉를 방영하면서 인기를 얻었던 시기부터 사용되기 시작해 역시 2010년대 정도까지 대중매체를 통해 확산했다. 한류 가운데 K-팝은 2010년대 초 큰 인기를 얻었다. 예를 들면, 카라, 소녀시대이다. 카라는 한국에서는 큰 성공을 거두지 못했지만, 일본에서는 압도적인 인기를 얻어서 홍백가합전까지 참가했다. 사실은 한류와 병행해 '화류華流'라는 말도 사용됐다. 이는 중화권(대만, 홍콩, 중화인민공화국 등)의 대중문화 유행을 가리킨다. 일본에서는 2000년대 초부터 '화류'라는 말이 쓰이기 시작했다. 대만 드라마나 홍콩 드라마가 어느 정도 인기를 얻었다. 지금도 넷플릭스Netflix의 드라마 콘텐츠를 중심으로 역사 판타지 작품古裝劇(고장극)과 무협 작품은 인기가 있다. 예를 들면 〈산산스리타오화三生三世十里桃花(삼생삼세십리도화)(2017)〉, 〈천칭링陳情令(진정령)(2019)〉, 〈쥐에다이 쌍지아오絶代双驕(절대쌍교)(2020)〉 등이다. 〈절대쌍교〉는 구롱古龍(고룡) 작가 원작의 매우 유명한 무협 작품으로 여러

　　　　　　　　　한류 팬덤은 한·일 관계의 구세주인가

차례 리메이크돼 히트를 날렸기 때문에 여기서 다른 작품과 하나로 묶기 어렵지만, 〈산산스리타오화〉나 〈천칭링〉은 그 복잡하고 장대한 세계관과 스토리의 능수능란함, 등장인물의 매력이라는 점에서 남다르다. 필자도 봤는데 너무 재미있어서 정주행했다.

화류를 명실상부한 작품 중 하나는 일본 만화인 〈하나요리 당고花より男子(꽃보다 남자)〉를 원작으로 한 대만 드라마 〈리우씽화위엔流星花園(유성화원)〉일 것이다. 작품 중 F4라는 남자 그룹에 대한 주목도는 높았고, 실제로 연기한 배우인 옌청쉬言承旭(언승욱), 우지엔하오吳建豪(오건호), 주샤오톈朱孝天(주효천), 저우위민周渝民(주유민)에 의해 아이돌 그룹 F4가 결성되었다. 다만 대만 가수 덩리쥔鄧麗君(등려군)과 홍콩 영화 스타인 레이시우룽(이소룡), 홍캄보우(홍금보), 청룽(성룡) 등으로 대표되는 쿵푸 영화는 1970년대부터 계속 인기가 있었다. 그리고 〈영환도사靈幻道士〉등의 강시僵屍 시리즈[64]는 1980년대부터 일본에서도 인기를 누렸고 1990년대에는 홍콩 사대천왕인 찡혁야우張学友(장학우), 라우딱와劉德華(유덕화), 꿕뿌쎙郭富城(곽부성), 라이밍黎明(여명)이 인기를 끌었으니 그런 의미에서 원조 화류는 예로부터 있었다고 할 수 있다. 그러나 화류는 전반적으로 2003년 이후의 한류와 같은 현상이 아니라 일시적이거나 일정한 인기에 머물러 있다. 일본에서는 화류가 한류의 인기도를 뛰어넘거나

---

64 다만 일본에서는 〈영환도사〉 시리즈의 아류(亜流)인 대만판 강시 시리즈 〈유현도사(幽玄道士)〉가 인기를 얻었다. 특히 주인공 텐텐을 맡은 Shadow Liu(劉致好) 배우의 인기는 높았다.

위협하는 존재가 된다고 보기 어렵다. 한류의 인기와 일본 사회로의 정착은 마치 독무대인 것처럼 보인다.

반면 미국발 대중문화 콘텐츠가 일본에서 유행한 것을 '미류'라고 표현하지는 않았다. 아시아 태평양 전쟁에 패전한 일본은 미국의 점령하에 미국 문화가 침투하였고, 그 경향은 일본이 주권을 회복한 후(1952년 이후)에도 계속되었다. 일본은 정치·군사적 경제적 문화적으로 미국을 추종하는 체제가 되었기 때문이다. 물론 문화적 측면에서는 미국발 콘텐츠가 양·질과 함께 압도적으로 매력적이었던 적도 있었을 것이다. 따라서 할리우드 영화와 미국 음악, 애니메이션, 라이프스타일에 이르기까지 미국의 대중문화 콘텐츠는 높은 인기를 얻었다. 미국발 콘텐츠는 좋든 나쁘든 일본 사회 전체에 깊이 장시간 뿌리를 내렸기 때문에 그것을 굳이 '미류'라고 일부러 표현할 필요가 없었을지도 모른다.

이야기를 한류로 되돌려 보자. 아사히 신문에서 한류라는 말에 대해 본격적으로 다룬 기사는 필자가 확인한 2001년 12월 19일의 「역사 극복하고 동아시아 공동체를」이라는 기사다.[65] 그러나 더 흥미로운 것은 같은 해 12월 25일의 기사 「한류의 끝에」이다.[66] 이 기사는 "동아시아 문화에서 올해의 키워드를 고른다면 확실히 상위에 오는 말이 있다.

---

65 '歷史克服し東アジア共同体を 小田川興(記者は考える)', 朝日新聞, 2001年12月19日
66 "韓流'の先に(ニッポンのことば 第4部・漢字文化圏の未来: 6)', 朝日新聞, 2001年12月25日

 한류 팬덤은 한·일 관계의 구세주인가

한류. 한국 드라마와 영화, 팝 등의 인기가 대만과 중국 대륙으로 밀려온 현상을 일컫는다."라는 한 문장으로 시작해 대만에서 한류가 확산하는 모습을 묘사하고 있다. 이 기사에 따르면 대만에서는 '하리즈哈日族(일본 문화를 좋아하는 사람들)'를 중심으로 한 일본 붐이 몇 년 전까지만 해도 우세했지만, 그것이 이제 한류로 대체되고 있다는 내용을 담고 있다. 기사는 또 다음 내용을 담고 있다. 기사는 '대만에서는 상하이 붐도 뜨겁다. 월드컵 축구를 앞두고 한·일 외에 한·중의 접근도 있다. 한자 재검토, 근린 문화나 언어에 대한 관심의 고조는 아시아의 새로운 문화권 탄생을 생각하게 한다. 일본 문화 해금을 단행하자마자 한류를 낳은 한국의 활기는 그런 미래를 향한 발걸음 소리가 아닐 수 없다.'라고 지적하고 있다.

요미우리 신문은 NHK가 〈겨울연가〉를 처음 방영한 지 한참 뒤인 2003년 10월 한류에 대한 기사를 썼다.[67] 이 기사에서 "아시아의 나라들에서 일본의 팝 가수나 배우의 인기는 높다. 하지만 그것도 뛰어넘을 기세로 한국의 영화나 드라마, 아티스트가 젊은이들의 지지를 받고 있다. 과거 대만에서 가장 선호하는 외국 TV 드라마는 일본 드라마였다. 그것이 지난 1년 정도 사이에 한국 드라마로 바뀌었다."라고 말했다.

또한, '한국은 1998년부터 단계적으로 일본의 대중문화 개방을 추진

---

67 ‘[今日のノート] 文化開放’, 読売新聞, 2003年10月6日

해 왔다. 그것이 한류를 낳는 계기가 됐다는 분석이 있다. 일본의 악곡이나 영상을 받아들이지 않은 것은 국민의 반일 감정을 배려한 것이지만, 국내의 그런 종류의 산업을 보호하기 위한 정책이라는 측면이 있었음을 부인할 수 없다. 그런 걱정과는 달리 일본의 문화 유입이 경쟁심을 불러일으켜 한국 엔터테인먼트 산업을 활기차게 만들었다.'라고도 지적한다.

위의 아사히 신문과 요미우리 신문의 기사가 강조하는 요점은 비슷하다. 우선 일본의 대중문화가 동아시아를 주도해 왔다는 암묵적인 자부심을 강조하고 있다. 적어도 1990년대까지는 동아시아 안에서는 일본이 실험적이고 선진적이며 완성도 높은 음악과 트렌디 드라마를 제작해 온 것이 사실이다. 한류는 일본 대중문화에 동등하는 것은 아니지만 최근 대만과 중국 대륙에 밀려들어 일본 대중문화의 위상이 위협받는 것 같아 약간 걱정스럽다는 느낌도 위 기사의 행간에서 풍기고 있다. 이 기사를 쓴 기자들은 설마 20년 후에는 한국 대중문화가 당연한 존재로 일본 사회의 내부 깊숙이 스며들 줄은 몰랐을 것이다.

다음으로 이 기사들은 한국 대중문화, 특히 엔터테인먼트 산업의 활성화는 김대중 정권의 대일 문화 개방(1998)을 계기로 하고 있으며, 보다 직접적으로는 일본 대중문화가 그 요인이라고 주장한다. 이 논리가 어느 정도 타당성이 있는지에 대해서는 보다 실증적인 연구가 필요하다. 하지만 중요한 것은 일본 주요 일간지의 기자가 이러한 관점을 가지고 있었다는 사실이다. 이 두 기사가 한류의 긍정적 가능성을 언급

     한류 팬덤은 한·일 관계의 구세주인가

하면서 일본 대중문화의 상대적인 박탈감을 드러내고 있다는 점에서 흥미롭다.

한류에 대한 짜증…
그래도 '늪'에 빠진다

거듭 말하지만, 일본에서 한류가 본격적으로 유행하기 시작한 것은 2003년의 〈겨울연가〉 방영부터다. 이후 제1차 한류, 제2차 한류처럼 일본에서 한류는 간헐적으로 받아들여져 왔다. 이 같은 한류 현상은 여러 연구자나 언론인들이 다양하게 분석해 왔다. 예를 들면, 일본의 과거 작품과의 연관성을 말하는 분석이 있다. 1950년대에 라디오 드라마 〈키미노 나마에와 君の名は(당신의 이름은)〉이라는 순애극이 대히트를 쳤다. 혹자는 이 작품과 〈겨울연가〉와의 유사성을 지적했다.[68] 이처럼 '기시감'이나 '향수'를 〈겨울연가〉 히트의 이유로 삼는 시각이 일본에 존재한다.[69]

또 한류에 대한 비판적 담론도 증가하기 시작했다. 야마노 샤린 山野車

---

68 예를 들면 다음의 기사를 참조. '[自由席] 冬ソナ異聞 団塊世代のこれからは', 読売新聞, 2004年8月22日

69 "日韓文化フュージョン"の先にアジア共同体が見える 船橋洋一', アエラ, 2004年7月1日

輪에 의한 『망가혐한류マンガ嫌韓流(만화혐한류)』[70]가 그 대표적인 것이다. 이 만화는 한국 대중문화를 개별적으로, 구체적으로 비판하기보다는 한국문화를 총체적으로 부정적으로 보고 한·일 간의 한국의 역사 인식(일본의 식민지배와 그에 기인한 문제)을 부정하고 비난(혹은 비방)하는 데 주안점을 두었다. 내용 자체는 지금까지 일본 극우세력이나 역사 수정주의자들의 주장과 큰 차이가 없었지만, 만화라는 매체의 특성도 있어 30만 부가 팔렸다.[71] 이는 한국/한국 대중문화에 대한 뿌리 깊은 반발이 일본 사회에 존재한다는 것을 증명했다. 이후 2008년 정도부터 재일교포 및 한국과 한반도에 대한 차별선동을 반복하는 극우 증오범죄단체(재일특권을 허용하지 않는 시민모임(在日特権を許さない市民の会) 등)가 활발히 활동하기 시작했다.

한류에 대한 반발은 연예계에서도 터져 나왔다. 전 배우인 다카오카 소스케高岡蒼佑는 2011년 7월 트위터에서 한국 드라마를 방송하는 후지TV를 비판하는 메시지를 올렸고, 이 게시물의 영향력도 하나의 요인이 되어 후지TV에 항의하는 반한류 시위도 벌어졌다.[72] 한편, 한류

---

70 2005년에 진유사(晉遊舍)에서 출판되었다.

71 '30万部も売れる日本の病理　マンガ'嫌韓流", 民団新聞, 2006年1月25日

72 '俳優の高岡蒼甫_韓国関連のテレビはすぐ消してしまう？…韓国で批判', 中央日報, 2011年7月26日,　https://japanese.joins.com/JArticle/142171?sectcode=740&servcode=700(2026년 1월 17일 최종열람)
　　　吉野嘉高 'フジは、なぜ'ネット炎上'の標的になるのか', 東洋経済オンライン, 2016年9月6日, https://toyokeizai.net/articles/-/134071?display=b(2026년 1월17일 최종열람)

에 계속 빠져드는 사람들은 일정 이상 계속 존재하고 있다. 아사히 신문 GLOBE 239호(2021년 3월 7일 호)는 「한류의 늪에 오신 것을 환영합니다」라는 주제로 특집을 마련해 K-팝과 한국 드라마, 그리고 문학 등 대중문화 팬덤과 제작자/관계자 인터뷰를 실었다. 여기서 '늪'은 은유다. 어떤 대상을 좋아하게 되어, 그 매력에 푹 빠져 가는 것을, 밑바닥 없는 늪에 빠져 움직임을 취하지 못하고 늪 깊은 곳까지 빠져 버리는 모습에 비유해 '늪 빠짐'이라고 한다.[73] '늪 빠짐'은 한류에만 국한된 이야기가 아니라 다른 분야의 팬덤에도 해당하지만, '늪 빠짐'이라는 표현이 이렇게까지 유명해지게 된 것은 한류의 영향력 없이는 생각할 수 없을 것이다.

또 코로나19 사태에서 한류 팬들에게 큰 지지를 받은 드라마는 〈사랑의 불시착〉이었다. 배우 겸 에세이스트이자 자타공인 한국통인 구로다 후쿠미黒田福美는 2021에 『'불시착'해도 끝나지 않는다「不時着」しても終わらない』를 출간해 〈사랑의 불시착〉의 매력을 일본 독자들에게 전했다. 구로다가 가장 강조하고 싶었던 주제는 '우리는 왜 리정혁에게 마음이 끌리는 걸까?', '동경하는 여성상 윤세리는 자기 일은 자기가 결정한다.'이었을 것이다. 구로다는 일본에서 본 〈사랑의 불시착〉의 특징을 알기 쉽게 전달하고 있다.

---

73 "沼る"沼落ち'などの表現 いつから使われ始めたの？', ニッポン放送News Online, 2023年9月28日, https://news.1242.com/article/464767(2026년 1월 17일 최종열람)

〈사랑의 불시착〉이나 〈이태원 클라쓰〉, 〈빈센조〉 등의 작품이 일본에서 장기간 이어지는 핵심 팬을 확보한 이유 중 하나로 적당한 로컬리티를 들 수 있다. 필자는 2024년에 공동 저작으로『한국 드라마의 상상력』[74]이라는 책을 출간했는데, 이 책은 한국 드라마가 갖는 더 나은 사회를 위한 사회적 상상력, 그리고 로컬리티locality를 주제로 한다. 다음은 아사히 신문 도서 웹사이트인 코우쇼코우우지츠好書好日(호서호일)[75]과의 인터뷰에서 필자가 대답한 내용의 일부다. 조금 길지만 인용하고 싶다.[76]

"역시 적당히 로컬인 것은 필요하군요. 일본과 한국은 지리적, 역사적인 조건도 가깝기 때문에 로컬 사회의 요소도 공통되는 부분이 크다는 생각도 듭니다."

야마나카山中: 그렇습니다. 게다가 일본과 한국 사이에는 특히 2000년 이후 대중문화의 축적이 진행되어 왔습니다. 물론 여러 가지 오해도 있지만, 서로에 대한 이미지를 모두 어느 정도 자세히 가지고 있어

---

74 '平田由紀江·森類臣·山中千恵, '韓国ドラマの想像力, 社会学と文化研究からのアプローチ', 人文書院, 2024年

75 아사히 신문사가 운영하는 책 비평 및 소개 전문 사이트.

76 '韓国ドラマの想像力'インタビュー 社会学者3人が見つめた, フィクションで現実に迫る熱量', 好書好日(朝日新聞 web版), https://book.asahi.com/article/15659136(2026년 1월 17일 최종 열람)

요. 그래서 한국 드라마의 로컬적인 부분, 일본과 공통되면서도 다른 부분을 일본 시청자들이 즐길 수 있지 않을까요? 그렇기 때문에 로컬한 부분을 함께 파고들어 해석을 넓히고 더 즐길 수 있었으면 하는 마음으로 이 책을 썼습니다.

모리森: 한국의 로컬함이 일본 시청자들에게 친근하고 이해하기 쉬운 부분이 많기 때문에 즐길 수 있겠지요. 한편, 그러한 한·일이 갖는 공통성에 드라마의 의미를 수렴하고 이해하면 이로부터 발생하는 위험성 또한 있다고 생각합니다. (역주: 한·일은 문화나 사회에 공통성이 많기 때문에 일본 사람들은 자기의 문화나 사회를 이해하는 방식으로 한국 문화나 사회를 이해하는 경향이 있는데, 이는 조금 위험할 때가 있다고 봅니다) 정서가 비슷한 만큼 한국 사회를 이해했다고 착각해 버립니다. 그 반동으로 '왜 한국인은 일본을 더 이해해 주지 않을까?'라고 생각하는 사람도 있습니다. 한국 드라마의 로컬성은 일본 시청자들에게는 이해하기 쉽게 즐길 수 있다는 의미에서 유리한 점이 있지만, 그만큼 한·일의 중요한 차이점에 대해 볼 수 없게 하는 부분도 있을 겁니다.

〈오징어 게임〉이 보여주듯이 보통 한국 드라마의 보편성이야말로 한국 드라마가 세계적으로 유행하게 된 이유라고 한다. 필자도 이러한 분석에 찬성한다. 하지만 필자를 포함한 『한국 드라마의 상상력』의 저자들은 한국 '로컬리티'야말로 한국 드라마가 갖는 매력이며 바로 그 점이 일본 시청자들에게 평가받고 있다고 지적했다. 이런 현상은 1차 한류에서는 잘 드러나지 않았지만, 최근 들어 4차 한류에서 발견된다. 한류가 일본 사회에 들어온 지 20년 이상 지나 일본에 뿌리를 내리면서 일본 사회가 한국의 로컬리티를 수용하고 즐길 힘이 생기고 있는지도 모른다.

2025년이라고 하면, 넷플릭스의 〈케이팝 데몬 헌터스K-Pop Demon Hunters〉에 대해 이야기하지 않을 수 없을 것이다. 이 애니메이션은 전 세계적으로 빅히트였으나 일본에서는 '생각보다' 히트를 치지 못했다. 한국 대중문화를 좋아하고, K-팝도 즐겨 듣는 학생 몇 명에게도 이 애니메이션을 봤는지 물어보았지만, 거의 "본 적이 없다."라고 답했다. 이 것은 흥미로운 현상이다. 일본 대중잡지《슈칸신초週刊新潮(주간신초)》는 그 이유를 "BTS와 블랙핑크, 트와이스, 스트레이 키즈 등의 세계적 성공을 바탕으로 구미와 동남아에서는 'K-팝' 자체가 글로벌 음악 장르로 받아들여지고 있지만, 일본에서의 관심은 음악 장르보다 '특정' 아이돌 그룹 위주다."라고 했다.[77] 물론 〈K-Pop Demon Hunters〉가 현시점에서도 일본에서 많이 인기가 없는지는 확인해야 하겠지만 제83회 골든 글로브상 시상식에서 애니메이션 영화상을 수상한 이 작품이 다른 나라에 비해 유독 일본에서만 인기가 없다면 그 원인을 분석할 필요가

---

[77] "世界的人気の'K-POPアニメ'が日本で盛り上がらない理由', デイリー新潮web版, https://www.dailyshincho.jp/article/2025/10100600/?all=1(2026년 1월 11일 최종열람)

있을 것이다.

문화 수용과 역사 인식, 그리고 하이브리드화

필자의 인상으로는 대학에는 '문화와 역사문제·정치 분야를 분리해서 생각하고 싶다', '대중문화만 배우고 싶다'는 학생이 훨씬 많다. 그러나 한·일을 둘러싼 정치 상황이나 두 나라에서 근현대사를 파악하는 자세의 차이에 관심을 가지는 학생도 있다. 또한 문화와 역사, 정치·외교의 관계에 대해 분리해서 생각해도 되는지, 연결해서 생각해야 하는지를 고민하는 학생도 있다. 이런 Z세대 젊은이들이 서로 대화하고 생각을 정리한 책이 『한·일의 답답함과 대학생인 나』다.[78] 이 책은 한국 대중매체에 소개되었다.[79]

필자가 보고 들은 바로는 일본 배외주의排外主義 레이시즘racism 단체[80]

---

78 加藤圭木監修, 一橋大学社会学部加藤圭木ゼミナール著, "日韓'のモヤモヤと大学生のわたし', 大月書店, 2021年

79 '가해의 역사를 자기 공격으로 받아들이는 일본인들에게', 경향신문, 2021년 8월 13일, https://www.khan.co.kr/article/202108131031001(2026년 1월 17일 최종열람)
'한국인 괴롭히던 '혐한' 어디로 갔을까…요즘 일본 극우가 활개 치는 '이곳'', 한국일보, 2024년 11월 25일, https://www.hankookilbo.com/News/Read/A2024112118260003642(2026년 1월 17일 최종열람)

가 재일 코리안이나 한국에 대한 차별 활동을 했을 때도 한국 대중문화에 젖어 자란 젊은 세대는 레이시스트racist 집단의 주장에 쉽게 동조하지 않았던 것 같다. 레이시스트 집단의 발언이 젊은 세대의 감각에서 상당히 어긋나 있기 때문에 무관심이었을 것이다. 배외주의적 주장이나 편협한 내셔널리즘에 빠지지 않는 것은 좋은 경향이라고 생각하지만, 이런 무관심이 과연 좋은 것일까 하는 생각도 든다. 지금의 젊은 세대는 레이시스트 집단의 발언에 안이하게 동조하지 않는 한편, 일제강점기에 기인한 일본과 한국의 문제, 또 그 역사와 직접적인 관련이 있는 재일 코리안의 존재에 대해서도 별로 관심을 갖지 않는 경향을 보이기 때문이다. 즉, 어떤 의미에서 이들은 건조된 감각도 겸비한다. 한국 대중문화에는 열광하지만, 한국 자체에 관심과 애정을 갖는 차원까지는 가지 않기 때문에 당연히 한·일 관계를 깊이 생각하는 상황은 좀처럼 형성되지 않는다.

한류와 관련해서 재일 코리안들의 시각을 소개해 보자. 한류가 일본에 본격적으로 들어오기 시작하고 몇 년 후, 필자는 재일 코리안들에게 여러 가지 의견을 물을 기회가 있었다. 이들의 대답에는 두 가지 요점이 혼합되어 있었던 것으로 기억하고 있다. 하나는 한류로 인해 한국 대중문화 나아가 한국 그 자체에 대한 일본인의 관심이 높아지면서

---

80 예를 들어 전형적인 단체로 '재일 특권을 허용하지 않는 시민모임(在日特権を許さない市民の会)'을 들 수 있다.

그동안 한국문화를 낮춰 보거나 무시하는 자세였던 일본인이 줄어들지 않을까 하는 기대감이다. 일본 사회가 한류를 통해 한국문화를 선호하는 것으로 받아들이게 되고, 이는 재일교포에 대한 차별 해소에 긍정적인 역할을 담당하지 않겠느냐는 것이다. 또 하나는 한류로 인해 멋진 한국의 이미지가 확산하면서 과거 일본이 해왔던 한반도 식민지배의 역사와 그 하나의 귀결로서의 재일 코리안 문제가 소홀히 되는 것은 아닌지 우려하는 것이다. 한·일 관계는 과거부터 현재까지 하나의 역사적 과정을 거치는데, 그러한 흐름이 한류를 기점으로 이미지가 분절되는 것이 아니냐는 것이다. 물론 이러한 시각은 모든 재일교포에게 해당한다고 할 수는 없다. 다만 이와 비슷한 시각을 갖는 재일 코리안들이 확실히 있었다는 점은 아사히 신문 2006년 1월 16일 기사를 통해서 알 수 있다.

'이 나라는 아무것도 변하지 않는다. 길목에 한식당은 열었어도'

미에현三重県에 거주하는 가인歌人 이정자李正子 (58세) 씨는 단가短歌로 일본 사회의 모순을 고발해 왔다. "한류가 인기를 끌어도 과거에 있었던 일을 없던 걸로 할 수는 없습니다." 이정자 씨는 한국 드라마만 보면 눈물을 글썽인다. 가난한 삶과 차별 속에 산 부모, 비가 오면 물에 잠기는 동네, 귀국선을 타고 월북한 소꿉친구 등 한류의 화려함 뒤에 잊힌 많은 재일 코리안들을 애처롭게 그리워하기 때문이다.[81]

K-팝과 한국 드라마 등 한국 대중문화 콘텐츠를 접하고 그 매력의 '늪'에 빠진 일본인이라면 누구나 들어본 적이 있는 인물이 있다. 한국 대중문화 저널리스트인 후루야 마사유키古屋正亨 씨다. 후루야 씨는 일본에 K-팝을 소개하는 사람으로 매우 유명하며, 한국 대중문화 콘텐츠를 1990년대부터 일본에 소개해 온 인물이다. 온갖 K-팝과 배우 등 한국 대중문화를 상징하는 스타들과 꾸준히 함께 일해 온 사람으로, 어떤 의미에서 한국 대중문화를 현장에서 깊이 생각해 온 사람이라고 할 수 있다. 후루야 씨도 지금까지 문화와 정치, 역사를 분리해 파악해 왔지만, 지금은 그러한 생각을 고쳤다고 한다. 후루야 씨는 인터뷰나 책에서 다음과 같이 말하고 있다.

"음…, 저는 그 당시 문화는 문화, 정치는 정치라는 사고방식을 갖고 있었습니다. 한류나 K-팝을 좋아하는 분들 중 그렇게 딱 잘라서 생각하는 분들이 계셨기 때문에 여러 가지 힘든 상황이 있어도 한류가 일본에서 문화로서의 위치를 계속 확보할 수 있었다고 생각합니다. 그런데 최근 몇 년 동안 그러면 안 되겠구나 하고 깨달은 거죠. 뭐가 안 되냐 하면 본질이 안 보이는 거죠."[82]

---

81 '(時空をこえて：2) 韓流と在日コリアン　隣国への目、隣人にも' 朝日新聞 2006年1月16日

82 "韓流の伝道師'古家正亨さん、K-POPにあこがれ韓国に渡る若い世代に'歴史を知って'と説く理由（後編）"好書好日'https://book.asahi.com/article/14843771

"한국의 경우 정치나 사회문제에 대해 논의하는 것을 젊은 사람이라
도 당연하게 생각합니다. 자국이 처한 상황을 국민이 잘 보고 있습니
다. 반면 일본은 우리가 역사나 정치에 무지로 있으면 있을수록 기뻐
해 주는 사람들이 많이 있습니다. 논란이 일어남으로써 곤란한 사람이
많이 있는 것입니다. 그래서 '모르니까 상관없다.'라는 생각이 생기는
것이고, 이래서는 한·일 관계에 좋은 미래가 보이지 않습니다. 그래서
K-팝 팬인 여러분은 모처럼 한국 스타를 좋아하게 되었으니, 한국에
대해 그 자체를 더 알아줬으면 좋겠어요. 하긴 한·일 관계는 우리가 당
장 어떻게 할 수 있는 문제가 아니기도 하고, 갑자기 상황을 크게 바꾸
기는 어렵다고 생각합니다. 한·일이 옥신각신함으로써 자신들의 가치
를 확보하는 사람도 존재하는 것이니까…. 하지만 사랑하는 사람이 생
기면 그냥 단순히 '좋아'가 아니라 상대방을 더 알아보고 싶다는 마음이
들듯이 마찬가지로 좋아하는 한국 스타가 생기면 '이 사람들이 사는 나
라가 어떤 나라일까, 왜 일본과 이렇게 꼬여 있을까. 그럼 어떻게 하면
해결할 수 있을까?'라고 서서히 깊이 생각하는 것을 바라는 것입니다.
한국어를 읽을 수 있는 것, 한국어를 말할 수 있는 것, 그것만이 중요한
것은 아닙니다."(古家正亨 2022:231-232)

필자는 후루야 씨를 수업의 게스트 스피커guest speaker로서 초청해 강
의를 부탁한 적이 있다.[83] 이때도 학생들로부터 "문화와 정치를 분리해
야 하느냐?"하는 질문이 나왔다. 후루야 씨는 위와 같이 답변을 했다.

학생들은 문화는 문화로서 역사나 정치로부터 분리해 순수하게 문화를 즐기고 싶다는 것이다. 까다로운 것에서 거리를 두고 싶다는 말이다. 그러나 후루야 씨는 학생들에게 한·일 관계에 대해 역사·정치·경제 등의 지식을 얻고 자신의 머리로 생각하는 것의 중요성을 강조했다. 한국 대중문화를 그 초창기부터 일본에 소개해 온 후루야 씨의 말을 다시 한번 생각해 볼 필요가 있을 것이다.

한·일 하이브리드화와 향후

한류가 일본에 정착하면서 Z세대의 흥미와 관심, 팬덤의 위상, 그리고 한류라는 문화현상 자체도 새로운 국면에 접어들고 있다고 느낀다. 우선 Z세대의 한류에 대한 관심은 K-팝, 한국 드라마 같은 엔터테인먼트 분야와 음식문화에서 다른 분야로 확산하고 있다. 특히, 메이크업(화장품)과 패션 등 라이프스타일은 Z세대의 주목을 받고 있다. 이른바 'K-스타일'에 대한 관심과 동경이다. 필자는 일본 Z세대가 한국의 카페 문화를 선호하는 것도 이 K-스타일에 포함된다고 생각한다.

---

83 '古家正亨さんゲスト講義を開催いたしました！'(森ゼミナール活動報告)摂南大学国際学部オリジナルサイト, https://setsunan-kokusai.jp/w/2023/06/古家正亨さんゲスト講義を開催いたしました！

스킨 케어와 코스메틱, 메이크업 용품에서는 한국 브랜드가 인기가 많은 것 같다. 저렴한 가격으로 나름의 품질을 유지하고 있는 것이 큰 인기의 이유 중 하나이지만, 아이돌이 광고에 나오는 것도 큰 이유다. 일본 간사이関西 지역 거주자들 사이에서는 'SAMI(사미)'라는 한국 코스메틱 전문점의 인기가 높다. 또 한국을 여행하는 Z세대 중에서는 올리브영Olive Young이 높은 지지를 얻고 있다. 올리브영은 알다시피 화장품·건강미용용품을 취급하는 대형 판매점이다. 특히 성수동에 있는 지점 '올리브영 N 성수'는 대형 매장과 특별한 콘셉트로 화제가 됐다.

20대 때 한국 코스메틱에 익숙해지고 친숙해진 Z세대 일본 여성이 30대가 되면서 그 흐름에서 고급 한국 코스메틱을 사용할 가능성도 있다. 필자는 2025년 2월 학생들을 인솔해 화장품 브랜드 KAHI의 본사를 방문해 견학하고 종업원으로부터 여러 가지 이야기를 들었는데, 전시된 제품을 보고 있던 학생들의 반응이 상당히 좋았다. 학생들에게는 또 하나의 '반짝반짝 한국'이었다.

2차 한류 때부터 스킨 케어와 코스메틱 분야에서 한국 제품의 인기는 높았다. 비비크림과 달팽이 크림 등이 유행했다. 현재는 제품군이 보다 다양하게 더욱 심화되었다. 무엇보다 한국 코스메틱을 사용하는 것이 자신의 가치관을 높이는 멋진 행위라고 인식하는 대학생들이 늘어났다는 점이 매우 흥미롭다.

팬덤의 변용도 중요하다. 한류 콘텐츠를 계기로 모녀가 함께, 혹은 누나와 여동생이 자매로 함께 '덕질'을 하는 현상이 정착되었다. 아버지는 아내 혹은 딸의 영향을 받아 한류 콘텐츠를 접하는 것 같다. 예를 들어 한국 드라마에 관심이 없었다가도 아내 혹은 딸이 빠져들기 시작하자 집에서 함께 보기 시작해 그 재미를 깨닫는 식이다. 아사히 신문의 주간지 《아에라AERA》는 '덕질'을 통해 가족 간 소통이 증가한 사례를 소개하고 있다. 또한 필자의 학생 중에는 아버지가 한류 콘텐츠에 전혀 관심이 없었지만, 딸이 보기 시작한 드라마를 함께 보면서 그 재미에 사로잡히고 있다고 한다. 그 학생에 따르면 자기 아버지는 보수적인 사람이며 부정적인 한국 이미지를 갖고 있었는데, 딸의 행동과 한류 콘텐츠 시청으로 조금씩이나마 한국에 대한 이미지가 변화되고 있는 것 같다고 한다.

필자 주변에서 한류 때문에 가족 안에 심각한 갈등이나 균열이 생긴 경우는 들어본 적이 없다. 다만 지나친 '덕질'이 애정이나 경제적인 문제를 야기해 가족 간에 갈등이 생기는 경우는 실재하는 것 같다.[84] 인터넷을 찾아보면 과도한 '덕질'로 가정이 붕괴된 사례가 다수 소개되고 있다. 물론. '덕질'이 선을 넘어서기 시작하면서 생활이 '내 최애' 중심으로 돌아가자 가정에 심각한 영향을 주는 것은, 한류에만 국한된 것이 아니다. 일본의 아이돌이나 스포츠 팀에 대한 '덕질'에서도 마찬가지라고 할 수 있다.

재미있는 것은 한국 카페의 사례일 것이다. 한국 카페의 귀여운 센스

---

84 '25th anniversary　発言小町　立ち上がる勇気もらってる＝特集' 読売新聞 2024年10月3日

 한류 팬덤은 한·일 관계의 구세주인가

에 빠져드는 Z세대가 많다. 예를 들어 LONDON BAGEL MUSEUM 안국점은 일본인 관광객들 사이에서 큰 화제가 됐으며 간판 제품인 베이글의 맛뿐만 아니라 가게 안 인테리어에 대해서도 '멋있다'는 평가가 많다. 최근 일본에서는 '한국 카페' 혹은 '한국식 카페'가 도시 지역에서 호평을 받고 있다.[85] 오사카에는 한·일의 하이브리드 '화한和韓 카페'(한·일 홍합 카페)로 자리매김하는 카페 스콘Cafe Seukon이라는 카페도 있다.

K-팝이나 한국 드라마 등 엔터테인먼트 콘텐츠 분야는 어떨까? K-팝의 월경성越境性은 이미 여러 곳에서 지적되고 있고, K-팝의 정의도 변용하고 있다. K-팝 아티스트가 한국인뿐만 아니라 일본인·중국인·대만인·태국인·미국인 등으로 다양해진 것이 당연해졌다. 즉, 하이브리드다. 드라마 분야에서는 K-팝만큼의 월경성을 찾기는 어렵지만, 그래도 한·일 합작 드라마 등이 최근 많이 나오고 있다. 〈로맨틱 어나니머스(2025)〉, 〈소울메이트(2025)〉 등의 작품에서 한·일 배우들의 협연은 물론 제작과 감독에 있어서도 한·일의 협업을 볼 수 있다.

필자의 하나의 가설이지만, 한류는 최근 대중문화의 유동성과 영역 용해성Convergence culture과 팬덤의 역학을 근거로 하며 앞으로는 다양한 분야에서 하이브리드화할 가능성이 높다. 물론 하이브리드화가 대중

---

85 '[氷菓ざんまい]（４）パッピンス　韓流　大胆にかき混ぜ（連載）'読売新聞 2011年8月6日
　　【大阪·梅田】夜カフェもおすすめ！ 2025年10月オープンの韓国カフェ'D day 1 Atelier" るるぶ &more. 2025年10月27日

문화의 모든 분야에서 이뤄지는 것은 아니고 하이브리드가 되어도 그 정도는 분야마다 다르겠지만, 이전보다 더 다양한 분야에서 진행될 것이다. 이러한 배경에는 한·일 양국이 동등한 수준으로 문화교류를 할 수 있게 된 최근의 상황도 깔려 있을 것이다. 진정한 의미의 한·일 상호작용이 시작되었을지도 모른다.

PART VII

기술, 심리, 철학의 융합 공간에 끼어든 한류 붐

최원재
Wonjae Choi

—

동국대학교 한류융합학술원

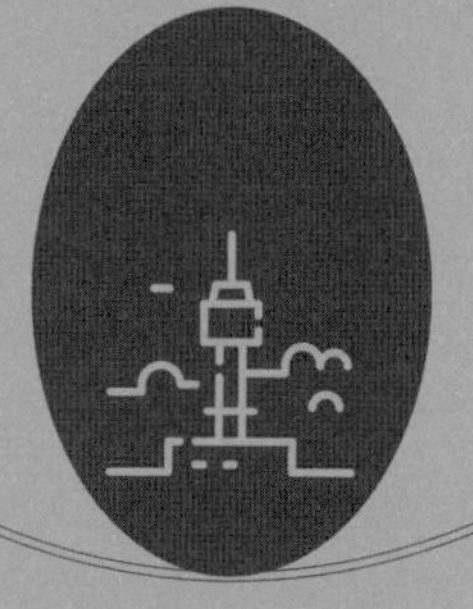

최원재는 동국대학교 한류융합학술원과 사학과에서 디지털 기술과 인문학을 융합한 '디지털 데이터 내러티브', '디지털 미디어 역사학' 연구와 강의를 하고 있습니다. 가상성, 추상성, 직관성 등 철학의 주제를 3D 모델링, 가상현실(VR), 증강현실(AR) 기술로 구현하는 새로운 인문학 교육 방식을 제안하며, 특히 인공지능 시대에 빅데이터와 디지털 기술을 활용하여 역사, 문학, 한류 등의 콘텐츠를 대중에게 전달하는 방법을 연구하는 데 탁월한 성과를 보이고 있습니다.

『인문기술자』, 『심리기술자』, 『블렌더기술자』, 『가상실록』, 『조선의 빅데이터, 송남잡지를 찾아서』 등을 저술했고, 『한류 101』에 집필자로 참여하며, 한류 교육 정책 수립을 위한 '한류학'의 교과 구성 방향을 제안하는 등 한류 교육을 위한 실천적 연구와 교육도 활발히 진행하고 있습니다.

이번 책을 기획하면서 각 나라의 한류, 한국 전문가인 저자들에게 딱 한 가지 "한류는 왜 인기가 있을까요?"라는 질문을 드렸습니다. 지금까지의 현상학적 한류 연구에서 한 발 더 들어간 층위에서의 물음입니다. 사실, 이는 우리 모두가 궁금해하는 바입니다. 한류에 관해서 연구한다는 이들에게 한류의 인기 비결을 물어보면 시원한 답이 나오지 않았습니다. 우리가 보는 우리와 남이 보는 우리는 분명 다릅니다. 지금까지는 한국인에 의한 한류 연구가 주를 이루었습니다. 그러다 보니 정작 외국인의 시선에서의 물음에 대한 답을 시원하게 내놓지 못했습니다. 생각해 보니 그동안 우리가 간과한 게 있었습니다. '아, 한류는 한국의 것이 아니었구나.' '맞아, 저들이 좋아해 준 거지.'

무언가 분명 우리만의 무언가가 있으니 우리의 것을 좋아했던 것이었습니다. 그런데 우리가 그것을 모르니 외국인 연구자들은 우리에게 답을 구하며 얼마나 답답했을까요? 그들 눈에 비친 우리의 모습에는 분명 어떤 매력 포인트가 있었을 테지요. 여러분도 한 번 생각해 보시기를 바랍니다. "한류가 왜 이렇게 떴을까요?" 누군가는 영상 콘텐츠를 잘 만들어서 그렇다고 합니다. 그렇다면 다른 나라에서 만든 영상 콘텐츠에 없는 "우리 한국 영상 콘텐츠만의 특성은 무엇일까요?" 혹자는 영상과 함께 나오는 BGM이 좋아서 그렇다고 합니다. "그렇다면 한국 BGM은 뭐가 좋다는 것일까요?" 또 혹자는 한국 배우나 가수의 외모가 멋있다고 합니다. 영상, 음악, 주인공의 멋진 모습 등 좋아할 만한 외적 요소에서 한류 인기의 근거를 찾을 수도 있습니다. 지금까지는 모두 그런 것들에 주목했었습니다. 그러나 정작 이런 모든 것들을 관통하는 '한국의 느낌'에 관해서는 이렇다 할 답을 내놓지 못했습니다. 한국의 배경, 한국인, 한국의 것들 모두에 '한국의 정서'가 배어 있습니다. 이게 무엇인지 모른 채, 혹은 알려고 하지는 않은 채 우리가 만든 콘텐츠에 대한 외국인들의 열정적인 반응에만 취했던 것은 아니었던가요? 우리는 지금부터 이른바 한국인의 '사회적 유전자'에 관한 공부를 해야 합니다. 우리는 왜 지금의 우리가 되었고, 어떻게 지금의 우리처럼 느끼게 되었는지에 관해서 조금은 더 처절하게 배웠어야 합니다. 여기서 우리의 유구한 역사를 들먹일 필요까지는 없습니다. 다만, 우리가 만든 것에 왜 다들 그렇게 열광하는지 그 이유는 심도 있게 연구해야 합니다. 이 책에 나오는 여섯 저자들의 의견은 우리의 경제, 정치, 외교 분야에서도 귀 기울일 만한 내용을 담고 있습니다.

　책이 출판되기 직전까지 저자들은 그 어떤 내용도 서로 전혀 공유하지 않았습니다. 저자들은 한국의 정서를 한국인 못지않게 지닌 외국인입니다. 이들이 공통적으로 바라보는 것은 무엇인지, 자기 문화와 비교해서 어떻게 한국의 것을 평가할지 궁금했습니다. 이들이 보는 자기 나라의 한류는 어떤지에 대한 솔직한 답을 듣기 위해서 원고의 구성과 내

　　　　　　　　기술, 심리, 철학의 융합 공간에 끼어든 한류 붐

용을 놓고 저와 협의하는 일도 없었습니다. 베트남, 몽골, 튀르키예, 태국, 일본 다섯 개 나라의 한류학자 여섯 명이 처음부터 한국어로 쓴 책입니다. 한류에 관해 외국인이 한국어로 쓴 첫 번째 책입니다. 외국인이 한국어로 쓴 한류에 관한 책이기 때문에 혹시라도 영어로 번역하면서 잃어버릴 수 있는 생각과 느낌을 모두 담을 수 있었습니다. 이를 통해 외국인 연구자가 받아들이는 한국의 정서를 훑어보자는 것이 이번 책의 기획 목적이었습니다.

편집을 위해 저자들이 보내온 원고를 읽어가면서 드는 생각이 하나 있었습니다. '이 원고를 읽고 있는 일 자체가 한류의 결과이자 한류 그 과정이다.'라는 생각이었습니다. 부끄럽지만 저자들이 살고 있는 다섯 개 나라에 관해서 아는 것이라곤 고작 수도의 이름, 위치, 대략의 인구수, 경제 순위, 블로그에서 사진으로 보았던 몇몇 맛집, 몇 구절의 현지어가 전부였습니다. 지역학을 공부하지 않는 이상 여행지로 유명한 몇 군데를 빼면 저들을 이해하는 게 거의 없었습니다. 이런 것들을 이해하지 못한다고 해서 이상해하거나 부끄럽게 느껴본 적이 아예 없었습니다. 교과서로 배운 지식을 빼면 인생에서 세계 시민 교육이 아예 없던 겁니다. 그런데 한류 팬들은 한국과 한국 사람에 대해서 하나라도 더 알고 싶어합니다. 단순히 자기가 좋아하는 한국의 콘텐츠를 즐기는 것에서 멈추지 않고 한국을 속속들이 알기를 원합니다. 왜 그런 걸까요?

한류의 인기 비결을 알아가는 길이 결국 내 나라를 알아가는 길이기도 했고, 한류 팬들의 나라를 알아가는 길이기도 했습니다. '내 나라의 어떤 것에 무슨 매력이 있는 것이길래 이렇게 좋아하나?'와 '저들은 누구길래 내 나라의 것에 매력을 느끼는 것인가?'라는 질문이 평행선처럼 이어져 나갔습니다. '태국이 아니라 태국인 하면 떠오르는 것은 무엇이지?', '몽골이 아니라 몽골인에 대해서 무엇을 알고 있지?' 등등 한류를 탐구하다 보면서 오히려 이 책 저자들의 나라 사람들에 관해 알고 싶어졌습니다. 한류 연구가 없었더라면 이런 생각을 가졌을까요? 한류 수요국 사람들에 대해 알고 싶어지고, 점점 교류하고자 하는 마음을 먹게 되었습니다. 바로 이러한 마음이 곧 한류 팬들의 한 모습이었던 것입니다. 한류 팬들은 사전류의 책을 통해서 단편적인 지식으로 한국을 이해하는 단계를 넘어 개인적으로 직접 한류에 빠져드는 것이었습니다.

한류 현상에 관한 외적 분석은 각계의 전문가들이 알아서 잘해주고 있습니다. 경제적, 정치적 한류의 영향 분석도 꽤 많이 축적되어 있습니다. 이제는 한류 현상을 일으키는 코어, 즉 한국인이 갖고 있는 내적 요소와 후천적 유전자를 공부해야 할 때입니다. 이는 역사적으로 말할 수 있는 한류의 시작점이 1990년대가 아니라 더 이전일 수도 있다는 의미입니다. 그러니 지금 나타나는 한류 현상은 '현대 한류'에서 나온 것이라고 용어를 재정의할 필요가 있습니다. 몽골 저자 돌마가 말하듯 원나라와 고려라는 시대에도 지금의 한류 못지않은 문화적 파도가 있었습니다. 한류를 생각하면서 그 연원을 몽골의 저자가 역사를 거슬러 원나라로 생각했고, 튀르키예의 저자인 하티제가 이를 돌궐제국과 연관시킨다는 점은 단순히 한국 영상 콘텐츠가 압도했던 1990년대를 훨씬 앞질러 한류를 생각할 수 있다는 여지를 남깁니다. 즉, 이들의 마음속에도 지금의 한류 역사가 상당히 오래전부터 이어져 온 것이라는 점을 보여줍니다. 고구려, 신라, 백제, 고려, 조선도 지금 못지않게 자·타국의 문화적인 흐름이 대세였던 때였습니다. 16세기 조선의 작가 허난설헌의 저작이 일본에서 일본인에 의해 출판되고 돌려 읽혔던 것은 요새 베트남에서 팬들에 의해 한국 아이돌 웹사이트가 만들어지고, 튀르키에 팬들이 한국 소식을 알기 위해 웹사이트를 만들고, 태국 팬들이 한국어를 배우려 드는 것과 같은 양상을 보여줍니다. 고구려인과 조선인이 기획하고 실행한 해외 원정 콘서트도 있었습니다. 여기서 몇백 년 전의 일을 소환하는 이유는 지금 우리의 모습이 비친 콘텐츠가 가지고 있는 역사성 때문입니다. 자동차를 보고 마차를 떠올릴 수 있듯이 자동차를 만들려는 마음은 마차를 만들었던 이의 마음과 크게 다르지 않습니다. 마찬가지로 지금의 한류를 보면 (다시 말해 한국 콘텐츠 향유자를 보면) 세대를 거듭하면서도 한류를 겪는 이들이 하나같이 궁금해하는 바는 한국인이 갖는 문화적 유전자라는 사실을 알 수 있습니다. 이를 보면 한류는 곧 역사성과 심리입니다.

그래서일까요? 당 티에우 응언Dang Thieu Ngan, 응엔 티 하Nguyen Thi Ha, 돌마Dulmaa, 하티제Hatice, 빠릿Parit, 모리森 여섯 명의 저자 모두가 약속이라도 한 듯 가장 먼저 한류 인기의 뿌리로 꼽은 것이 한국의 정서, 심리, 가치관입니다. 그리고 이들은 "이를 둘러싼 한류의 문화심리적 파생 효과가 팬덤을 만들었다."라고 입을 모았습니다. 저자들 모두가 같은 의견을 제시해서 재밌고 신기했습니다. 일본의 저자 모리를 제외한 다른 저자들은 모두 "K-드라마로 시작한 현대 한류는 K-드라마 안에 서사되는 한국의 기저 정신 때문에 인기를 얻었다."라고 합니다. 모리 교수에 따르면 일본에서는 K-팝이 K-드라마보다 인기가 많고, 한국과 일본 사이의 로컬적 유사함과 한국만의 독특함이 한류 인기라고 합니다. 이들의 관찰과 연구가 발견한 바를 통해 한국인의 후천적인 심리적 유전자와 문화적 요소의 특징을 찾아낸 것입니다. 이를 '감정 에너지'라고 부르고 싶습니다. 'emotional energy'라고 하거나 'energetic emotion'이라고 해도 둘 다 괜찮아 보입니다. 우리는 우리를 부르기를 '정情의 민족'이라고 하거나 '한恨의 민족'이라고 했습니다. 그런데 현대의 외국인 한류 향유자들이 보기에는 꼭 그런 것만은 아니었나 봅니다. 저자들에게 던진 질문 "한류가 왜 인기 있을까요?"에 대한 답을 정리해 보겠습니다. 그리고 각 나라에서 보이는 한류 팬덤의 특징을 살펴보겠습니다.

진짜 한국인과 한국인인 척하는 사람을 구분하는 눈

저자들에 따르면 베트남, 튀르키예, 몽골, 태국에서 K-드라마의 모

 기술, 심리, 철학의 융합 공간에 끼어든 한류 붐

태는 역사드라마입니다. 그중에서도 〈대장금〉입니다. 다른 역사극도 인기가 있었지만 단연 〈대장금〉이 부동의 1위입니다. 드라마에 나타나는 한국의 역사적 모습과 문화적 묘사도 재밌지만 드라마를 메꾸고 있는 심리적인 한국인의 요소, 정서적인 한국성Koreanness에 외국인들은 상당히 매력을 느낀다고 합니다. 베트남 저자 당 티에우 응언이 "K-드라마는 동아시아적 정서를 담았다. 가족애, 역경을 넘는 사랑, 충성심 등이 그것이다."라고 말한 요소입니다. 몽골의 저자 돌마도 "몽골의 시청자들은 한국 드라마를 통해 감정, 존중, 연민과 같은 전통적 미덕을 다시금 체험했다. 이처럼 한국 드라마는 몽골 가정의 공동 시청 문화를 정착시키는 중요한 계기가 되었다."라고 주장합니다. 아시아는 유독 공동체적 정서가 두텁게 자리한 지역입니다. 혹은 그렇지 않다고 하더라도 인간의 공동체적 정서를 건드리는 서사가 한류의 힘입니다. 그래서 한류 팬덤이 보이는 유대감이 강할지도 모르겠습니다. 또 당 티에우 응언은 재능, 근면, 겸손, 분명한 노력 이야기를 갖춘 것이 매력 포인트라고 주장합니다. 더불어 독특한 유머 감각에 베트남이 깊이 빠져들었고, 그것이 베트남인의 삶 속 어려움을 넘어서는 연대의 끈으로 작용했다고 했습니다. 스토리텔링과 유머는 사실 외국인들이 좋아하는 요소이긴 합니다만 모든 한국인이 갖고 있다고 보기에는 사실 아직 조금 무리입니다. 그런데 외국인이 한국 사람의 이런 점까지 잡아낼 정도라니 진짜 한국인과 한국인인 척하는 사람을 구분할 눈이 생겼다는 말이기도 합니다. 또 다른 베트남 저자인 응엔 티 하도 이점을 한류의 강점으로 지적합니다. 한국 드라마·음악이 보여주는 가족 중심 가치관, 정서적 표현 방식, 세대 간 관계는 베트남 사회의 전통적 규범과 높은 친화성을 지니는데, 이 때문에 베트남인의 몰입도가 높아진다는 설명입니다. 태국 저자 빠릿도 같은 맥락에서 우리의 효孝 사상 등 한국 사회의 유교 정신을 한류 인기의 근거로 제시합니다.

또한 한류 팬들에게 '한국인은 성공 지향적이고', '한국은 성공할 수 있는 나라'라는 인식이 강합니다. 이들은 우리를 응원하기도 하면서 동시에 우리를 벤치마킹하기도 합니다. 몽골 저자 돌마와 베트남 저자 응엔 티 하는 각각 "청년 세대의 자기 인식과 세계 인식에 영향을 미치는 깊은 문화적 흐름이었다. 몽골의 젊은이들은 자신들이 살고 있는 세상이 더 이상 울란바타르의 좁은 거리만이 아니라 서울의 화려함과 대학가, 한국 드라마에 등장하는 도시의 감성과 정서와 연결되어 있다고 느끼기 시작했다. 이는 단순한 모방이 아니라, 새로운 꿈의 언어를 발견한 경험이었다.", "한국의 현대성과 아시아적 정체성이 결합된 '하이브리드 이미지'는 베트남 젊은 세대에게 강한 매력을 제공한다. 한국은 급속한 경제발전과 첨단 기술 이미지, 세련된 도시 문화 등을 통해 '동아시아의 성공 모델'로 인식되며, 이는 베트남 청년층의 주체적 욕망(가령 사회적 이동, 자기계발, 현대적 라이프스타일 추구)과 결합하여 한류를 일종의 문화적 'aspirational model'로 자리매김하게 한다."라고 합니다. '한국' 하면 '예의가 바른' 나라라는 이미지와 함께 '성공한' 나라라는 이미지가 떠오른다는 말입니다. 거시적 차원에서 나라만 성공한 것이 아니라 한국 사람 역시 성공을 향해 고군분투하는 이미지로 인식된다고 합니다. 이런 한국의 느낌을 일본 저자 모리는 '한국의 생生'으로 명명합니다.

저자들의 관찰을 통해 우리 한국인이 한국 바깥에서 어떻게 비치는지 알 수 있습니다. 이러한 후천적 유전자로 빚어진 작가, 연출자, 배우, 가수, 기획자 등이 만들어내는 작품에는 은연중 한국인의 성공 지향성이 스며들게 되고, 그 결과는 당연히 한국성이 기반하는 콘텐츠에 반영됩니다. 이러한 콘텐츠 안에서 발견되는 '한국 스타일'이라는 표현은 몽골에서는 자연스럽게 일상어가 되었다고 합니다. 몽골에서 한국 스타일이라는 단어는 세련됨, 감정 표현, 자신감을 상징하는 말입니다. 태국에서 한류 스타는 '성공'과 '노력', '프로페셔널함'의 상징으로 자리매김했습니다. 태국 저자 빠릿은 한국 드라마 산업의 특징에 관해 의미있는 통찰력을 제시했습니다. 그에 따르면 K-드라마는 영상미를 중시하는 연출, 정교한 장면 구성, 미적 감각이 돋보이는 카메라 워크 등에서 높은 평가를 받고 있으며, 서사의 분위기와 감정을 효과적으로 고조시키는 음악적 요소 또한 탁월하다는 평가를 얻고 있다고 합니다. 이러한 정교함 역시 어쩌면 한국인의 성공 지향성, 완벽주의에서 기인했을지 모릅니다. 이런 하나하나의 한국성이 모이고 모여 커다란 한류를 일으켰고 앞으로도 한류를 지속하게 할 요소입니다. 아울러 빠릿은 K-드라마만의 제작 특징을 면밀하게 관찰해서 자기만의 통찰력을 제시했는데, 그는 "한국 드라마의 인기가 지속적으로 확대된 배경에는 배우들의 사실적이고 섬세한 연기력이 중요한 요인으로 작용하였고, 한국 배우들은 체계적이고 엄격한 연기 훈련을 통해 전문성을 갖추고 있으며, 이를 바탕으로 감정의 변화, 갈등 구조, 그리고 인물의 성장 과정을 매우 현실감 있게 표현한다."라고 말했습니다. 베트남 저자 당 티에우 응언도 이러한 체계적인 한국의 콘텐츠 제작 환경을 주의 깊게 보았습니다. 빠릿이 지적한 한류의 인기 요소로 또 다른 흥미로웠던 것은 사계절이 뚜렷한 한국의 자연경관이 태국인들에게 낯설면서도 매력적인 시각적 이미지를 전달했다는 점입니다. 이는 우리가 생각하지도 못했던 한류 성공의 특징입니다.

튀르키예 저자 하티제는 이점에 관해서 조금 더 자세히 설명합니다. 튀르키예에는 그동안 브라질, 아랍권, 인도 등 여러 나라의 드라마와 영화가 들어와 다양한 문화적 흐름을 만들었지만 그 어떤 것도 한류만큼 강하게 자리 잡지는 못했으며, 한국 드라마처럼 시청자들의 마음에 깊은 인상을 남기지도 못했는데, 그 이유로 첫째, 공통된 언어 기원에 대한 믿음. 둘째, 한국 전쟁에서의 튀르키예의 희생과 도움. 셋째, 경제적 교류와 투자. 넷째, 어려운 시기에 보여준 한국의 도움. 다섯째, 2002년 월드컵에서의 우정. 마지막으로 문화적 유사성을 꼽았습니다.

몽골 저자 돌마는 이러한 한국성이 몽골의 청년들을 깨웠다고도 합니다. 무대 위 아이돌을 닮고 싶다는 마음은 결국 '나도 나만의 방식으로 표현하고 싶다.'라는 열망으로 전환되었고, 한류는 감상하는 문화에서 참여하는 문화로 자연스럽게 진화했다는 것입니다. 튀르키예에서 하티제도 같은 현상을 목격했습니다. 튀르키예에서도 팬덤은 청소년

 기술, 심리, 철학의 융합 공간에 끼어든 한류 붐

들이 자신을 표현하고 친구들과 유대감을 형성하는 수단이 되며, 소속감과 사회적 공유를 강화하고, 일상 스트레스에서 벗어나고 싶은 젊은 이들에게 감정적 만족을 제공한다고 합니다. 일본은 조금 다른 양상을 보이는데 일본 청년들이 최근의 한류 붐을 통해서 한국에 대해 우호적인 감정을 갖게 된 것은 사실이지만 한류가 자신을 돌아보고 꿈을 만드는 역할을 하지는 않습니다. 모리의 말대로 한국과 일본의 관계가 좋아지는 차원으로만 한류 붐은 기능합니다.

이러한 한국성은 한류를 타고 다른 나라의 문화와 '궁합'이 잘 맞았습니다. 한류를 접하면서 그 속의 한국성은 어느새 벤치마킹의 대상이 되었습니다. 그리고 이러한 마음이 다른 문화권의 사람들 속에 또 다른 도전을 일으켰습니다. 바로 한류가 만들어낸 팬덤입니다. 한류 팬덤은 강력합니다. 나라마다 유대감, 소속감이 철저한 한류 팬덤이 만들어져 태국에서는 '띵娘', 튀르키예에서는 '코레잔Korecan', 베트남에서는 '판쿠엉fan cuồng', 일본에서는 '오시推し'라고 불리기 시작했습니다. 각각의 나라마다 한류 팬덤을 부르는 말이 있다는 것도 재밌습니다. 하티제는 "K-드라마와 K-팝은 단순히 시청되고 청취되는 콘텐츠가 아니라 사람들의 감정, 사고, 생활 방식, 심지어 소비 성향까지 형성하는 강력한 문화적 영향력을 지닌다."라고 했습니다. 한류 붐이 젊은 세대를 중심으로 일어난 것은 맞지만 반드시 젊은 세대에 해당하는 현상은 아닙니다. 베트남에서는 한류 붐을 두고 부모 세대와 자식 세대 간 갈등도 보였고, 일본에서는 한류가 갖는 느낌의 퇴색함도 있으나 자식을 통해 한

류를 알게 되었다는 부모도 있었습니다. 일본, 베트남에서 한류 붐은 정착의 단계로 돌입한 모양입니다. 아시아에서 한류 팬덤이 만들어지기 전에 미국, 일본, 중국, 인접국 등으로부터의 문화 콘텐츠 유입이 없던 것은 아닙니다. 그러나 한류는 기존의 문화 수용과는 다른 양상을 보이는데, 우선 정서적 동질감, 동감, 공감이 주는 쾌감이 있었고, 두 번째로 팬이 한류 붐 속에서 한국을 알기 위해서 혹은 알리기 위해서 무언가를 하려고 할 때 이를 가능하게 하는 손쉬운 테크놀로지 장치가 많아졌다는 점입니다.

저는 한 가지 궁금한 게 생겼습니다. 그래서 베트남 저자 응엔 티 하에게 다음과 같은 질문을 보냈습니다. "한류 팬들을 곱지 않은 시선으로 바라보며 '아이돌 세대'와 '그들을 낳은 세대' 사이에 보이지 않는 벽이 존재하는 것은 한류 팬덤이 처음인가요? 아니면 다른 팬덤도 있었나요? 지금의 부모 세대는 누군가의 팬이 아니었나요?"

답은 이러했습니다. "베트남의 팬덤이 한류 팬덤이 처음은 아니지만 그 강도가 더 강력한 것입니다. 이전에 중국/홍콩 드라마, 미국 드라마 등 봤을 때 좋아하는 정도에만 그치고 무슨 드라마를 몰아보거나(binge-watch), 좋아하는 연예인을 '덕질'하지 않았던 것이더라고요. 베트남 사회적 배경에 비춰보면 한류 이전에 언론, TV 방송, 인터넷 등이 다양하게 발달하지 않았고 주로 라디오, 종이 신문으로 접했던 점이 중요한 요인으로 작용했다는 생각이 듭니다."

따라서 한류 확산에 기술이 큰 역할을 담당했었음이 분명합니다. 디

 기술, 심리, 철학의 융합 공간에 끼어든 한류 붐 ❋

지털 리터러시가 확산한 시대를 만난 현대 한류를 설명하는 데에 베트남 저자 당 티에우 응언의 주장은 새롭습니다. 베트남 팬들이 "조직력과 소속감을 갖추면서 학교 교육에서는 배울 수 없었던 사회적 역량과 협업 능력을 쌓아 갔고, 팬들이 모이는 바로 이 공간에서 베트남의 최초 한류 팬덤이 탄생하였다."라고 했습니다. 한류가 학교 밖 교육을 형성했다는 지적이 흥미롭습니다. 응엔 티 하도 한류 팬덤이 '비공식적 문화 학습 공간'라는 데에 동의합니다. 한류 스토리에 끌린 팬들이 콘텐츠 애호가를 넘어 자신만의 롤모델을 찾아 배워가기 시작한 것입니다. 조용했던 베트남의 팬심이 아우성치는 팬덤으로 소용돌이쳤습니다. 팬들은 한국에 더 가까워지려고 애썼고, 이들에게 한국은 가상적인 제2의 삶의 터전이 되기 시작했습니다. 이와 마찬가지로 많은 몽골의 청년이 서울의 하숙방과 도서관에서 공부하며, 한국 친구들과 어깨를 나란히 하면서 새로운 세계의 질서를 몸으로 익혔고, 귀국 후 이들은 한국에서 배운 예의범절, 시간관념, 협업 문화, 그리고 문화적 감수성을 자연스럽게 주변에 전파하며, 한류는 개인 경험을 넘어 사회적 태도 변화로 이어졌습니다. 저자들의 나라에서 일어나는 심리는 공통적으로 한국에 끌린 팬들의 마음을 보여줍니다. 튀르키예에서는 어린 팬들이 무작정 한국으로 떠나겠다고 집을 나선 일이 사회적으로 이슈화되기도 했습니다. 어떤 이들은 한국의 콘텐츠를 보고 인생을 바꿀 결심도 했습니다. 이에 대한 예로 튀르키예 저자 하티제는 〈대장금〉을 보고 인생을 바꾼 튀르키예인들을 소개했습니다. K-드라마 속 시각적 요소와 문화적 코드가 단순히 화면에서 소비되는 것이 아니라 실제 행동으로 이어지고, 시청자의 배움과 체험의 과정으로 확장되고 있음을 알 수 있습니다.

교육정책 기조를 변화시킨 한류의 영향

한국 콘텐츠를 접한 이들이 자연스럽게 한국을 알고자 했고 지금도 열심히 배우려고 합니다. 팬들은 제일 먼저 한국어를 배웠습니다. 이는 저자들의 문화권에서 공통적으로 발생한 현상입니다. 그리고 고국을 떠나 한국을 향하는 삶을 추구했습니다. 하티제는 한류 팬에게 대학 전공 선택은 "단순한 학과 선택이 아니라 꿈 즉, 한국으로 가고 싶은 열망을 향해 나아가는 한 걸음이다. K-팝의 리듬과 드라마의 매력은 그들이 상상하는 삶을 형성하고, 한류는 문화적·학문적 여정을 함께 하도록 이끈다."라고 설명합니다. 이러한 현상은 일본, 베트남, 몽골, 태국에서도 똑같이 일어나고 있습니다. 흥미로운 것은 팬덤이 응엔 티하의 설명대로 '팬 자막fansub'으로 나타났는데, 이 역시 저자들의 나라에서 한결같이 일어나는 현상입니다. 몽골에서는 '몽골 자막팀'으로 불리는 팬 모임이 있습니다. 팬으로서 한국의 콘텐츠를 번역하는 일은 누군가가 시킨 일이 아니었습니다. '이렇게 번역을 하기 위해서 한국어

  기술, 심리, 철학의 융합 공간에 끼어든 한류 붐

를 배우는 게 아닌가?'라는 생각이 들 정도로 한국어 열풍은 한류의 심리를 잘 보여줍니다. 가사의 의미나 드라마 대사를 번역 매개 없이 직접 이해하고자 하는 욕구는 팬덤 내에서 자발적이고 지속적인 학습 수요를 형성하는 주요 요인으로 작용했습니다. 튀르키예 K-팝 팬 커뮤니티는 독자적인 '팬 언어'를 발전시켰습니다. 이 언어는 튀르크어와 한국어 단어, K-팝·드라마 팬덤 용어가 혼합되어 있으며, 소셜미디어와 메시징 플랫폼에서 활발히 사용됩니다. 팬 언어는 서로를 알아보고 소속감을 강화하며, 공동의 문화적 공간을 만들어줍니다. 튀르키예에는 팬들이 발행하는 잡지도 있습니다. 태국에서도 이와 마찬가지로 한류의 영향은 독특한 언어 변용 현상을 촉발하였습니다. 〈대장금〉 이후 한국어 어휘는 태국어로 차용되거나 변형되어 새로운 언어 유희적 표현을 생성하였으며, '오빠', '언니', '사랑해' 등 한국어 표현은 감정 표현의 대안으로 활용되었습니다. 더 나아가 한류는 태국어 속 외래어 창조, 음악 리메이크, 신조어 생성 등 언어적 혼종성을 강화하며 문화 간 소통의 새로운 모델을 제시하였습니다. 한국어는 문화적 해석의 매개자로 기능하며 한류의 대중화를 적극적으로 이끌었습니다. 그 결과 베트남에서 K-팝, 드라마, 영화 등 한국 대중문화의 확산은 한국어 학습 수요를 자발적으로 형성하였고, 베트남 정부는 외국어 교육 정책을 문화-교육-노동시장이 유기적으로 연결되는 하나의 새로운 패러다임으로 만들고 있습니다.

　이처럼 한 나라의 교육정책 기조를 변화시킬 만큼 한류의 영향을 커졌습니다. 그런데 이런 현상을 보면 한류가 반드시 한국 콘텐츠만의 힘으로 여기까지 왔다고 볼 수는 없다는 주장도 제기되었습니다. 자국의 문화 수용력이 탄탄하게 형성된 상태에서 한국 콘텐츠가 사회와 개인의 욕구에 맞아떨어졌다는 말입니다. 응엔 티 하의 주장대로 베트남 내부에서 형성된 한류에 대한 '끌어당기는 힘pull' 또한 결코 간과할 수 없는 중요한 요인입니다. 한류의 성공에는 콘텐츠의 참신성 말고도 다른 요소가 끼어있다는 점입니다. 응엔 티 하는 "문화 수용의 역사적 과정은 베트남 사회에 '외래문화 수용 능력'을 형성하였고, 이는 한류가 단순히 널리 수용되는 것을 넘어 지속적·심층적으로 발전하며, 다양한 사회집단의 정신생활, 생활양식, 소비 행태에까지 영향을 미치는 토대를 제공하였다."라고 하는데, 이는 하티제가 인용한 튀르키예 거주 한국인의 글에서도 나타나는 바입니다. 튀르키예는 유럽 전역을 보더라도 영국, 프랑스, 독일, 이탈리아, 스페인과 동등한 수준으로 음악 시장을 이끌고 있으며 이슬람 국가이면서도 이집트처럼 경제적으로 빈곤하지 않으며, 사우디아라비아와 이란처럼 종교적으로도 보수적이지 않은 세속적인 사회 환경으로 독자적인 문화산업이 발전해 온 나라였기 때문에 한류 문화 수용에 어려움이 없었다고 합니다. 이를 보면 한류에 각 나라 정부와 기업의 역할이 크게 끼어들어 있다는 응엔 티 하의 주장은 설득력이 있습니다. 그렇지만 모리의 말은 조금 다릅니다. "음악과 드라마, 영화 그리고 문학에 이르기까지 한류의 중심을 차지해 온 콘텐츠는 각계각층 인사의 노력의 결과인 탓이 크다. 국책에 의해 한류가 성공했다는 언설에는 주의가 필요하다."라고 합니다.

응엔 티 하는 "한류가 베트남으로 진입하는 데 있어 한국 정부와 기업의 강력한 '밀어붙이는 힘push'이 존재했다."라고 주장합니다. 이때도 한국 드라마는 중국, 홍콩 콘텐츠에 익숙하던 베트남 시청자들에게 새로운 감성 코드와 영상미를 제시했다는 말인데 지금 우리가 논의하는 이러한 것들이 당시에도 공감을 얻었을 것입니다. 기업 차원에서 드라마 제공은 자연스럽게 기업 이미지 및 한국문화 전반을 노출하는 효과적인 방식이었습니다. 이러한 기업의 '브랜드―문화 패키지 전략'이 유효했던 이유도 한국성을 활용하는 움직임에서 나타난 것임은 틀림없었습니다. 또한 재밌는 것은 이러한 한국의 정서가 베트남 정부의 수요를 정확히 맞추었다는 점입니다. 1990년대 초기 베트남 정부는 '인류 문화의 정수 수용'과 '민족 정체성 보존'이라는 원칙에 따라 외래문화 수용 방향을 설정했는데, 이러한 접근은 건강하고 교육적이며 사회주의적 가치 체계와 상충하지 않는 콘텐츠가 우선적으로 수용되는 배경을 만들었습니다. 한국 드라마를 중심으로 한 한류 콘텐츠는 가족애, 도덕성, 역경 극복 정신 등의 동아시아적 가치를 강조하였으니 베트남 정부가 좋아하지 않을 이유가 없던 것이었습니다. 한국 정부의 소프트파워 육성 전략과 한국 기업의 친한국 이미지 확대, 그리고 베트남 정부의 대對 외래문화 기조가 지금의 한류 성장에 융합적으로 작용했습니다. 이러한 현상에 대해 응엔 티 하는 "베트남의 사회주의 제도가 한류 수용을 방해하기보다는 오히려 국가 주도의 선택적·지향적·관리적 문화

메커니즘을 통해 한류가 수용될 수 있는 유리한 환경을 조성했다고 논할 수 있다. 이는 한류가 많은 서구 문화 흐름과 달리 베트남 대중문화속에 쉽게 융합되고 장기적인 현상으로 자리 잡을 수 있었던 이유를 설명하는 데 기여한다.”라고 결론을 내립니다.

지금은 한류 초기에 보였던 정부의 역할이 상당 부분 개인으로 넘어갔습니다. 당 티에우 응언의 말대로 베트남에는 팬페이지를 운영하는실제 운영자가 존재했고, 회원 등급 체계가 마련되어 있었으며, 번역팀·디자인팀·오프라인 이벤트 기획팀 등 다양한 소그룹이 활발히 활동하였습니다. 팬덤의 개인 공간이 열린 데에 커뮤니케이션 테크놀로지의 영향을 빼놓을 수 없습니다. 한류는 단지 ‘본다watch’에서 ‘함께 만든다create’로 발전했습니다. 돌마의 말대로 모든 저자들의 나라에서 한류를 즐기는 이들이 단순히 무대를 감상하고 콘텐츠를 소비하는 ‘관객–소비자’ 중심의 패턴에서 벗어나, 직접 창작 과정에 참여하는 ‘참여자–창작자’로 이동하는 흐름이 더욱 뚜렷해지고 있습니다. 응엔 티 하도 디지털 플랫폼과 소셜미디어 환경의 확산 또한 한류의 폭발적 수용을 가능하게 한 구조적 요인으로 지적합니다. 기술의 발전은 소비자–생산자 경계를 허물고, 베트남 팬들이 직접 정보를 유통·재가공하는참여형 문화를 형성하였다는 것입니다. 더 나아가 베트남 팬들은 태국·인도네시아 팬들과 공동 해시태그, 통일된 홍보 자료, 동일한 일정등을 활용하여 협력 활동을 펼쳤는데, 이는 한류 팬덤이 국경을 초월한 소통과 조정 능력을 기반으로 문화적 실천을 공유하고 확산시키는 초국적 문화 행위자로 자리 잡았음을 보여줍니다.

당 티에우 응언은 이를 보면서 "한류가 MZ세대 팬덤을 더 다양하고, 자각적reflective이게 만들어왔으며 팬들은 한류를 통해 미디어리터러시media literacy를 자연스레 익히고, 비판적인 사고를 그리며, 때로는 자신의 감정을 지키기 위해 잠시 팬으로서의 활동을 쉴 줄 아는 세대로 성장하고 있다. 팬들은 사랑하는 법을 배우고, 자신의 정체성을 지키며, 진정한 연결만이 공동체의 생명력임을 깨닫게 되었다."라고 그 성숙도를 평했습니다. 또 "한류의 힘은 한국 아이돌이 얼마나 완벽하냐에 있지 않다. 그보다는 베트남 팬들도 물론, 전 세계의 팬들이 한류 속에서 자신을 발견했다는 것이 사실이다. 익숙하면서도 낯설고, 다르면서도 이어질 수 있는 하나의 꿈으로서 말이다. 한류는 단순한 방송 콘텐츠의 유입을 넘어, 감정·공동체·정체성이 교차하는 팬덤 문화로 진화해 왔다."라고 했는데, 몽골 저자 돌마 역시 "한류의 확산 속에서 해외의 젊은 세대는 K-팝의 리듬 속에서 세계와 대화하는 동시에 한국이 배경으로 나오는 콘텐츠에서 자신들의 뿌리를 오히려 찾아가고 있다. 해외의 현대 음악 그룹들은 K-팝의 영향을 받으면서도 그들만의 감성을 담아내며 독자적인 음악 세계를 구축하고 있다."라고 말했습니다.

이것이 한류의 인기 비결이자 현지 문화권에서 팬덤을 일으키는 중추 동력인 셈입니다. 한류의 심리는 해외 문화에 대한 이해로서 받아들여지기도 하지만 자기 문화에 대한 제3자적 앎이라는 측면으로 해석되기도 합니다. 한류를 통해 형성된 정보적 데이터베이스의 틀이 자기 문화를 다시 보고 분석하는 역할을 할 수도 있기 때문입니다. 앎이 주는 즐거움은 이러한 콘텐츠의 역사성에서 기인합니다. 이러한 한국 콘텐츠가 끼어든 사람들은 주위에 대해 깨달아갔습니다. 이런 심리는 한국이라는 영토를 떠나 유영하는 끼어듦입니다. 결국 이는 나의 삶에 대한 반성이자 고찰로 이어집니다. 모든 저자들이 말하기를 "청년 세대가 한류 속에서 자기의 '꿈'을 '스스로' '발견'했다."라고 했습니다. 오늘날 국내외에서의 한류는 더 이상 한국의 일방적인 생산-소비 구조의 형태가 아닙니다. 특히 외국에서는 한국의 예술가와 해외의 팬, 양국의 젊은 세대가 함께 무대 위에서 호흡하고, 서로를 바라보며 성장하는 협력적 문화 생태계로 자리매김하고 있습니다. 이러한 사이사이에서 해외 토착 문화에 대한 반성도 일어나게 마련입니다. 몽골 저자 돌마의 말대로 이것은 한류의 성격이 '파도'에서 '다리'로 변하고 있음을 보여주는 중요한 징후입니다. 한류의 영향으로 베트남, 몽골, 튀르키에, 태국, 일본에서 이른바 탈 중심적 자기 공간의 장이 형성되어 가고 있습니다.

응엔 티 하가 보는 한류 팬덤은 청년 세대의 정체성과 감정 경험을 구조화하는 문화적 공간으로써 단순한 취향을 넘어 사회적 소속감, 정체성 탐색, 감정 공동체 형성의 장으로 기능합니다. 특히 베트남에서는 팬덤이 한류의 수용뿐 아니라 한류의 재해석·재생산·일상화 과정

  기술, 심리, 철학의 융합 공간에 끼어든 한류 붐

을 주도하고 있다고 주장합니다. 이렇게 한류가 자기 공간의 장으로 기능하는 데에는 기술이 빠질 수 없습니다. 커뮤니케이션 테크놀로지가 발달하면서 한류가 떴다는 것은 부인할 수 없는 사실입니다. 한창 무르익은 디지털 기술 시대의 운이 한류를 견인한 결과입니다. 현대 한류는 이러한 기술이 없었다면 이렇게까지 확산하지 않았을 수도 있습니다. 당 티에우 웅언은 "팬들은 단지 아이돌을 '좋아하는 대상'으로 소비하는 데 머무르지 않고, 직접 참여하며, 함께 이벤트를 만들어가고, 그 속에서 자신들이 바로 그 이야기의 일부임을 스스로 입증하는 주체로 서 있었다."라고 베트남 팬덤을 평가합니다. 돌마는 이 자기 공간의 장을 통해 펼쳐지는 몽골 K-팝 팬클럽 활동, 커버댄스 스튜디오 참여, 온라인 콘텐츠 제작 문화 등은 팬들에게 새로운 가능성을 열어주는 중요한 계기가 되고 있음을 지적합니다. 이러한 공간에서 청년들은 처음으로 대중 앞에 서서 자신의 노력을 보여줄 기회를 얻으며, 타인의 인정과 지지를 통해 자기 효능감을 형성하기 시작한다는 것입니다.

다른 문화권의 콘텐츠가
한류의 대안?

한류를 대하는 부정적인 의견도 있습니다. 응엔 티 하가 말한 대로 "해외 음악에 대한 선호와 소비가 확대되는 동시에, 외국 스타일의 과도한 모방이 베트남 고유의 문화적 정체성을 약화시킨다는 비판 역시 제기되었습니다. 튀르키예에서는 종교적, 전통적인 측면에서 한류에 대해 반동이 일어났습니다. 한류 전체에 대한 반대라기보다 K-팝에 대한 부정적인 시각입니다. 반反 K-팝 담론은 남성 아이돌이 화장을 하고 여성적인 외모를 지닌다는 점을 부각시키며 이와 같은 맥락 속에서 '중성적 성별' 혹은 '제3의 성'이라는 개념을 기반으로 전개되었습니다.

또한, 하티제는 그룹 소속감과 연대 의식을 형성하여 하위문화를 만들어내고, 디지털 의존을 통해 자신의 문화를 확산시키며, 성별과 정체성 인식에 영향을 주어 중립화하고 다양한 가치 메시지를 전달하는 위험 요소를 갖고 있다는 현지 언론의 입장을 소개했습니다. 한류 팬덤을 유지하기 위한 비용 역시 부정적인 요소로 꼽힌다고 합니다. 몽골 역시 전통과 고유 가치관에 대한 외래문화의 침입을 가장 우려하고 있습니다.

일본의 혐한 정서는 꽤 오래된 반反 한류 트렌드입니다. 전통 양식이나 사회 정체성과 관련해서 한류의 영향은 모든 저자의 나라에서 우려를 표했습니다. 태국에서는 이러한 K-팝의 미적 코드와 행동양식이 태국 청소년의 자기표현 방식에 영향을 끼쳤는데, 태국 저자 빠릿은 "자연스러움·부드러움·세련됨을 강조하는 한국식 미美가 청소년층을 중심으로 새로운 미적 기준으로 자리 잡았다."라고 주장합니다. 태국 일부에서 한류는 이미 일정 수준에서 정착 단계에 접어들었으나, 향후

     기술, 심리, 철학의 융합 공간에 끼어든 한류 붐

지속 기간은 제한적일 수 있으며, 태국인들이 새로운 외국 문화로 관심을 이동할 가능성이 크다고 생각하기도 한다고 합니다. 대만 문화와 같은 다른 문화권의 콘텐츠가 한류의 대안으로 부상할 수 있다는 지적도 제기되고 있습니다.

자기 공간의 장을 열어준 촉매제

한류는 한국의 것이지만 역설적으로 한국의 것이 아닙니다. 마치 양궁과도 같습니다. 한국은 전 세계가 부러워하는 양궁 강국이지만 이를 K-양궁이라고 하면 얼마나 웃길까요? 아주 우스꽝스러운 표현입니다. 보편과 특수가 억지로 균형을 맞추려고 하기 때문입니다. 태권도 역시 한류를 잘 보여줍니다. 우리의 것으로 시작했지만 세계적인 무도가 되었고 스포츠로 자리매김했습니다. 이를 K-태권도라고 하면 또 어떨까요? K-양궁보다 더 이상하게 들립니다. 한'류'는 말 그대로 '흐름'입니다.

그러다 보니 어딘가에 부딪치기도 하고 넘쳐나기도 합니다. 소용돌이가 일어나 또 다른 웅덩이를 만들기도 합니다. 스포츠에 빗대자면 올림픽과도 같습니다. 근대 올림픽 경기 종목은 우리가 만들지 않았습니다. 그러나 우리가 만들지 않은 타 문화권의 카테고리에 우리의 몸과 정신으로 참가하면서 우리의 것을 더 잘 보게 된 결과 양궁을 마치 한국의 것으로 보일 수 있게 했습니다. 서양의 것이 우리의 삶에 끼어들어 우리의 국궁을 다시 보게 했고, '한국' 하면 '활쏘기'라는 역사 사료의 사실을 하나의 역사적 흐름으로 대세화시켜 버렸습니다. 이러한 양궁과 태권도의 모습은 지금 한국의 콘텐츠가 보여주는 한류 붐을 잘 설명해 줍니다.

한국의 콘텐츠는 타 문화권 사람들에게 자기 공간의 장을 열어준 촉매제입니다. 이 역시 한국 콘텐츠의 역사성과 심리로 수렴됩니다. 콘텐츠의 역사성은 우리 안에서도 일어나고 외국인에게도 보이는 현상입니다. 과거-현재-미래를 잇는 콘텐츠 안팎의 지적 유희는 탐구력으로 이어지기도 합니다. '지금의 여기'와 '예전의 여기', '미래의 여기'를 비교하는 수준의 관찰력이 만들어 내려는 심리의 결과는 콘텐츠에서 촉발한 한류학이 되고 하나의 무형 문화유산으로까지 자리매김할 수 있습니다.

해외로의 한류는 유입된 문화에서 함께 만들어가는 문화로 진화하고 있습니다. 이를 향유하는 이들의 심리는 우월감, 팬덤만의 자신감, 자부심 등 여러 가지 모습으로 나타납니다. 특히 기술의 발달이 가져온 콘텐츠 산업에서의 XR 기조는 탈 세계성, 탈 중심성, 자기 분산성 등 가상성과 함께 토착 문화 속에서 창작자들이 한류를 모방하는 것이 아니라 재해석하며, 자신들만의 색채와 정체성을 담아 새로운 문화 콘텐츠를 생산할 수 있게 하고 있습니다. 본격적으로 기술, 심리, 철학이 끼어든 향유 대상으로서의 한류 붐에 대한 조명이 필요한 이유입니다.

2026년 1월 미국에서 열린 한 국제학술대회에 제출된 한류 연구 논문을 보면 지금까지의 한류 연구 방향과는 자못 다른 주제들이 나왔습니다. 예를 들어 〈The Emerging Charisma of 0s and 1s: Unravelling the Intricacies of Virtual Idol Adoption〉, 〈K—Pop idol Reexplained: GCMs as Resisting Fandom Discourse Towards the Making of Diaspora in K—Pop's Transnationalism〉 등의 학제적 접근은 한류를 구성하는 디지털—미디어—팬덤—문화 간 심리에 대한 수용자적 관점이 본격적으로 수면 위로 떠올랐음을 보여줍니다. 이번 책의 저자들이 한류 붐의 이유로 입을 모아 주장하는 원인을 파키스탄인 교수의 연구 논문을 통해서도 확인할 수 있었습니다.

〈The Korean Wave in Pakistan: How K—Dramas Drive Cultural and Behavioriroal Shifts〉라는 논문을 발표한 살렘 아바스Salem Abbas 교수는 "한류 붐이 시장의 인기 이상으로 정신적으로까지 영향을 미치고 있다."는 점을 강조했습니다. 이처럼 요새 나타나는 한류 붐에 대한 연구는 그 주제가 다양할 뿐만 아니라 연구 주체 세대의 폭이 확연히 넓어지고 있습니다. 가치의 동화同化, 동감은 탈 중심성이라는 전이가 일어나는 순간입니다. 콘텐츠의 동화력이 주는 쾌감에서 탈 중심화는 기술을 통해 자기 분산성과 평행해서 발달합니다. 문화 심리의 무게중심은 어느 한 곳에 고정된 것이 아니라 계속해서 유영합니다. 가상성은 일방향성의 순환 개념이 아니기 때문입니다. 콘텐츠 제작 기술의 발달이 이뤄온 생태 원리는 자기 분산성이라는 인간의 가상성도 포섭할 수 있게 되며 이로써 가상성에 의한 분산성을 설명할 수 있게 됩니다.

인지와 지식이 시작하는 경험, 사고의 발생은 타자, 경계와의 부딪침에서 기인하고 이 경계의 분산, 즉 가상성 역시 생태 운동의 하나입니다. 다자의 경계가 병렬하는 공간으로서 생태 순환 개념은 한류가 만들어온 생태계 역시 설명합니다. 이것이 바로 외방外方/外邦 한류입니다. 소통 기술이 부족했을 때, 즉 가상성을 배제한 상태에서는 순환적, 일방적 생태 흐름이 생태계를 이끌어 가는 주요한 동력이었으나 가상성은 지금의 이러한 현실 콘텐츠 생태계의 인식을 완전히 뒤바꿔 놓는 기제입니다. 이러한 점은 XR을 이끄는 영상과 음향 콘텐츠 분야에서 두드러집니다. 이제는 이 기제를 포함한 문화의 심리 생태 에너지로 인한 포스트 휴머니즘으로도 한류학을 설명할 때가 도래했습니다.

아시아가
말하는
**K 컬처
한류학**

초판 1쇄 인쇄 · 2026년 2월 19일
초판 1쇄 발행 · 2026년 2월 26일

지은이 · 당 티에우 응언, 응우엔 티 하, 베 돌마, 하티제 쾨르올루 튀르쾨쥬, 빠릿 인센, 모리 도모오미, 최원재
펴낸이 · 천정한
펴낸곳 · 도서출판 정한책방

출판등록 · 2019년 4월 10일 제446-251002019000036호
주소 · 충북 괴산군 청천면 청천10길 4
전화 · 070 - 7724 - 4005
팩스 · 02 - 6971 - 8784
블로그 · http://blog.naver.com/junghanbooks
이메일 · junghanbooks@naver.com

ISBN 979-11-991627-9-2 03300

• 책값은 뒤표지에 적혀 있습니다.
• 잘못 만든 책은 구입하신 서점에서 바꾸어 드립니다.
• 이 책의 일부 또는 전부를 재사용하려면 반드시 저작권자와 도서출판 정한책방의 동의를 얻어야 합니다.
• 참고문헌에 관한 문의는 출판사로 직접 해주시면 됩니다.